省级精品课程配套教材
省级精品资源共享课配套教材
高等职业教育财务会计类富媒体智能型 · 工学结合系列教材

管理会计（第三版）

GUANLI KUAIJI

刘金星 编著

东北财经大学出版社 大连
Dongbei University of Finance & Economics Press

图书在版编目（CIP）数据

管理会计 / 刘金星编著．—3版．—大连：东北财经大学出版社，2024.2
（高等职业教育财务会计类富媒体智能型·工学结合系列教材）
ISBN 978-7-5654-5045-7

Ⅰ.管…　Ⅱ.刘…　Ⅲ.管理会计-高等职业教育-教材　Ⅳ.F234.3

中国国家版本馆CIP数据核字（2023）第228243号

东北财经大学出版社出版
（大连市黑石礁尖山街217号　邮政编码　116025）
网　　址：http://www.dufep.cn
读者信箱：dufep@dufe.edu.cn

大连图腾彩色印刷有限公司印刷　　东北财经大学出版社发行

幅面尺寸：185mm×260mm　　字数：410千字　　印张：18.25
2024年2月第3版　　2024年2月第1次印刷

责任编辑：王天华　周　慧　　责任校对：刘贤恩
封面设计：原　皓　　版式设计：原　皓

定价：45.00元

教学支持　售后服务　联系电话：（0411）84710309

如有印装质量问题，请联系营销部：（0411）84710711

第三版前言

《管理会计》教材自出版以来，因其新颖丰富的教材内容和多样翔实的实训内容，得到了高职高专院校财务会计类专业师生的一致好评。本教材的编写体现了“任务驱动、项目教学”的思想，理论讲解深入浅出，精选案例贴近实务。教材贯彻“厚基础、重能力、求创新”的教育理念，将“理实一体化”“做中学、做中教”的教学形式贯穿其中，有效提高了学生的学习效率与学习效果，满足了高等职业教育“以学生为主体，以教师为引导”的教育教学改革新思路。

本教材以2016年6月22日财政部印发的《管理会计基本指引》、2017年9月29日财政部发布的《关于印发〈管理会计应用指引100号——战略管理〉等22项管理会计应用指引的通知》、2018年8月17日财政部发布的《关于印发〈管理会计应用指引第202号——零基预算〉等7项管理会计应用指引的通知》、2018年12月27日财政部发布的《关于印发〈管理会计应用指引第204号——作业预算〉等5项管理会计应用指引的通知》，以及最新企业会计准则为依据，重新序化了专业内容。

本教材在第二版的基础上，主要进行以下修订：一是适应时代发展要求，全面贯彻习近平新时代中国特色社会主义思想和党的二十大精神，有机融入课程思政内容，教材凸显“素养目标”，结合课程内容增加“学思践悟”栏目；二是根据最新管理会计应用指引，重点补充了变动成本法、标准成本法、作业成本法的应用内容；三是进一步丰富数字化资源，重新制作了60个微课，以二维码的形式添加在教材中；四是书后增加“微课索引”，可直接查找微课位置，使用更加方便。

本教材具有以下特色：

（1）实用性。本教材对管理会计的基本概念、基本原理和专门方法进行详细论述，对学生向专业高层次发展所需要的内容则作扼要概述，归为选修部分。理论部分以“必需、够用”为度，以应用为主旨。所选真实案例紧密与企业管理会计实践相结合，借助案例进行教学分析，注重学生实际工作能力的培养。

（2）新颖性。本教材反映了管理会计基本知识的最新发展方向，并将企业管理与财务会计联系起来，突出强调两者的区别与联系，同时吸收了国内外管理会计发展的最新成果，以拓展学生专业知识面。

（3）逻辑性。本教材在内容的组织与编排上，既符合知识的逻辑顺序，又符合学生的思维发展规律。编者站在应用的角度，打破传统写作思路，按有利于学生接受的标准进行了调整，便于学生形成系统全面的知识结构。阐述教学目标所要求的内容，尽量通过图表和例题讲解，使该课程知识从简单到复杂，让教师好教，学生易学，有利于提高教学质量。

（4）融合性。针对本教材的重点难点内容制作了60个微课，手机扫描二维码即可直接观看，方便学生自学。同时，本教材配备了丰富的数字化教学资源，包括课程标准、电子教案、电子课件等，授课教师登录东北财经大学出版社网站（http：//www.dufep.cn）可以免费下载。

本教材由山东经贸职业学院刘金星教授编著；山东中阳房地产开发集团财务总监单翔凤对本教材的整体框架和编写内容提供了专业的指导意见；厦门大学管理学院会计系薛祖云教授提出了宝贵的修订意见，提高了本教材的质量。在编写过程中，得到了山东经贸职业学院、潍坊科技学院、山东师范大学、厦门大学管理学院会计系、华中科技大学经济学院等单位的大力支持，特此感谢。本教材在编写过程中参阅了大量国内外专家的相关论著，在此致以诚挚的谢意。

由于编者水平有限，书中难免有错漏之处，恳请广大读者批评指正。

编　者

2024年1月

目录

项目一
管理会计认知

学习目标

知识目标

1. 了解管理会计的形成与发展。
2. 掌握管理会计的概念、职能、作用、基本内容。

技能目标

1. 能分析管理会计与财务会计之间的关系。
2. 能运用管理会计职能进行分析。

态度目标

1. 培养学生的管理会计意识，从总体上理解管理会计的重要作用。
2. 培养学生的专业划分意识，认知管理会计是与财务会计并列的一个会计分支。

素养目标

培养学生运用管理会计知识为企业经营服务，以主人翁的态度为国家管理财富，将管理会计知识和技术不断创新，为国家繁荣富强发挥管理会计的重要作用。

工作情境与工作任务

学习管理会计，首先必须明确管理会计的基本概念，了解管理会计的形成与发展。管理会计与财务会计是现代会计的两大分支，两者关系密切，既有联系又有区别。那么，财务会计侧重什么？管理会计侧重什么？如何理解两者的基本内容、目标职能及工作程序呢？我国企业海外战略的发展，越来越凸显管理会计的决策价值。

任务一　管理会计的形成、发展及作用

现代会计是社会经济与管理信息系统的重要组成部分，无论是在微观经济管理中还是在宏观经济管理中都起着重要的作用。历史表明，会计的发展水平是一个社会经济发展和商业繁荣状况的重要标志。自20世纪以来，管理会计形成并发展成为与财务会计并列的会计分支，是现代社会经济、科学技术及管理水平发展的必然结果。

管理会计是现代西方国家把“管理”与“会计”这两个主题巧妙结合起来的一门综合性很强的边缘性学科。它主要是为强化企业内部经营管理、提高经济效益服务的。

一、管理会计的形成和发展

管理会计是从传统会计中孕育，随着科学技术的进步和社会经济的发展而逐步形成和发展起来的。现代企业会计的最初形态——簿记方法，已有数千年历史，而管理会计只有百年历史，其形成与发展大致可分为以下3个阶段。

（一）管理会计的萌芽阶段

管理会计的形成可以追溯到19世纪末20世纪初。英国在产业革命的影响下，经济快速发展。由于企业所有权与经营管理权分离，企业对簿记提出更高的要求，即不仅要能记账、算账、报账，而且要能审核账目、查错防弊；不仅要解释经济信息、说明问题，而且要研究对资产进行估价的方法及有关理论。当时，英国成为全世界会计理论研究的中心。

第一次世界大战后，美国在经济实力、科学技术和企业经营管理等方面取代了英国的位置，会计理论研究中心由英国转移到美国。1911年，美国人泰罗出版了著名的《科学管理原理》（泰罗制），开辟了企业管理的新纪元。泰罗的科学管理思想受到当时社会和企业界的极大重视，它给企业管理理论和实践带来了深刻的影响和变革。在推行泰罗制的过程中，为企业管理服务的会计也发生了空前的变化和发展。会计领域内相继出现了许多诸如“标准成本”“差异分析”“预算控制”等同泰罗制的科学管理方法直接相联系的新的观念和新的技术方法。企业通过制定标准成本、进行预算控制和差异分析，参与企业管理与成本控制，使会计由单纯的记账、算账、报账，发展到事前预算、事中控制和事后分析相结合，并参与企业内部管理，为提高经济效益服务。1922年，美国人奎因斯坦在其专著《管理会计：财务会计入门》中首次提出“管理会计”这个词汇，主张把会计服务重心放在强化企业内部管理上。由此可见，西方管理会计的萌芽产生于19世纪末20世纪初的美国，是企业管理和会计发展到一定阶段的必然产物。这一时期的管理会计以成本控制为特征，关注如何提高劳动生产效率。

（二）管理会计的形成阶段

20世纪40年代，特别是第二次世界大战后，资本主义生产力迅速发展，企业规模不断扩大，跨国公司大量涌现，国内、国际市场竞争加剧。这种形势迫使企业家将管理的重心转向企业内部，转向改进经营管理和对市场的开发上。企业为增强竞争力，不得不广泛推行职能管理、行为科学管理，想方设法调动员工的积极性，同时注重市场调研，加强科学预测和决策，逐步形成了一个能与市场竞争环境相适应的预测、决策、控制、考核、评价的管理会计体系。于是，企业内部的管理科学化、现代化就发展起来了，现代管理科学也就产生和发展了。现代管理科学的创立及其在企业管理中的应用，不仅极大地提高了现代企业的经营管理水平，而且有力地推动了会计科学的发展。因此，在会计领域中逐渐形成了一整套相对独立的会计方法体系和理论——管理会计。1952年，国际会计师联合会正式通过了“管理会计”这一专门名词。这一时期的管理会计由生产管理转向经济决策，由关注劳动生产效率的提高转向关注全局性经济效益的提高。

管理会计正式形成以后，传统的单一会计系统就逐步分化为财务会计与管理会计两个相对独立的系统。西方国家，一方面，把以提供财务报表为主要手段，以企业外部投资人、债权人等为主要服务对象的会计称为财务会计，它是传统会计的继续和发展；另一方面，为适应现代化管理需要，将会计中为企业内部管理人员进行正确决策及有效经营服务的内容从传统会计中分离出来，称为管理会计。它是以新的经营管理条件为基础，逐步形成和发展起来的一门新的学科，于20世纪七八十年代走向世界。它既是企业管理的一个分支，又是与财务会计并列的一个会计分支。

（三）管理会计的新发展阶段

20世纪70年代以后，管理会计师协会在美国成立，出版了专门的管理会计刊物，管理会计教科书开始走上讲台，管理会计与财务会计的区别开始明朗化、规范化。1980年，在法国巴黎召开了世界各国管理会计师联合会，专门研究管理会计的应用和推广问题。此后，管理会计在世界各国得到广泛发展并传入我国。1979年，机械工业部组织翻译出版了我国第一部《管理会计》，厦门大学是我国第一个将“管理会计”引入课堂的高等学府，引领管理会计的研究和发展，使其逐步成为会计专业的主要课程。

20世纪80年代以后，由于世界经济一体化和国际性竞争的日趋激烈，为适应社会经济和科学技术的重大变革，基于学科的交叉渗透，管理会计进入了一个新的大发展阶段，从一般性的企业预测、决策、控制、考核、评价转移到企业化和行为化问题，形成了许多新的领域，诸如作业会计、环境管理会计、人力资源价值会计、行为会计、战略管理会计、国际管理会计等。

综上所述，管理会计是指在市场经济条件下，以强化企业内部经营管理、提高经济效益为最终目的，以现代企业经营活动及其价值表现为对象，通过对财务等信息的深加工和再利用，实现对经济过程的预测、决策、规划、控制、考核评价等职能的一个会计分支。其本质既是一种侧重于在现代企业内部经营管理中直接发挥作用的会计，又是企业管理的重要组成部分。

二、管理会计的作用

管理会计的出现，标志着会计科学进入了一个新的发展阶段，它的理论和方法大大丰富了会计工作和会计科学的传统内容：把传统会计从单纯的反映过去，扩展到着重于规划未来；把传统会计从日常繁杂的记账、算账工作中解脱出来，演变为着重于对经济活动进行日常控制与事前控制；把传统会计从事后编制报表并向外界提供信息，扩展到着重于利用信息，帮助企业内部各级管理人员进行预测和决策；把传统会计从孤立的指标核算，演变为实施与责、权、利紧密联系起来的责任会计制度。可以说，管理会计的出现使会计工作和会计科学在深度和广度上都有了较大突破，对强化企业内部经营管理、夯实竞争力、提高经济效益具有重要意义。

三、管理会计的职业化发展

管理会计的发展和管理会计在管理中的作用也促进了管理会计职业化的发展。在一些发达国家，如美国，管理会计师也同注册会计师一样，发展成为专业化的职业队伍。美国注册管理会计师资格考试的内容包括：经济学和企业财务；组织与行为科学；对外财务报告准则、审计和税务；企业内部报告编制与分析；决策分析，包括决策模型的建立和信息系统。进行注册管理会计师资格考试的目的在于促进管理会计职业化发展，使得管理会计师在现代管理活动中发挥积极参与贡献的作用，像注册会计师一样，得到工商界的信任和青睐。

美国管理会计委员会于1997年4月30日发表了“管理会计公告——目标”，其中的“管理会计和财务管理道德规范标准”从四个方面对管理会计师的品质提出了要求，这四个方面为：胜任（Competence）、严守秘密（Confidentiality）、诚信（Integrity）、客观（Objectivity）。

“胜任”是从知识能力方面对管理会计师的品质要求，要求管理会计师具备一定的知识、技术和技能水平，了解、熟悉有关的法律和制度，能够根据相关的信息和可靠的数据进行分析并提供报告，胜任管理会计工作，履行相关职责。

“严守秘密”要求管理会计师除非出于法律责任的要求，否则应当严守在执行业务过程中所获取的机密，还应避免在执行业务、履行责任的过程中泄露秘密，防止利用掌握的机密为自己或者他人牟取任何利益。

“诚信”是指管理会计师要正直、诚实、维护信誉，在执行业务的过程中应维护相关各方面的利益，杜绝阻碍和破坏合理公正地执行业务、履行职责的行为和活动，拒绝收受礼品和贿赂，绝不参与或支持有损信誉的活动。

“客观”要求管理会计师如实反映情况，对可能影响信息使用者决策的有关信息予以充分提示。

管理会计业务水准和职业道德规范标准的出现，对管理会计的质量提出了更高的要求，也对管理会计的职业化发展和声誉的提高起到了重要的促进作用。

除美国以外，其他发达国家的管理会计也在向职业化和专业化方向发展。加拿大、英国、澳大利亚和日本等国都有类似美国管理会计的资格考试和职业组织。

我国也积极推动管理会计职业化发展水平，2014年10月27日，财政部发布了《关于全面推进管理会计体系建设的指导意见》，提出力争5~10年的努力，使我国管理会计接近或达到世界先进水平。

为了配合国家大力倡导的管理会计应用战略实施，中国总会计师协会组织了管理会计师（初级）考试，根据2016年国家红头文件，财政部印发的《管理会计基本指引》促进经济转型。2017年，会计从业资格证取消，财政部大力推广管理会计，全面培养高精专管理会计人才。管理会计师（初级）考试包括“管理会计概论”“预算实务”“成本管理”“管理会计职业道德”四门课程；管理会计师（中级）考试包括“管理会计与信息技术应用”“全面预算管理与实务”“企业战略与风险管理”“内部控制与审计”“经营分析”“税务管理与企业价值再造”六门课程。这一系列举措开始谱写我国管理会计发展的新篇章。

【请思考】管理会计对企业未来决策有何影响？

任务二　管理会计的基本内容、目标、职能及工作程序

一、管理会计的基本内容

微课

管理会计内容与职能

管理会计是一门新兴的、正在发展中的学科，主要为企业内部服务。其内容涉及企业内部管理的各个环节、生产经营的各个领域，而且可以不拘一格地采用各种形式和方法加以分析、论证，没有强制性。随着实践的需要，管理会计不断接受各种管理理论和方法的渗透、融合，因而其具体内容和专门方法仍在不断发展变化中。目前，管理会计的基本内容一般包括以下方面：

（一）成本管理会计

成本管理会计主要是为企业控制和降低成本服务的。以作业成本系统为代表的成本管理会计是企业控制、降低成本的有效管理工具，通过分析作业的成本和效益，发现问题，并提出解决问题的方案，避免不增值作业，降低企业成本，提高企业竞争力。成本管理会计主要包括作业成本计算与作业管理、本量利分析。

（二）规划与决策会计

规划与决策会计主要是为企业预测前景和规划未来服务的。首先，利用相关信息对企业成本、销售、利润及资金等专门问题进行科学的预测、决策分析；其次，按决策程序所确定的目标编制企业全面预算（企业整体计划的数量说明）；最后，为规划和把握未来经济活动，将全面预算按照责任制的要求分解，形成各个责任中心的责任预算。规划与决策会计主要包括预测分析、短期经营决策分析、长期投资决策分析、决策实施的全面预算。规划与决策会计可保证企业经济资源被有效、合理地利用，获得最佳经济效

益，它在现代管理会计中占核心地位。

（三）控制与评价会计

控制与评价会计主要是为企业控制现在和评价过去服务的。首先，利用标准成本制度，结合变动成本法，对企业日常经济活动进行跟踪、归集、计算；其次，根据责任会计的要求，将各责任中心实际数额与预算数额进行比较分析，通过编制日常业绩报告，评价与考核责任中心，确定其经济责任和奖惩；最后，将分析过程中发现的重要问题立即反馈给有关部门，迅速采取有效措施，及时整改。

二、管理会计的目标和职能

（一）管理会计的目标

管理会计是适应经济发展、强化企业内部经营管理、提高企业竞争力的需要而产生和发展起来的，其最终目标是提高企业经济效益，实现企业价值最大化，具体包括两个子目标：一是为企业管理和决策提供信息；二是参与企业经营管理。

（二）管理会计的职能

管理会计的职能就是管理会计所具有的功能，它们是相辅相成、相互联系的。通常认为，管理会计具有以下职能：（1）预测经济前景的职能；（2）参与经济决策的职能；（3）规划经营目标的职能；（4）控制经济过程的职能；（5）考核评价经营业绩的职能。

三、管理会计的工作程序

为了有效地组织管理会计核算工作，保证管理会计工作质量，履行管理会计职能，提高会计工作效率，必须遵循科学的工作程序。管理会计的工作程序包括确认、计量、归集、分析和报告。

（一）确认

确认，就是将企业的经营活动及其他经济事项中是否属于管理会计的研究内容予以辨认和评价。企业的经济业务内容纷繁复杂，“确认”主要解决某项经济业务“是什么，是否应当在管理会计上反映”的问题。通俗地说，是解决某项经济业务能否进管理会计的“大门”，管理会计是否要对其进行核算等问题。由于与财务会计的核算对象、具体职能目标、核算方法等不同，管理会计对企业发生的经济业务事项的确认标准也不同。有的经济事项只是财务会计确认的内容，有的经济事项则是管理会计确认的内容。例如，发放职工薪酬属于财务会计确认的内容，亏损产品是否转产或停产则是管理会计确认的内容；对于材料采购，如何采购属于管理会计确认的内容，材料采购的账务处理则属于财务会计确认的内容；而标准成本差异则是财务会计与管理会计共同确认的内容。

（二）计量

计量，是指用货币或其他度量单位计量各项经济业务和结果的过程。计量的特征是以数量（主要是以货币单位表示的价值）关系来确定物品或事项之间的内在联系，或将数额分配于具体事项，主要解决某项经济业务在会计上“反映多少”，即入账金额的问题。管理会计的计量不同于财务会计：计量对象侧重于现在或未来的经济活动，而不是过去已发生的经济活动；计量单位除采用货币计量单位外，还广泛采用实物计量单位、质量综合单位、市场占有率等；计量基础不是历史成本，而是现行成本或未来现金流量现值。

（三）归集

归集是指对已确认并计量的管理会计事项按管理会计的适当方法进行记录、分类和处理。

（四）分析

分析是指采用特定方法，对影响企业经济活动及其他相关事项的因素之间的内在关系，结合内外部环境做出评价、判断。管理会计分析方法按其性质不同大体可分为两类：定性分析法和定量分析法。定性分析法与定量分析法之间并不是相互排斥的，而是相辅相成的。

（五）报告

管理会计报告的编制应遵循成本效益原则，在借助财务会计提供信息的基础上，将财务会计报告体系与管理会计报告的相关指标结合起来，提供直接为企业管理者使用的信息。如在投资决策方面，运用净现值法、投资回收期法进行项目论证，并编制可行性报告；在预算方面，为了明确经营目标并保证目标的实现，每年年初都要编制资产负债表预算、利润表预算、现金流量表预算、主要技术经济指标预算、资本性收支预算报告，年末还要编制预算执行情况报告等，为决策层提供及时可靠的会计信息。

管理会计报告的特征包括以下三个方面：

1. 信息质量特征

信息质量特征主要体现在两个方面：

（1）相关性。相关性是指管理会计所提供的信息与管理层的决策相联系，有助于提高人们的决策能力。管理会计信息的相关性是指能够帮助信息使用者提高决策能力，从而使其做出最佳选择的特性。

（2）及时性。及时性是指必须为管理层的决策提供最及时的、迅速的信息。如当管理者要求对某项目进行经营决策时，就要求会计人员及时提供有关该项目的经营情况和投资预测（包括定期和不定期的），只有及时的信息才有助于管理者进行正确、及时的决策；反之，过时的信息将会导致决策失误。

2. 管理职能特征

无论是财务会计还是管理会计，其职能都是为企业管理服务。但管理会计报告主要是为企业内部管理者提供及时、有效的经营和决策信息，为了强化企业的内部管理，必须强调事前和事中的控制，并通过编制全面预算和责任预算报告对未来进行规划，对企业的生产经营情况进行控制和评价。而财务会计报告侧重于反映企业过去的财务状况和经营成果。

3. 报告方式特征

出于预测、决策、控制和评价考核的需要，管理会计报告在方式方法上具有灵活性和多样性的特征。它不像财务会计报告那样必须按规定的格式向外报送，而是根据需要不拘泥于某种形式或方法，不受传统会计观念与模式的限制，可以自由地应用各种科学的预测方法（其中包括数学和统计方法），选择最佳的报告方式向决策者提供信息。

【请思考】你认为管理会计的内容是否固定不变？

任务三 管理会计与财务会计的关系

微课

管理会计与财务会计的关系

管理会计与财务会计是现代会计的两大分支，两者关系密切，既有联系又有区别。

一、管理会计与财务会计的联系

（一）起源相同

管理会计与财务会计是在传统会计中形成、发展和分离出来的两大基本内容，两者源于同一母体，共同构成了现代企业会计系统的有机整体。两者相互依存、相互制约、相互补充。

（二）最终目标相同

财务会计为企业外部的投资人、债权人等如实了解企业的财务状况和经营成果提供咨询服务；管理会计则为企业内部的管理者、决策者有效组织经营提供咨询服务。可见，两者的目标不是对立而是相通的，都是为企业的有关方面提供参谋、咨询服务。管理会计与财务会计共同服务于企业经济管理，最终目标都是提高企业经济效益，实现企业价值最大化。

（三）基本信息相同

管理会计所需的许多资料来源于财务会计，其主要工作内容是对财务会计信息进行一系列特殊的深加工和再利用，因而受财务会计工作质量的约束；同时管理会计有时也使用一些与财务会计并不相同的方法来记录、分析和预测企业的经营状况。

（四）服务对象交叉

虽然管理会计侧重于对企业内部经营管理提供服务，但管理会计信息有时也服务于企业外部利益集团；同样，财务会计虽然侧重于对外提供信息服务，但财务会计信息对企业内部决策的影响也是至关重要的。财务会计提供的许多重要财务成本指标，如资金、成本、利润等，为企业的管理者特别是高层管理者所需要；而管理会计提供的许多重要经济信息，同样也为企业外部的投资人、债权人所需要。财务会计有时把一些原属于管理会计内部报表范围的内容对外公开发表；管理会计有时也把一些企业内部管理的资料数据（如实际成本与标准成本、实际利润与目标利润的对比数据）作为财务报表的补充资料对外公开。

二、管理会计与财务会计的区别

管理会计与财务会计是两个相对独立的子系统，虽然联系密切，但其区别也很明显，主要表现在以下几点：

（一）核算对象不同

财务会计以整个企业生产经营活动的全过程为核算对象，包括各项经济活动的一切财务成本数据，用以核算企业的财务状况和经营成果。财务会计侧重于对外服务，是“对外报告会计”。

管理会计既可以将生产经营活动的全过程作为核算对象，也可以将某一个具体方面作为核算对象。例如，它可以对一年的生产经营目标展开预测和决策，也可以针对某一零件自制还是外购展开决策。同时，它既可以将整个企业作为核算对象，也可以将车间、部门、班组甚至责任人作为核算对象，考虑整个企业的各项决策与计划之间的协调配合和综合平衡。管理会计侧重于为内部管理服务，是“对内报告会计”。

（二）具体职能目标不同

财务会计反映经营情况，记录、整理、汇总和解释各项经济业务的数据，并通过定期编制财务报表，提供一定时点的财务状况及一定期间的经营成果和资金流动情况的财务信息，为企业外部经济利益团体或个人服务。财务会计履行核算、报告企业经营成果和财务状况的职能，属于“报账型会计”。

管理会计参与企业预测和决策，计划和控制日常经济业务，运用灵活多样的专门方法和技术，并通过不定期编制各种管理报表，提供有利于有效经营和优化管理决策的信息，为企业内部各级管理人员服务。管理会计主要履行预测、决策、规划、控制和考核的职能，属于“经营管理型会计”。

（三）约束条件不同

财务会计必须遵守国家统一颁布的企业会计准则和企业会计制度。

管理会计不受企业会计准则和企业会计制度的制约，只服从管理人员的需要。管理人员需要什么数据，就计算什么数据，依据管理人员的需要做出可行性分析。

（四）核算程序不同

财务会计按固定完整的会计核算程序处理日常经营事项，其凭证、账簿、报表均有规定的格式。

管理会计不受固定完整的会计核算程序的制约，没有诸如从凭证到账簿再到报表以及按规定的内容、格式、期限编制财务报表之类的严格要求，而完全取决于企业本身未来生产经营的实际需要，由管理人员自行设计。

（五）核算方法不同

财务会计要求其核算方法在同一时期内保持一致，必须用统一的货币计量单位核算有关财务性指标的增减变动情况，从而保证会计核算资料的正确、完整、可靠。其计算比较简单，只需应用简单的数学计算方法和原始的计算工具。

管理会计在同一时期内并不拘泥于以单一的货币形式来提供完整、连续、系统的会计资料，而是可以用多种方式、多种方法，对多种资料进行加工整理，以提出多种可选方案。其计算多采用复杂的数学方法、数理统计和计算机技术等，建立数学模型进行定量分析。

（六）核算重点不同

财务会计主要是面向过去，单纯提供历史信息和解释信息。

管理会计主要是面向未来，不仅要反映过去，还要能动地利用财务会计信息及其他有关资料预测前景、参与决策、规划未来和控制现在。

（七）信息精确度不同

财务会计核算要求及时性、相关性和真实性，力求数字的绝对精确与平衡。

管理会计核算要求及时性、相关性，计算数字不要求百分之百精确，一般只要求计算近似值。

（八）核算信息特征不同

财务会计提供连续的、系统的、综合的财务成本信息，基本财务报表对外公开发表，具有法律效力，承担法律责任。

管理会计提供有选择的、部分的或特定的管理信息，业绩报告一般不对外公开发表，不具有法律效力，也不承担法律责任。

（九）核算行为影响不同

财务会计主要是计量和传输财务成本信息，一般不重视管理人员的行为影响。

管理会计最关心计量结果和业绩报告将如何影响管理人员的日常行为，并设法调动他们的积极性。

（十）核算时间不同

财务会计一般是定期进行成本计算，定期编制各种报表，时效性很强，很少有弹性。

管理会计不受固定时间的限制，完全根据管理的需要，可能每隔几小时，也可能长达数年才进行成本计算和编制报表，有较大的弹性。

管理会计与财务会计的区别见表1-1。

表1-1 管理会计与财务会计的区别

区　别	管理会计	财务会计
核算对象不同	企业内部各层次的责任单位，侧重于为内部管理服务，是“对内报告会计”	整个企业，侧重于对外服务，是“对外报告会计”
具体职能目标不同	主要履行预测、决策、规划、控制和考核的职能，属于“经营管理型会计”	履行核算、报告企业经营成果和财务状况的职能，属于“报账型会计”
约束条件不同	不受会计准则、会计制度的约束	严格遵守会计准则、会计制度
核算程序不同	没有固定的核算程序	必须执行固定的会计核算程序
核算方法不同	灵活多样，大量运用概率论、微积分等现代数学方法	简单数学计算
核算重点不同	预计将要发生或应当发生的经济活动	过去已发生的经济活动
信息精确度不同	要求及时性和相关性，计算结果不要求绝对精确	要求及时性、相关性和真实性，计算结果要求绝对精确
核算信息特征不同	特定的、部分的、有选择的经济信息	全面的、系统的、连续的经济信息
核算行为影响不同	注重管理行为的结果，关注管理过程，设法调动人的主观能动性	注重财务状况和经营成果，一般不注重管理人员行为影响
核算时间不同	不确定，按管理需要进行	按会计期间定期进行

【知识链接】管理会计的新发展体现在两个方面：(1) 现代管理会计的新理论、新方法，如作业成本法、质量成本法、人力资源会计、资本成本法、战略管理会计、国际管理会计等内容，这些新的理论与方法使现代管理会计从广度、深度和高度上提高到了一个新的水平。(2) 其他学科如代理人理论、组织行为学、信息经济学等相关学科在现代管理会计中的应用，又给管理会计的发展增添了新的活力，取得了新的突破。

三、管理会计在会计机构中的位置

微课

管理会计决策：案例分析

管理会计是现代企业组织机构中的一个重要组成部分，主要工作是编制预算、控制和分析差异、考核和评价业绩。管理会计部门在主管财务的副总经理领导下，直接由总会计师或财务主任负责。管理会计部门组织机构示意图如图1-1所示。

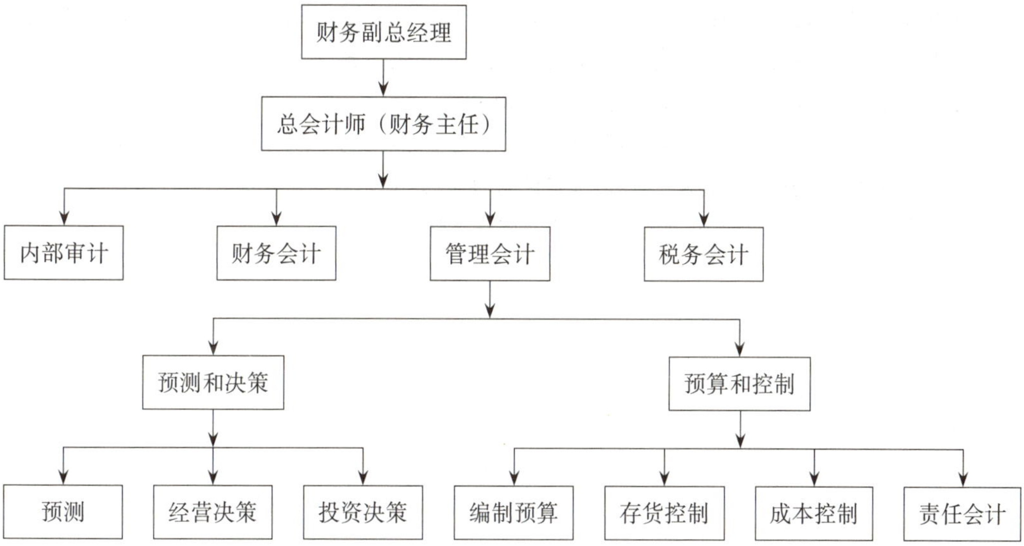

图1-1 管理会计部门组织机构示意图

【请思考】你是如何理解管理会计在企业中的位置的？

【学思践悟】

以中国式现代化推动亚太繁荣全球发展

亚太地区，人口占世界三分之一，经济在全球占比逾六成、贸易占比近半，成长为全球经济最具活力的地带。

2023年是亚太经合组织首次领导人会议召开30周年，也是中国改革开放45周年。在这一特殊年份回望中国与亚太、中国与世界的关系，其中蕴含的历史启迪弥足珍贵。

2013年以来，习近平主席出席或主持历次亚太经合组织领导人非正式会议并发表重要讲话。从“亚太命运共同体”到“亚太梦想”，从“亚太伙伴关系”到“全方位互联互通蓝图”，中国理念、中国方案为亚太稳定繁荣持续做出贡献。

习近平主席多次在亚太经合组织平台上阐释构建亚太命运共同体理念，明晰宣示中国一直积极融入亚太区域合作，始终是亚太开放合作的推动者。

从2013年强调牢固树立亚太命运共同体意识，到2014年倡导共建互信、包容、合作、共赢的亚太伙伴关系，再到2019年提出构建开放包容、创新增长、互联互通、合作共赢的亚太命运共同体；从2021年全面阐述构建亚太命运共同体深刻内涵，到2022年提出建设关于亚太未来发展与合作重大主张，中国始终高举构建亚太命运共同体旗帜，引领亚太合作方向。中国经济同亚太经济相互依存、深度融合，中国已经成为许多亚太经济体的主要贸易伙伴和地区产业链供应链重要节点。

2022年，中国与亚太地区贸易额达3.1万亿美元，同比增长19.2%，占中国外贸总额的36.8%；同期，中国高质量实施《区域全面经济伙伴关系协定》（RCEP），对其他成员国进出口总额达12.95万亿元人民币，同比增长7.5%。

根据亚洲开发银行发布的《2023年亚洲经济一体化报告》，2023年上半年，亚太地区经济的复苏很大程度上得益于中国。中国对该地区的经济增长贡献率达64.2%。十年来，亚太地区共建“一带一路”硕果累累：印尼雅万高铁、泰中罗勇工业园、文莱摩拉港、马中关丹产业园……共同繁荣的图景更加清晰。刚刚落幕的第六届进博会，成果丰硕，按年计意向成交创历届新高，金额达784.1亿美元、比上届增长6.7%。亚太地区是我们共同发展的空间，我们都是亚太这片大海中前行的风帆。

新时代新征程，中国将继续与亚太携手、与世界同行，为推动构建人类命运共同体、建设一个更加美好的世界贡献中国智慧和中国力量。

资料来源：中央广播电视总台《时政微观察》内容（有删节）。

项目小结

本项目主要知识点归纳总结见表1–2。

表1–2 本项目主要知识点归纳总结

任　务	主要知识点
管理会计的形成、发展及作用	管理会计的发展历史与作用
管理会计的基本内容、目标、职能及工作程序	1.基本内容：成本管理会计、规划与决策会计、控制与评价会计 2.目标：提高企业经济效益，实现企业价值最大化 3.职能：预测、决策、规划、控制、考核评价 4.工作程序：确认、计量、归集、分析、报告
管理会计与财务会计的关系	1.联系：起源相同、最终目标相同、基本信息相同、服务对象交叉 2.区别：核算对象不同、具体职能目标不同、约束条件不同、核算程序不同、核算方法不同、核算重点不同、信息精确度不同、核算信息特征不同、核算行为影响不同、核算时间不同

项目二

成本习性

学习目标

知识目标

1. 了解成本的概念、分类及成本习性模型。
2. 熟悉成本习性和相关范围的概念及其意义。
3. 重点掌握固定成本和变动成本的概念、特征及其分类。

技能目标

1. 会运用各种成本习性分析的方法。
2. 会运用高低点法和回归分析法。

态度目标

1. 培养学生形成管理会计成本的概念。
2. 培养学生分析成本会计中的成本核算与管理会计中的成本习性各自侧重点的能力。

素养目标

培养学生的科技报国精神，帮助学生清醒认识到我国制造业的巨大规模和低成本的传统优势并不能成为企业发展的不竭动力，只有技术进步和自主创新才能给企业带来持久的竞争优势。

工作情境与工作任务

成本会计是基于商品经济条件，为求得产品的总成本和单位成本而核算全部生产成本和费用的会计活动。成本是指生产某种产品、完成某个项目或者做成某件事情的代价，也即发生的耗费总和，是对象化的费用。成本对象是为了计算经营业务成本而确定的归集经营费用的各个对象，也是成本的承担者。成本对象可以是一种产品、一项服务、一位顾客、一张订单、一纸合同、一个作业或是一个部门。由于经济环境不同、行业特点不同，人们对成本内涵的理解也不同。成本的经济内容归纳起来有两点已达成共识：一是成本的形成是以某种目标为对象的，目标可以是有形的产品或无形的产品，如新技术、新工艺；也可以是某种服务，如教育、卫生系统的服务目标。二是成本是为实现一定的目标而发生的耗费，没有目标的支出则是一种损失，不能叫作成本。在管理会计中，主要研究成本性态，研究成本与业务量之间的依存关系，从而掌握成本与业务量之间规律性的联系，有助于企业进行预测、决策；对成本进行事前控制和日常控制；充分挖掘内部潜力，实行最优化管理。

任务一　成本分类及成本习性模型

成本是指在一定条件下，企业为生产一定产品所发生的各种耗费的货币表现。现代管理会计中的成本概念是指广义的成本，指为取得一定资产或为提供一定劳务而发生的各种耗费，既包括产品生产成本，也包括期间费用；既核算过去实际已经发生的耗费，也核算将来应当或可能发生的耗费。成本是综合反映企业生产经营成果的一项重要经济指标。在企业中，生产产品耗费的材料、人工费用、生产能力、经营管理水平等众多因素都在一定程度上影响着成本的水平。企业为了提高经济效益，在预测、决策、日常控制等各个环节都十分重视对成本的管理与研究。

一、成本按经济职能分类

微课

成本分类

传统的财务会计通常按照经济职能把成本划分为制造成本和非制造成本两大类。

制造成本又称生产成本，是指企业在生产经营过程中为制造产品而发生的成本。它包括直接材料、直接人工和制造费用。其中，制造费用包括间接材料、间接人工和其他制造费用。

微课

成本性态

非制造成本又称非生产成本或期间成本，是指除生产成本以外的成本。它包括销售费用、管理费用和财务费用。

二、成本按习性分类

成本习性也称成本性态，是指成本总额与业务量之间的相互依存关系。这里的业务量可以是生产产品的数量或销售产品的数量，也可以是直接人工小时数或机器工时数。从成本习性来认识和分析成本，目的是要揭示成本与业务量之间的规律性的联系。了解这种规律有助于企业进一步加强成本管理，寻找降低成本的正确途径，并能促使企业科学合理地搞好经营预测、决策和控制，从而为企业实现最大经济利益。

成本按其习性可分为变动成本、固定成本和混合成本三大类。

(一) 变动成本

1. 概念

变动成本，是指在一定时期和一定业务量范围内，成本总额随业务量的变动成正比例变动的成本。具体地，变动成本是在一定范围内，其总额随业务量的变动发生相应的正比例变动，而单位成本保持不变的成本。假设业务量增加5%，则变动成本总额也将增加5%。直接材料、直接人工、包装费、动力成本等通常都是变动成本。

2. 特征

（1）变动成本总额随业务量的变动成正比例变动。

（2）单位变动成本随业务量的变动保持不变。

【做中学2-1】恒达公司生产A产品，该产品不同产量下的单位变动成本和变动成本总额数据见表2-1。

表2-1　　A产品不同产量下的变动成本资料

产量（件）	单位变动成本（元）	变动成本总额（元）
100	2	200
200	2	400
300	2	600
400	2	800

从表2-1可以看出，在相关范围内，变动成本总额随着产量的变动成正比例变动，如图2-1所示。但在相关范围内，无论产量如何变动，单位变动成本总是2元，如图2-2所示。

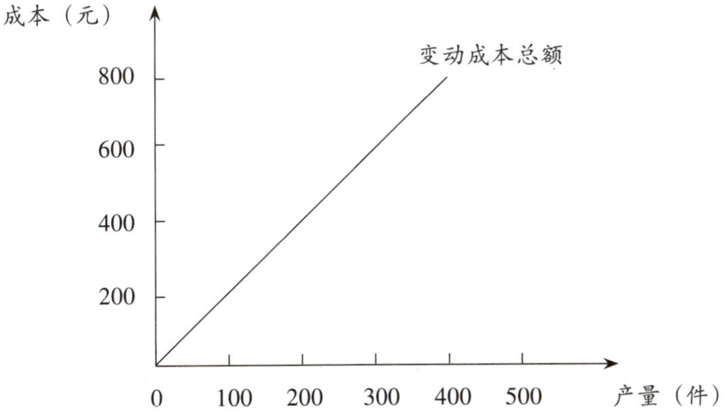

图2-1　变动成本总额与产量之间的关系

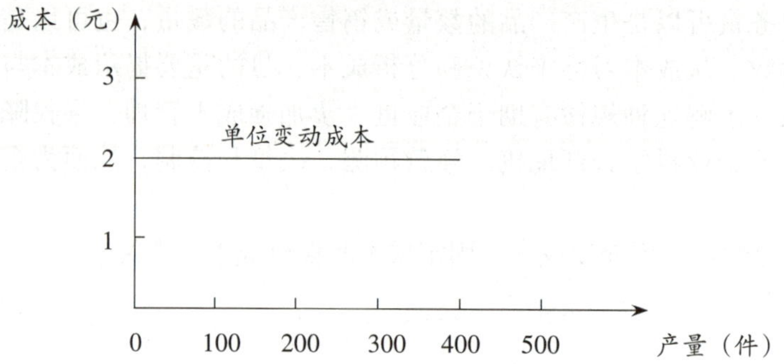

图2-2 单位变动成本与产量之间的关系

3. 相关范围

由变动成本的概念可知，变动成本总额只有在一定时期和一定业务量范围内才会随着业务量的变动成正比例变动，这就说明，变动成本的变动性是有条件的。这里所说的一定范围就叫作相关范围。

只有在相关范围内，不管时间多久，业务量增减变动幅度多大，变动成本总额的正比例变动性都将存在，但是一旦超过了相关范围，这种特征就很难存在了。因此，讨论变动成本总额与业务量之间的依存关系，必须在一定的相关范围内进行。

（二）固定成本

1. 概念

固定成本，是指在一定时期和一定业务量范围内，成本总额随业务量的变动保持固定不变的成本。具体地，固定成本是在一定范围内，其总额不随业务量变动而增减变动，但单位成本随业务量增加而相对减少的成本。如固定资产折旧费用、管理人员薪资、财产保险费、厂房租金等都是固定成本。

2. 特征

（1）固定成本总额随业务量的变动保持固定不变。

（2）单位固定成本随业务量的变动呈反方向变动。

【做中学2-2】恒达公司为生产产品而租用厂房一幢，合同规定，每月需要支付租金30 000元。恒达公司租用厂房的租金总成本及单位产量下的租金成本情况见表2-2。

表2-2 恒达公司厂房租金成本资料

产量（件）	租金总成本（元）	单位产量下的租金成本（元）
500	30 000	60
1 000	30 000	30
1 500	30 000	20
2 000	30 000	15

从表2-2可以看出，产量在500～2 000件范围内，每月的租金总成本不变，都是30 000元，如图2-3所示；而单位产量所承担的租金成本却随着产量的增加而减少，如图2-4所示。

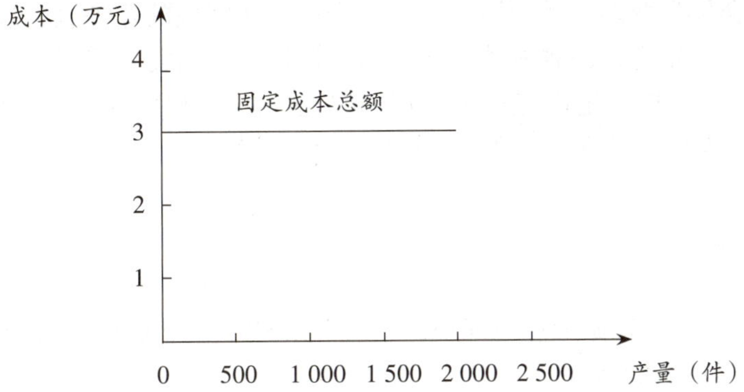

图2-3　固定成本总额与产量之间的关系

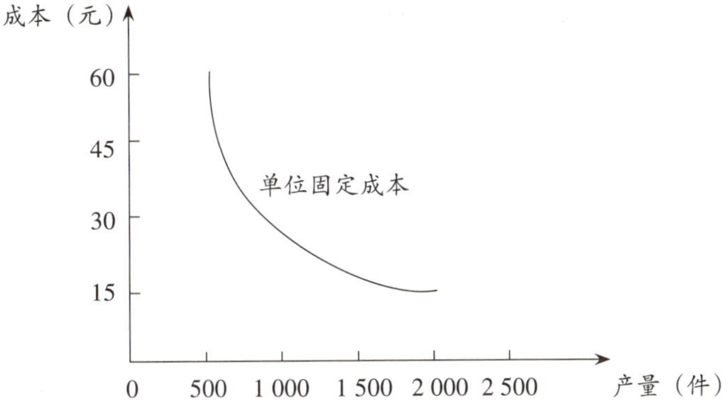

图2-4　单位固定成本与产量之间的关系

3.分类

固定成本按是否受管理层短期决策行为的影响，可以进一步分为约束性固定成本和酌量性固定成本两类。

（1）约束性固定成本。约束性固定成本是指在日常经营活动中，企业管理层短期决策行为很难控制并改变其数额的固定成本。这类成本与企业生产能力形成和正常维持直接相关，如厂房和机器设备的折旧费、管理人员的薪资、保险费等。企业经营能力一旦形成，这类成本的数额就已经确定，在短期内是不能随意改变的，具有很强的约束性。

因此，在企业经营方向不变的前提下，要控制约束性固定成本，必须从合理利用企业生产能力、提高产品产量、降低单位产品负担的固定成本入手。

（2）酌量性固定成本。酌量性固定成本是指在日常经营活动中，企业管理层短期决策行为可以控制并改变其数额的固定成本，如新产品的开发费、广告费、职工培训费等。这类成本的发生可以因领导的决策而进行适当的调整，其发生额与增强企业的竞争力、扩大企业规模直接相关，但同企业的业务量并无直接联系。

因此，要控制酌量性固定成本，必须从企业的实际需要出发，精打细算，厉行节约，在不影响企业既定的经营方针的前提下，降低其绝对支出额。

4.相关范围

固定成本总额只有在一定时期和一定业务量范围内才是固定的，它的固定性是有条件的，是在一定相关范围内具有固定不变性。如果业务量的变动超过了这个范围，固定成本的特征也会发生变动。其原因在于，当企业所要完成的业务量超过了现有生产能力，就需要扩大再生产，添置机器设备、增租厂房等，因而，需要增加机器设备折旧费、厂房租金等。这样，随着业务量增加至超过了一定的相关范围后，固定成本总额的不变性就会发生变化。因此，讨论固定成本总额与业务量之间的变动关系，必须在一定的相关范围内进行。

（三）混合成本

1.概念

混合成本，是指总额随业务量变动但不成正比例变动的成本。混合成本是指同时具有固定性和变动性两种不同性质的成本。

2.分类

根据成本与业务量之间的关系，混合成本可以分为以下4种类型：

（1）半固定成本。半固定成本又称阶梯式成本，这类成本的特点是在一定业务量范围内，其成本总额不会随着业务量的变动而变动；当业务量超过了这个范围，其发生额就会突然跳跃上升到一个新的水平，然后在新的业务量增长的一定范围内，成本总额又会保持不变，直到出现另一个新的跳跃为止。

半固定成本与业务量之间的关系如图2–5所示。

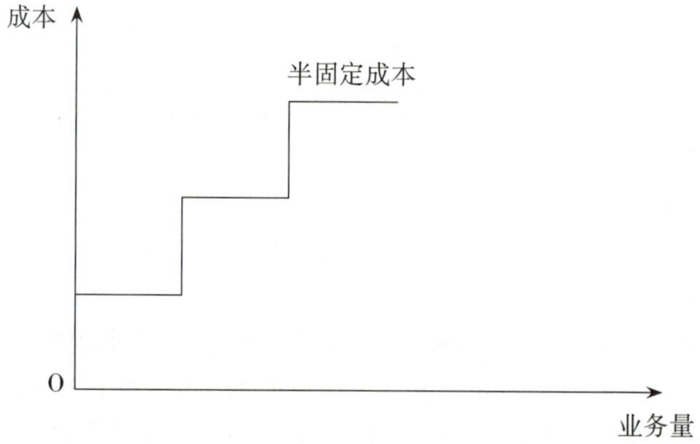

图2–5 半固定成本与业务量之间的关系

（2）半变动成本。在半变动成本中，通常有一个基数，这个基数是固定不变的，相当于固定成本；而在这个基数之上，成本就会随着业务量的增加而成正比例变动，相当于变动成本。这种由一部分固定成本和一部分变动成本所组成的总成本称为半变动成本。

半变动成本与业务量之间的关系如图2–6所示。

（3）延期变动成本。延期变动成本是指在一定的业务量范围内，成本总额保持固定不变，但业务量超过了一定范围后，其超额部分的成本就相当于变动成本。

延期变动成本与业务量之间的关系如图2–7所示。

（4）曲线变动成本。曲线变动成本通常有一个初始量，一般保持不变，相当于固定成本。在这个初始量的基础上，成本总额会随着业务量的增加呈非线性增加，在坐标图上表现为一条抛物线。按照曲线斜率的不同变动趋势，曲线变动成本又可分为递减型曲线变动成本和递增型曲线变动成本。

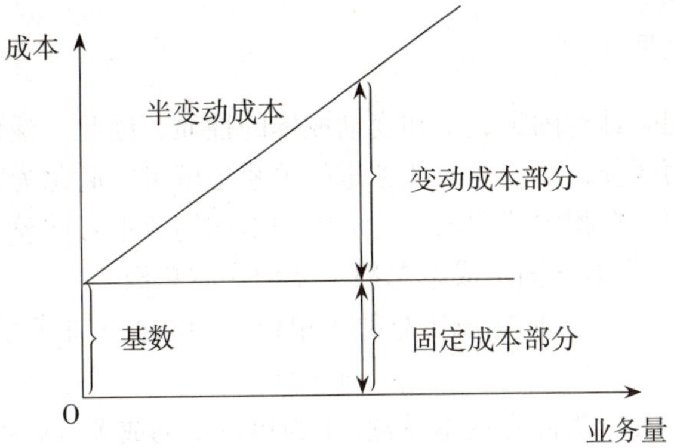

图2-6　半变动成本与业务量之间的关系

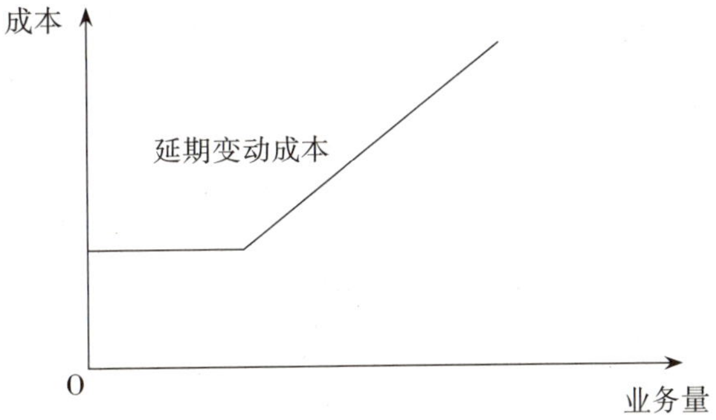

图2-7　延期变动成本与业务量之间的关系

递减型曲线变动成本如图2-8所示，递增型曲线变动成本如图2-9所示。

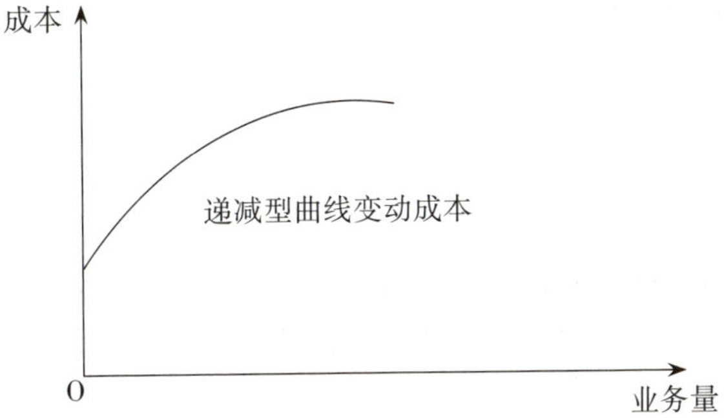

图2-8　递减型曲线变动成本

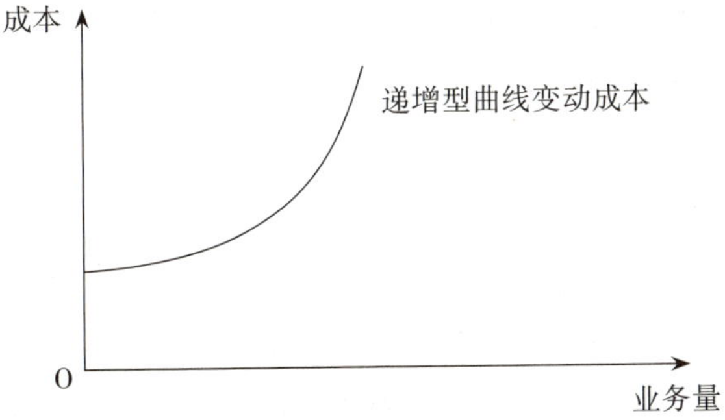

图2-9　递增型曲线变动成本

三、成本习性模型

由于混合成本同时具有固定成本和变动成本的性质，因此，混合成本可以分解为固定成本和变动成本两部分，总成本与业务量的关系也就可以简化为固定成本及变动成本两种成本习性来说明。在相关范围内，总成本的组成即成本习性模型的计算公式为：

总成本 = 固定成本总额 + 变动成本总额

= 固定成本总额 + 单位变动成本 × 业务量

即：$y = a + bx$

式中：y为总成本，a为固定成本总额，b为单位变动成本，x为业务量。

成本习性模型如图2-10所示。

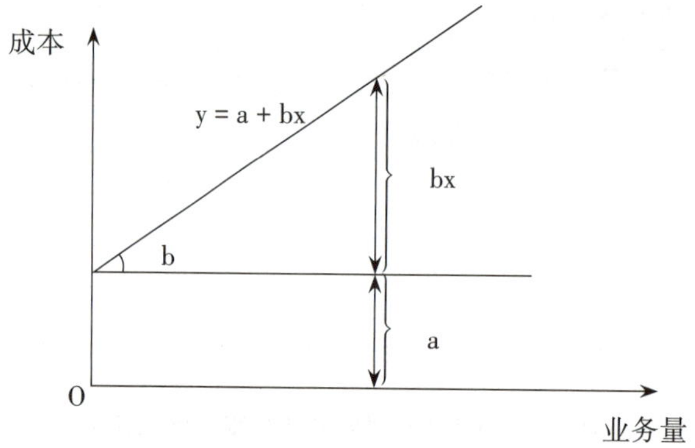

图2-10 成本习性模型

【请思考】成本习性分析对企业成本会计核算有帮助吗？

任务二 成本习性分析

微课

成本性态分析

成本习性分析，是指在成本按习性分类的基础上，按照一定的程序和方法，最终将全部成本分成固定成本和变动成本两部分，并建立相应的成本习性模型的过程。

成本习性分析是管理会计中一项最基本的工作，通过成本习性分析有助于企业掌握成本的各个组成部分与业务量之间的依存关系和变动规律，为应用变动成本法，开展本量利分析，实行短期决策、预测分析、全面预算、标准成本法的操作和落实责任会计奠定基础。

成本习性分析的方法通常包括：直接观察法、技术测定法、资料分析法。

直接观察法是最简单的方法，是指根据会计账簿中各成本项目的性质，观察其比较接近固定成本还是变动成本，从而直接加以确认归属的方法。

技术测定法又称工程技术法，是指利用经济工程项目财务评价技术方法所测定的企业正常生产过程中投入与产出的关系，分析确定在实际业务量基础上其固定成本和变动成本水平，并揭示其变动规律的一种方法。采用这种方法，在企业建设投产前必须进行项目的可行性研究。

资料分析法是根据企业若干时期的成本与业务量资料，运用数学方法进行数据处理，从而完成成本习性分析任务的一种定量分析方法。资料分析法在混合成本分解中应用十分广泛，包括高低点法、散布图法、回归分析法。

一、高低点法

高低点法，是通过对一定期间成本与业务量的历史资料进行分析，从中选出业务量的最高点和最低点及其相应的成本，然后据以分解出混合成本中固定部分和变动部分各占多少的一种成本习性分析方法。

高低点法的具体分析步骤如下：

第一步：选择高低点坐标，即找出业务量的最高点（用x_1表示）及对应的成本（用y_1表示），找出业务量的最低点（用x_2表示）及对应的成本（用y_2表示），从而确定高点坐标（x_1，y_1）和低点坐标（x_2，y_2）。

第二步：计算b值。其计算公式为：

$$b=\frac{\text{业务量最高时总成本}-\text{业务量最低时总成本}}{\text{最高点业务量}-\text{最低点业务量}}=\frac{y_1-y_2}{x_1-x_2}$$

第三步：计算a值。其计算公式为：

$$a=\text{业务量最高时总成本}-b\times\text{最高点业务量}=y_1-bx_1$$

或

$$a=\text{业务量最低时总成本}-b\times\text{最低点业务量}=y_2-bx_2$$

第四步：将a、b值代入成本习性模型。

$$y=a+bx$$

【做中学2-3】恒达公司2023年1—6月份某项混合成本与有关产量的历史资料见表2-3。

表2-3　　恒达公司2023年1—6月份某项混合成本与有关产量的历史资料

月份	产量（件）	成本（元）
1	30	340
2	20	250
3	52	560
4	35	380
5	40	430
6	25	280

要求：利用高低点法分解混合成本，并建立相应的成本习性模型。

解：（1）选择高低点坐标：最高点（52，560），最低点（20，250）。

（2）计算b值。

$$b = \frac{560 - 250}{52 - 20} = \frac{310}{32} = 9.6875（元/件）$$

（3）计算a值。

$a = 560 - 9.6875 \times 52 = 56.25$（元）

或：$a = 250 - 9.6875 \times 20 = 56.25$（元）

（4）将a、b值代入成本习性模型，即：$y = 56.25 + 9.6875x$。

通过计算得出，该项混合成本的固定成本为56.25元，单位变动成本为9.6875元/件。

需要说明的是，高低点坐标的选择必须以一定时期内业务量的高低而不是成本的高低来确定。

高低点法应用比较简单，易于理解。但由于所运用的数据来自历史资料中的高低两点，所建立的成本习性模型可能不具有代表性，容易导致较大的计算误差。因此，这种方法只适用于成本变动趋势比较平稳的企业。

二、散布图法

散布图法，是根据若干时期的历史资料，将其业务量和成本数据逐一在坐标图上标注，形成若干散布点，再通过目测的方法尽可能画出一条接近所有坐标点的直线，并据以推算出固定成本总额和单位变动成本的一种成本习性分析方法。

【做中学2-4】沿用【做中学2-3】的资料。

要求：采用散布图法进行成本习性分析。

解：（1）将2023年1—6月份的产量和成本的坐标点分别标注在坐标图上（如图2-11所示）。

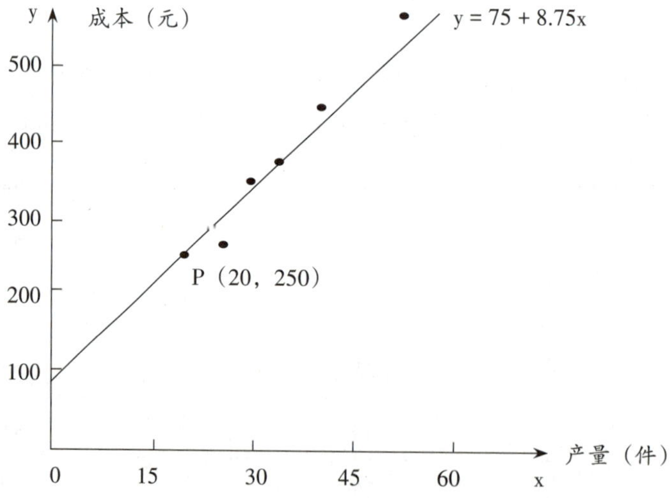

图2-11 散布图

（2）目测一条能够反映成本变动趋势的直线，直线与纵轴的交点为固定成本，在图中读出该截距为$a = 75$。

（3）在直线上任取一点，测出坐标为（20，250），计算b值为：

$$b = \frac{250 - 75}{20} = 8.75 \text{（元/件）}$$

（4）代入a、b值，得出成本习性模型为：$y = 75 + 8.75x$。

散布图法由于将全部成本数据均作为描述成本习性的依据，其准确程度比高低点法高。但因为其采用目测的方法得出固定成本，因而计算结果也具有一定的不准确性。

三、回归分析法

回归分析法也称最小二乘法，它是根据若干历史时期的成本和业务量的资料，运用最小二乘法的原理，计算固定成本和单位变动成本的一种成本习性分析方法。

a、b的值可按如下公式计算：

$$a = \frac{\sum y - b\sum x}{n}$$

$$b = \frac{n\sum xy - \sum x\sum y}{n\sum x^2 - (\sum x)^2}$$

回归分析法由于运用了最小二乘法的原理，因此计算结果更科学，相对而言计算最精确。

【做中学2-5】沿用【做中学2-3】的资料。

要求：采用回归分析法进行成本习性分析。

解：（1）根据【做中学2-3】所提供的资料，为了便于回归分析法公式的计算，先对有关资料进行整理，见表2-4。

表2-4　恒达公司2023年1—6月份某项混合成本与有关产量的历史资料整理表

月份n	产量x（件）	成本y（元）	xy	x^2
1	30	340	10 200	900
2	20	250	5 000	400
3	52	560	29 120	2 704
4	35	380	13 300	1 225
5	40	430	17 200	1 600
6	25	280	7 000	625
n = 6	$\sum x = 202$	$\sum y = 2\,240$	$\sum xy = 81\,820$	$\sum x^2 = 7\,454$

（2）根据表2-4整理的资料，计算如下：

$$b = \frac{n\sum xy - \sum x\sum y}{n\sum x^2 - (\sum x)^2}$$

$$= \frac{6 \times 81\,820 - 202 \times 2\,240}{6 \times 7\,454 - 202^2} = 9.81 \text{（元/件）}$$

$$a=\frac{\sum y-b\sum x}{n}$$

$$=\frac{2\,240-9.81\times 202}{6}=43.06\text{（元）}$$

采用回归分析法计算出的直线方程为 $y=43.06+9.81x$。

若产量 $x=45$ 件，预测成本 $y=43.06+9.81x=43.06+9.81\times 45=484.51$（元）。

【提示】怎样理解管理会计中成本的含义？管理会计中的成本是指在生产经营中对象化的、以货币表现的、为达到一定目的而应当或可能发生的各种经济资源的价值付出。这里“应当发生的”通常是指预计成本或未来成本，“可能发生的”通常是指“机会成本”。而成本会计中已经“支出的成本”通常是指沉没成本，不是管理会计主要考虑的成本。

【学思践悟】

乌镇峰会筑梦十年，互联网之光点亮未来

2023年，世界互联网大会乌镇峰会步入第十个年头。互联互通，全球成本有序可控。在2023年11月8日的开幕式上，习近平主席发表视频致辞，从“推动发展的新动能”“维护安全的新疆域”“文明互鉴的新平台”三方面，倡议深化交流、务实合作，共同推动构建网络空间命运共同体迈向新阶段。

当今世界变乱交织，百年变局加速演进，解决发展赤字、破解安全困境、加强文明互鉴，是必须回答的时代课题。习近平主席从互联网的三个“新”，倡导构建更加普惠繁荣、和平安全、平等包容的网络空间，正是顺应时代之变、回应世界之需的中国方案。

一是推动发展的新动能

互联网让世界变成了“鸡犬之声相闻”的地球村。但由于地理、社会、文化等各种因素，“数字鸿沟”仍横亘在人们面前。

国际电信联盟的数据显示，到2017年时，世界仍有一半以上的人口还没有接入互联网。处于世界平均值以下的地区，大部分都是发展中国家的地区。

习近平主席提出：“深化数字领域国际交流合作，加速科技成果转化。加快信息化服务普及，缩小数字鸿沟，在互联网发展中保障和改善民生，让更多国家和人民共享互联网发展成果。”中国主张，掷地有声。我国已建成全球规模最大的光纤和移动宽带网络。截至2023年6月，我国网民规模达10.79亿人，互联网普及率达76.4%。城乡“数字鸿沟”显著缩小。

以世界互联网大会为契机，我国积极推动国家间数字经济领域更广范围、更深层次的合作，让互联网发展成果惠及各国人民——在东南亚，中国企业助力打造东盟首家5G智慧医院，促进服务流程智能化转型；在拉美，中国与巴西、厄瓜多尔等国利用数字技术开展创新合作，助力亚马孙雨林生态系统以及海洋生态环境保护；在非洲，中国与国际电信联盟合作启动技术援助及培训项目，助力建设“数字乌干达”；“丝路电商”国际合作不断拓展、深化，目前我国已与29个国家建立双边电子商务合作机制，与18个国家签署数字经济投资合作备忘录……一项项扎实行动，推动世界各国共同搭乘互联网和数字经济发展的快车，以实际行动书写信息时代“志合者，不以山海为远”的生动故事。

二是维护安全的新疆域

伴随着数字化、网络化、智能化发展大潮，网络安全形势日益严峻、复杂多变，全局性、渗透性、隐蔽性和动态性前所未有，给国家安全和社会发展带来极大挑战。

尤其是近年来，随着技术的更新迭代，人工智能的应用门槛持续降低，经济社会领域的多重安全风险也在交织叠加，网络安全挑战愈加严峻。

在第三届“一带一路”国际合作高峰论坛上，我国首次提出《全球人工智能治理倡议》，围绕人工智能发展、安全、治理三方面系统阐述了人工智能治理中国方案。

三是文明互鉴的新平台

互联网跨越时空、联通世界，打开了人类文明交流互鉴的新空间。

习近平主席倡导构建更加平等包容的网络空间，提出“加强网上交流对话，促进各国人民相知相亲，推动不同文明包容共生，更好弘扬全人类共同价值”。

近年来，中国通过互联网架设国际交流桥梁，推动世界优秀文化交流互鉴，推动各国人民情感交流、心灵沟通——中阿电子图书馆项目以共建数字图书馆的形式，面向中国、阿盟各国提供中文和阿拉伯文自由切换浏览的数字资源和文化服务；“中国联合展台在线平台”上线，集信息发布、展览展示、版权交易、互动交流等于一体，成为各国视听机构、视听节目和技术设备展示交流平台；中国联合法国相关博物馆举办“敦煌学的跨时空交流与数字保护探索”线上交流研讨会，共同探索法藏敦煌文物的数字化保护与传播的新方向、新模式、新方案。

打造网上文化交流共享平台，促进交流互鉴，有利于共同推动网络文化繁荣发展，丰富人们精神世界，促进人类文明进步。

互联网跨越时空、联通世界，打开了人类文明交流互鉴的新空间。中国积极搭建国际平台“世界互联网大会”，致力于凝聚共识、促进交流、推进合作，既是对国际社会普遍关切的回应，更是对未来网络空间发展的中国贡献。

资料来源：中央广播电视总台《时政微观察》内容（有删节）。

项目小结

本项目主要知识点归纳总结见表2-5。

表2-5　本项目主要知识点归纳总结

任　务	主要知识点
成本分类及成本习性模型	成本按经济职能分类：制造成本和非制造成本 成本按习性分类：变动成本、固定成本、混合成本 成本习性模型公式：$y = a + bx$
成本习性分析	成本习性分析的方法通常包括：直接观察法、技术测定法、资料分析法 资料分析法在混合成本分解中的应用十分广泛，包括高低点法、散布图法、回归分析法

项目三
变动成本法

学习目标

知识目标

1. 了解变动成本法的定义。
2. 理解变动成本法的理论前提和贡献式损益确定程序。

技能目标

1. 会运用利润差额简算法。
2. 会运用变动成本法和完全成本法计算企业的营业利润。

态度目标

1. 正确认识变动成本法和完全成本法在成本和损益的确定上的区别，理解两种成本法营业利润差额变动的规律。
2. 培养认知和运用变动成本法的能力。

素养目标

增强学生变动成本应用意识，拓展管理会计国际视野。一是重视标准的制定，争取国际话语权；二是努力增加高质量高附加值的产品；三是重视自主创新，发展核心技术；四是重视人力资本，提高劳动者素质。

工作情境与工作任务

变动成本法在20世纪30年代起源于美国。美国权威的《柯勒会计词典》记载，第一篇专门论述变动成本法的论文是由美国会计学家哈里斯撰写的，发表于1963年1月15日美国的《全国会计师联合公报》。在文中，哈里斯根据杜威－阿尔米化学公司的实际资料，将变动成本与传统的全部成本对营业利润的影响进行对比，揭示了变动成本法的优点，使变动成本法的观念得以传播。那么，这两种成本计算方法是如何影响企业的营业利润的呢？

任务一 变动成本法认知

一、变动成本法的概念

微课

变动成本法认知

变动成本法起源于20世纪30年代的美国。第二次世界大战以后，世界经济矛盾日趋尖锐，市场竞争不断激化，企业管理层要求会计能提供更科学、更有用的管理信息，以便于加强对经济活动的规划和控制。在这种情况下，传统的完全成本法不能适应这一要求，于是变动成本法不胫而走，并很快在美国、加拿大、日本等国家得到广泛应用，逐渐成为现代企业管理的一个重要组成部分，从而成为管理会计的重要内容之一。

变动成本法是以成本习性分析为前提，在计算产品成本时，只包括产品生产过程中所消耗的变动生产成本，即直接材料、直接人工和变动性制造费用，而把固定生产成本即固定性制造费用和非生产成本全部作为期间成本处理的一种成本计算方法。

变动成本法下的成本构成示意图如图3-1所示。

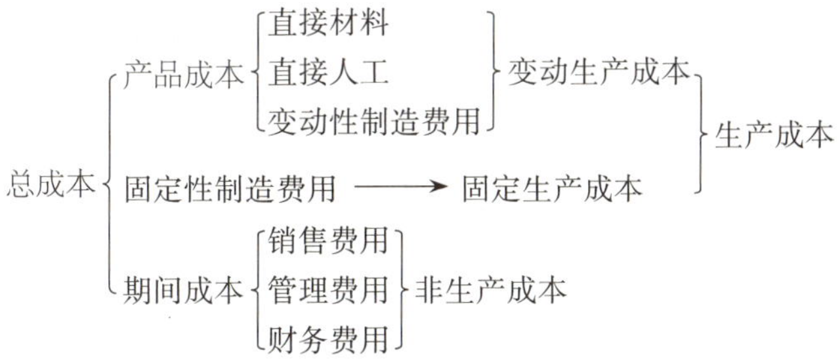

图3-1 变动成本法下的成本构成示意图

变动成本法是与传统的成本计算方法相对应的一种方法。在变动成本法产生以后，人们将传统的成本计算方法称为完全成本法（也称全部成本法）。完全成本法，就是以成本按经济用途分类为前提，在计算产品成本时，包括产品生产过程中所消耗的全部生产成本，即直接材料、直接人工和制造费用，把非生产成本作为期间成本的一种成本计算方法。采用完全成本法，生产过程中所发生的固定性制造费用与变动生产成本一并计入产品成本，随产品的流动而流动。当产品销售以后，固定性制造费用随同产品成本转入产品销售成本，并从产品销售收入中得到补偿。如果产品尚未销售，固定性制造费用则作为产品的一部分，一并计入存货，作为流动资产的一部分。因此，完全成本法是指在计算产品成本时，将变动生产成本和固定生产成本全部计入产品成本的方法。

二、变动成本法的理论依据

变动成本法的理论依据是：固定生产成本（固定性制造费用）是为企业提供一定的生产经营条件，以便保持生产能力而发生的成本。它同产品的实际产量没有直接关系，不会随产量的提高而增加，也不会因产量的下降而减少。因而它的实质只是定期地创造了可供企业利用的生产能量，因而与期间的联系更为密切。在这一点上，它与管理费用、销售费用、财务费用等非生产成本一样，只是定期地创造了维持企业经营的必要条件，具有时效性，其效益随着时间的消逝而逐渐丧失。

管理会计理论认为：产品成本是指在生产过程中发生的，随着产品实体的流动而流动，与产品产量密切相关，当产品实现销售收入时得到补偿的成本。期间成本是指那些不随产品实体的流动而流动，随经营期间的长短而增减，其效益不能递延到下期，只能于发生当期由当期销售收入补偿的费用。因此，只有变动生产成本才应该计入产品成本，固定生产成本应当与非生产成本一样作为期间成本处理。

三、变动成本法的意义

变动成本法计算出来的产品成本，是贡献毛益这一新指标信息的基础。贡献毛益也称边际贡献、贡献边际，是指营业收入减去变动成本后的余额，这一指标能够从另一角度反映产品的盈利能力。计算该指标，有利于企业进行本量利分析，进行生产经营过程的预测、决策和控制。贡献毛益的具体含义和应用，我们将在后面有关项目进行详细介绍。

【请思考】企业为什么要选用变动成本法进行成本核算？

任务二　变动成本法与完全成本法的应用

微课

变动成本法与完全成本法

一、变动成本法与完全成本法的内涵

变动成本法是与完全成本法相对应的一个新概念。变动成本法就是一种基于经营决策目的的成本管理方法。

完全成本法也称吸收成本法。品种法、分批法和分步法采用的就是完全成本法，主要是为了满足财务会计对外编制财务报表的需要。完全成本法的主要特点

是：产品成本包括直接材料、直接人工和制造费用，而制造费用根据其成本性态又可以进一步分为变动性制造费用与固定性制造费用。也就是说，基于完全成本法，企业每生产一个单位的产品，其成本不仅包括产品生产过程中直接消耗的直接材料、直接人工和变动性制造费用，而且还包括一定份额的固定性制造费用。因此，固定性制造费用与直接材料、直接人工和变动性制造费用一样，汇集于产品，随着产品的流动而流动，从而使本期已经销售的产品与存货具有完全相同的成本构成。

变动成本法，又称直接成本法。变动成本法与完全成本法的主要区别在于：基于变动成本法，产品成本只包括直接材料、直接人工和变动性制造费用，而不包括固定性制造费用。变动成本法的理论依据是：固定性制造费用主要是为企业提供一定的生产经营条件而发生。这些生产经营条件一旦形成，不管其实际利用程度如何，固定性制造费用照样发生，与产品的实际生产没有直接的联系，并不随产销量的增减而增减，因而，不应该把固定性制造费用计入产品成本，而应该作为期间费用处理。也就是说，这部分固定性制造费用按期间发生，与企业的生产经营活动持续期间的长短相联系，随着时间的推移而发生，随着时间的消逝而消失，其效益不应该递延到下一个会计期间，而应该在其发生的当期全额列入利润表，作为该期间销售收入的一个抵减项目。期末资产负债表所列示存货（在产品和产成品）的计价，自然也应该排除这部分固定性制造费用。

微课
变动成本法与完全成本法的区别（一）

微课
变动成本法与完全成本法的区别（二）

由于变动成本法与完全成本法对产品成本构成的认识和处理方法不同，因而产生了存货计价、期间损益等一系列差异。这些差异构成变动成本法的主要特点。理解了这些特点，也就理解了变动成本法的基本概念。

（一）产品成本构成

变动成本法与完全成本法的成本构成如图3-2所示。

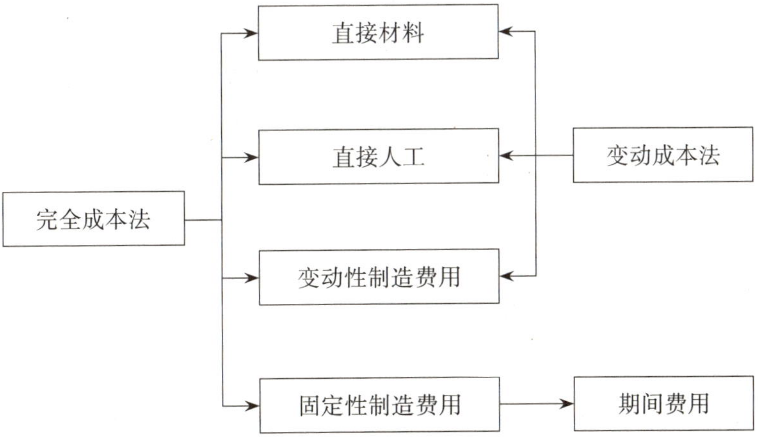

图3-2　变动成本法与完全成本法的成本构成

【做中学3-1】恒达公司2021年、2022年和2023年度相关材料如下：

（1）收入及成本数据见表3-1。

表3-1 恒达公司收入及成本数据 单位：元

项目	金额
单位产品销售价格	35.00
单位产品直接材料	5.00
单位产品直接人工	9.00
单位变动性制造费用	0.60
年固定性制造费用	92 000
年固定性销售及行政管理费用	58 000
单位产品销售及行政管理费用	1.20

（2）产销情况见表3-2。

表3-2 恒达公司产销情况 单位：件

项目	2021年	2022年	2023年
期初存货	0	2 000	2 000
本期生产量	10 000	10 000	8 000
本期销售量	8 000	10 000	10 000
期末存货	2 000	2 000	0

（3）假设存货发出的计价方法采用后进先出法。根据上述资料，恒达公司各年度单位产品成本计算见表3-3。

表3-3 恒达公司单位产品成本计算 单位：元/件

项目	2021年	2022年	2023年
变动成本法			
直接材料	5.00	5.00	5.00
直接人工	9.00	9.00	9.00
变动性制造费用	0.60	0.60	0.60
合计	14.60	14.60	14.60
完全成本法			
直接材料	5.00	5.00	5.00
直接人工	9.00	9.00	9.00
变动性制造费用	0.60	0.60	0.60
变动性生产成本	14.60	14.60	14.60
固定性制造费用	9.20*	9.20*	11.50**
合计	23.80	23.80	26.10

注：*92 000÷10 000 = 9.20（元/件）；**92 000÷8 000 = 11.50（元/件）。

由此可见，基于变动成本法，产品成本只包括直接材料、直接人工和变动性制造费用。如此一来，基于变动成本法，2021—2023年，恒达公司每年的单位产品成本都是14.60元。而基于完全成本法，产品成本不仅包括直接材料、直接人工和变动性制造费用，而且包括固定性制造费用，因此，2021—2023年，恒达公司每年的单位产品成本与当年的生产量成反比例的关系，即生产量增加，单位产品成本下降，生产量减少，单位产品成本增加。因此，基于完全成本法，除非说明生产量是多少，否则，单位产品成本信息没有意义。

（二）存货计价

由于产品成本构成项目不同，基于完全成本法与变动成本法，其期末存货的计价也不同。

以【做中学3-1】中的资料为例，基于变动成本法，2021—2023年，恒达公司每年的单位存货成本都是14.60元。而基于完全成本法，2021—2023年，因每年生产量不尽相同，恒达公司每年的单位存货成本分别为23.80元、23.80元和26.10元。

（三）期间损益

由于变动成本法与完全成本法在产品成本构成和存货计价方面存在差异，变动成本法与完全成本法的期间损益也有所不同。

1. 列示方式

基于完全成本法，利润表的成本项目并不区分变动成本与固定成本，所有生产成本都计入产品销售成本，产品销售收入扣除产品销售成本，就是产品销售毛利，再从产品销售毛利中扣除销售及行政管理费用就得到营业利润。其期间损益的列示方式见表3-4。

表3-4 完全成本法的期间损益列示方式 单位：元

产品销售收入	××××
减：产品销售成本	×××
产品销售毛利	×××
减：销售及行政管理费用	××
营业利润	××

与此相反，基于变动成本法，利润表的成本项目区分为变动成本与固定成本。产品销售收入扣除生产过程的变动成本得到生产过程的边际贡献，再从生产过程的边际贡献中扣除变动性销售及行政管理费用便得到最终边际贡献，最后从最终边际贡献中扣除固定成本与固定性销售及行政管理费用，就得到营业利润。其期间损益列示方式见表3-5。

2. 计算结果

由于“产品销售成本 = 期初存货成本 + 本期入库存货成本 - 期末存货成本”，而变动成本法与完全成本法的产品成本构成及其存货计价不同，因此，其产品销售成本也自然不同，从而期间损益计算结果也可能不同。

表3-5 变动成本法的期间损益列示方式 单位：元

产品销售收入	××××
减：变动性产品销售成本	×××
生产过程的边际贡献	×××
减：变动性销售及行政管理费用	××
最终边际贡献	××
减：固定性制造费用	××
减：固定性销售及行政管理费用	××
营业利润	××

【做中学3-2】沿用【做中学3-1】的资料。基于变动成本法与完全成本法，分别比较恒达公司2021年、2022年和2023年的营业利润。

（1）生产量大于销售量。恒达公司2021年度的生产量（10 000件）大于销售量（8 000件）。基于完全成本法与变动成本法，其营业利润的计算结果分别见表3-6和表3-7。

表3-6 基于完全成本法的营业利润

项目	金额（元）
产品销售收入	280 000
减：产品销售成本	190 400*
产品销售毛利	89 600
减：销售及行政管理费用	67 600
固定性销售及行政管理费用	58 000
变动性销售及行政管理费用	9 600
营业利润	22 000

注：*0 + 238 000 − 47 600 = 190 400（元）或8 000 × 23.80 = 190 400（元）。

表3-7 基于变动成本法的营业利润

项目	金额（元）
产品销售收入	280 000
减：变动性产品销售成本	116 800*
生产过程的边际贡献	163 200
减：变动性销售及行政管理费用	9 600
最后边际贡献	153 600
减：固定成本	150 000
固定性制造费用	92 000
固定性销售及行政管理费用	58 000
营业利润	3 600

注：*0 + 146 000 − 29 200 = 116 800（元）或8 000 × 14.60 = 116 800（元）。

由此可见，如果生产量大于销售量，基于完全成本法的营业利润（22 000元）大于基于变动成本法的营业利润（3 600元），两者相差18 400元。这是因为，基于完全成本法，固定性制造费用92 000元在已销产品与期末存货之间分配，期末存货（2 000件）吸收了固定性制造费用18 400元（2 000 × 9.20），而基于变动成本法，固定性制造费用92 000元作为期间费用，全部在当期扣除。

（2）生产量等于销售量。恒达公司2022年度的生产量等于销售量，即产销平衡（都是10 000件）。基于完全成本法与变动成本法，其营业利润的计算结果分别见表3-8和表3-9。

表3-8　基于完全成本法的营业利润　单位：元

项目	金额
产品销售收入	350 000
减：产品销售成本	238 000
产品销售毛利	112 000
减：销售及行政管理费用	70 000
固定性销售及行政管理费用	58 000
变动性销售及行政管理费用	12 000
营业利润	42 000

表3-9　基于变动成本法的营业利润　单位：元

项目	金额
产品销售收入	350 000
减：变动性产品销售成本	146 000
生产过程的边际贡献	204 000
减：变动性销售及行政管理费用	12 000
最后边际贡献	192 000
减：固定成本	150 000
固定性制造费用	92 000
固定性销售及行政管理费用	58 000
营业利润	42 000

由此可见，如果生产量等于销售量（即产销平衡），基于完全成本法的营业利润与基于变动成本法的营业利润相等（都是42 000元）。这是因为，基于完全成本法，固定性制造费用92 000元虽然计入产品成本，但又全部转化为产品销售成本，从产品销售收

入中扣除，即全部在当期扣除，而基于变动成本法，固定性制造费用92 000元本来就应该全部在当期扣除。

（3）生产量小于销售量。恒达公司2023年度的生产量（8 000件）小于销售量（10 000件）。基于完全成本法与变动成本法，其营业利润的计算结果分别见表3-10和表3-11。

表3-10 基于完全成本法的营业利润 单位：元

项目	金额
产品销售收入	350 000
减：产品销售成本	256 400
产品销售毛利	93 600
减：销售及行政管理费用	70 000
固定性销售及行政管理费用	58 000
变动性销售及行政管理费用	12 000
营业利润	23 600

表3-11 基于变动成本法的营业利润 单位：元

项目	金额
产品销售收入	350 000
减：变动性产品销售成本	146 000
生产过程的边际贡献	204 000
减：变动性销售及行政管理费用	12 000
最终边际贡献	192 000
减：固定成本	150 000
固定性制造费用	92 000
固定性销售及行政管理费用	58 000
营业利润	42 000

由此可见，如果生产量小于销售量，基于完全成本法的营业利润（23 600元）小于基于变动成本法的营业利润（42 000元），两者相差18 400元。这是因为，基于完全成本法，产品销售收入不仅要扣除本期（2023年度）的固定性制造费用92 000元，而且还要扣除上期（2022年度）存货结转、吸收而来的固定性制造费用18 400元（2 000 × 9.20）；而基于变动成本法，产品销售收入却只扣除本期（2023年度）的固定性制造费用92 000元。

二、变动成本法与完全成本法的评价和结合运用

尽管变动成本法与完全成本法存在显著差异，但是，企业完全没有必要同时存在两套独立的成本计算系统。

（一）变动成本法与完全成本法的评价

从理论上说，变动成本法与完全成本法都可以为经理人提供有用信息，但是，基于特定管理情境，变动成本法与完全成本法又各有其适用性。

1.期间损益

如果产品销售价格、销售结构和成本不变，企业的营业利润应该与销售量的增减保持一致。变动成本法能够明确地揭示产品的销售量、成本和营业利润之间的依存关系，其所计算出来的营业利润与销售量的增减保持一致，容易为企业经理人所理解和接受，也便于经营决策、控制与分析；而完全成本法，由于掺杂了一些人为的计算因素，使营业利润与销售量增减不能保持相应的依存关系，甚至生产量增加而销售量减少，营业利润却增加。这就难以为经理人所理解和接受。

【做中学3-3】美达公司2022年和2023年的基本数据见表3-12和表3-13。

表3-12　美达公司基本数据　单位：元

项目	金额
单位产品销售价格	75.00
单位变动成本	35.00
固定性制造费用	400 000
销售及行政管理费用	
变动性销售及行政管理费用	100 000
固定性销售及行政管理费用	100 000

表3-13　美达公司产销及单位成本数据　金额单位：元

项目	2022年	2023年
生产量（件）	20 000	25 000
销售量（件）	20 000	20 000
单位产品成本		
变动成本法	35.00	35.00
完全成本法		
单位变动成本	35.00	35.00
单位固定性制造费用	20.00	16.00
合计	55.00	51.00

根据上述数据，基于完全成本法，其营业利润见表3-14。

表3-14 基于完全成本法的营业利润 单位：元

项目	2022年	2023年
产品销售收入	1 500 000	1 500 000
减：产品销售成本	1 100 000	1 020 000
产品销售毛利	400 000	480 000
减：销售及行政管理费用	200 000	200 000
固定性销售及行政管理费用	100 000	100 000
变动性销售及行政管理费用	100 000	100 000
营业利润	200 000	280 000

由此可见，美达公司2022年与2023年的销售量都是20 000件，但是，美达公司2023年的营业利润却比2022年多了80 000元。原因就在于美达公司2023年期末存货增加了5 000件，吸收了固定性制造费用80 000元（5 000 × 16.00）。生产量增加，使营业利润增加，有利于促进企业提高劳动生产率，从而继续提高产品的生产量。由此，企业只要多生产，就可以创造利润。完全成本法适用于早期供不应求的卖方市场经营环境或垄断性行业。但是，在当今的买方市场经营环境或竞争性行业中，完全成本法就显得极为被动。变动成本法则不然。基于变动成本法，其营业利润见表3-15。

表3-15 基于变动成本法的营业利润 单位：元

项目	2022年	2023年
产品销售收入	1 500 000	1 500 000
减：变动性产品销售成本	700 000	700 000
生产过程的边际贡献	800 000	800 000
减：变动性销售及行政管理费用	100 000	100 000
最终边际贡献	700 000	700 000
减：固定成本	500 000	500 000
固定性制造费用	400 000	400 000
固定性销售及行政管理费用	100 000	100 000
营业利润	200 000	200 000

由此可见，基于变动成本法，2022年与2023年美达公司的销售量一样，营业利润也一样。这就明显地显示出营业利润与销售量之间的依存关系，说明企业增加销售量（而不是增加生产量）是增加营业利润的途径。变动成本法有利于以销定产，适用于当今的买方市场经营环境或竞争性行业。

2. 决策分析

企业的决策分析根据其涉及的时间跨度可以分为短期决策分析与长期决策分析。变动成本法比较适合短期决策分析。就短期决策分析而言，企业现有生产能力一旦形成，在短期内难以发生变动，与此相关的固定成本保持不变，而变动成本却会受短期决策的影响。边际贡献揭示了产品本身的盈利能力，因此，企业的短期决策分析通常借助于边际贡献这个指标。只有变动成本法才便于提供边际贡献的相关信息，完全成本法难以胜任这个特殊要求。但是，完全成本法比较适合长期决策分析。就长期决策分析而言，企业的生产能力可能发生增减变动，一切成本都是变动成本。企业的长期决策分析必须建立在补偿所有成本的基础上。从这个意义上说，完全成本法所提供的信息比较充分，而变动成本法就显得不适应了。

3. 成本控制与绩效评价

成本控制与绩效评价强调可控性。变动成本法将成本分为固定成本与变动成本，可以为各责任单位提供成本控制与绩效评价的信息，有利于成本控制与绩效评价。完全成本法不区分固定成本与变动成本，一视同仁，都在各种产品之间分配，不利于成本控制与绩效评价。

4. 对外报告与纳税申报

传统的成本观念是完全成本观念。变动成本法的成本观念不符合传统成本观念，因而基于变动成本法的存货计价与收益确定，不符合对外报告的要求，也不符合应纳所得税额的计算申报。对外报告与纳税申报依然采用完全成本观念。因而，目前变动成本法还不可能取代完全成本法。

（二）变动成本法与完全成本法的结合运用

上述分析表明，变动成本法与完全成本法各有其适用性。通常，变动成本法比较适合企业的内部经营管理需求，但不符合对外报告与纳税申报要求；而完全成本法比较适合对外报告与纳税申报要求，但不符合企业的内部经营管理需求。

微课

变动成本法在企业中的应用

经理人具有投资者与经营者的双重身份。成本信息存在对外（存货计价与收益确定）与对内（经营决策与管理控制）两个方面的功能。这就产生了如何使变动成本法与完全成本法相互补充、结合运用的问题。

当然，这里所说的相互补充、结合运用，并不是指同时搞两套独立、平行的成本计算系统，而是指以一种成本计算系统为基础，并加以适当的调整或变通，使其能够兼顾企业内外部两方面的信息需求。

那么，应该以哪一种成本计算系统为基础呢？显然，企业的内部信息需求是经常性的，而对外编制财务报表是定期性的，因而，比较合理的做法是以变动成本法为基础并适当调整或变通，以满足对外编制财务报表的需求。

具体步骤如下：

第一步，将“制造费用”账户分为“变动性制造费用”与“固定性制造费用”两个账户。

第二步，有关成本的日常账务处理基于变动成本法，“生产成本”“库存商品”账户按变动成本入账。

第三步，把所发生的制造费用，根据成本性态分别记入“变动性制造费用”与“固定性制造费用”两个账户。

第四步，期末，将“变动性制造费用”账户余额转入“生产成本”账户，将“固定性制造费用”在已销产品与存货（包括在产品和产成品）之间分配，分别记入“主营业务成本”、“生产成本”和“库存商品”账户，使期末存货和本期产品销售成本都按完全成本列示，使之符合对外编制财务报表和纳税申报的要求。

【做中学3-4】恒通公司2023年3月相关资料见表3-16。

表3-16 恒通公司2023年3月相关资料

项目	数据
期初存货	0
生产量（假设没有在产品）	1 000件
销售量	900件
变动性单位生产成本	
直接材料	10.00元/件
直接人工	5.00元/件
变动性制造费用	3.00元/件
全月固定性制造费用	8 000元
单位销售及行政管理费用	2.00元/件
全月固定性销售及行政管理费用	12 000元
单位产品销售价格	45.00元/件

根据表3-16的资料，恒通公司2023年3月的账务处理用T形账户说明如图3-3所示。

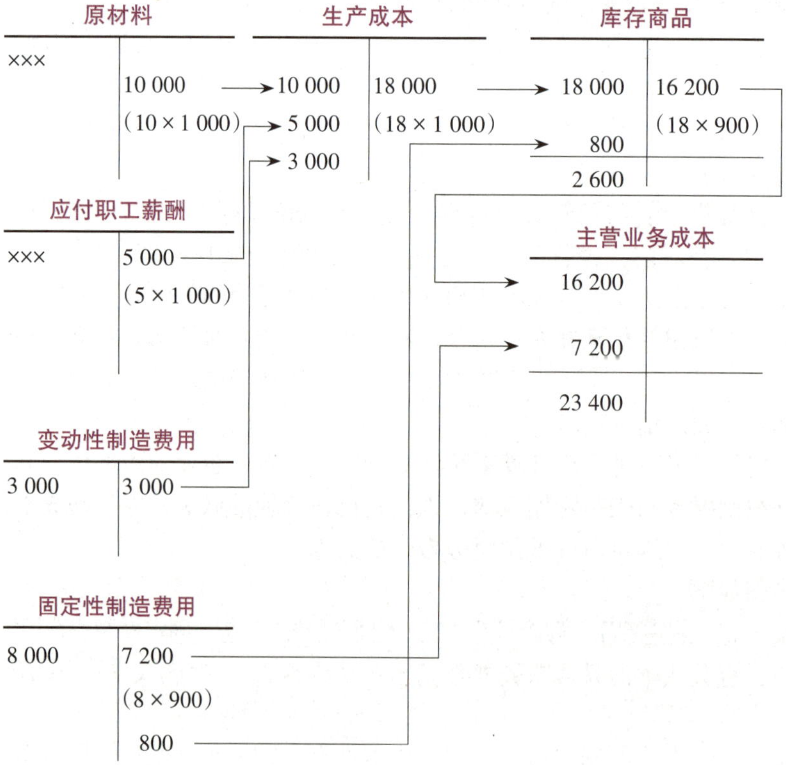

图3-3 变动成本法与完全成本法结合运用的账务处理流程

基于完全成本法，相关成本验证如下：

主营业务成本 = 900 ×（18.00 + 8.00）= 23 400（元）

库存商品 = 100 ×（18.00 + 8.00）= 2 600（元）

与图3–3中的账务处理结果一致。

由此可见，变动成本法与完全成本法的结合运用，既满足了管理会计与财务会计的信息需求，又体现了管理会计所强调的“不同目的、不同成本”的多维成本观念。更重要的是，变动成本法与完全成本法的结合运用将经理人的投资者角色与经营者角色和谐地统一起来。在实践中，会计人员经常以服务于投资者的思维服务于经营者，经营者十有八九不满意。管理会计师应该摆脱这种“窘境”，针对投资者与经营者的不同信息需求，提供相关服务。企业的绩效评价或激励机制或多或少都与利润挂钩。然而，管理会计师必须清楚，绩效评价或激励机制不应与财务会计观念的利润挂钩，而是应该与管理会计观念的利润挂钩。

任务三　变动成本法的优缺点

一、变动成本法的优点

变动成本法的诞生，突破了传统、狭隘的成本观念，为强化企业内部的经营管理、提高经济效益开创了新思路。这种方法的优点可以归纳为以下几点：

（一）能提供最有用的管理信息，为预测前景、参与决策和规划未来服务

变动成本法计算出的变动成本、贡献毛益及有关信息对企业管理层非常有用，因为它们揭示了业务量和成本变动的内在规律，表明了生产、销售、成本和利润之间的依存关系，提供了各种产品的盈利能力等重要信息。这有利于企业内部管理人员进行本量利分析，用来预测企业的保本点、保利点和影响利润变动的因素及其程度，使企业的短期经营决策更为及时、有效。

（二）促使企业管理层重视市场销售，做到以销定产，防止盲目生产

在变动成本法下，产品产量的高低与存货的增减对营业利润都没有影响，而产品销售量的变动将使营业利润同方向变动。这就促使企业管理层将注意力放在销售环节上，加强促销工作，力求做到适销对路、以销定产、防止盲目生产。

（三）便于分清各部门责任，有利于进行成本控制与业绩评价

变动生产成本的高低最能反映生产部门和供应部门的工作实绩。例如，在直接材料、直接人工和变动性制造费用方面如有节约或超支，会立即从产品的变动生产成本指标中反映出来，这样可以通过事前制定标准成本和建立弹性预算进行日常控制。至于固定生产成本的高低，责任一般不在生产部门，通常应由管理部门负责，可以通过事前制定费用预算进行控制。这不仅有利于我们进行科学的事后成本分析以及采用正确的方法进行成本控制，还能对各责任部门的工作实绩做出实事求是的、恰当的评价

与考核。

（四）利于简化产品成本的计算工作

变动成本法中的固定生产成本被作为期间成本，不计入产品成本。因此，与完全成本法比较，其核算工作简化了，有利于保证成本信息的及时性，同时，有利于企业集中精力加强日常管理。

二、变动成本法的缺点

尽管变动成本法具有许多优点，但在实际工作中，仍具有一定的局限性。

（一）不符合传统的成本概念以及对外报告的要求

按照传统的成本概念，产品成本是指在生产领域为生产产品而发生的全部生产成本，既包括变动生产成本，也包括固定生产成本。而变动成本法确定的产品成本显然不能满足这一要求。而且变动成本与固定成本的划分，在很大程度上是假设和近似的结果，不是一种非常精确的计算。如果将变动成本法用于对外报告，可能导致股东、债权人、税务机关、企业员工及其他利益相关者做出错误的决策。所以，变动成本法所提供的成本信息只适用于企业内部管理，而不适合外部有经济利害关系的单位和个人使用。

（二）不适应长期决策和定价决策的需要

从长期来看，企业的固定成本不可能长期保持稳定，单位变动成本也会发生变动。变动成本法提供的信息，只能满足在生产能力不变的情况下的短期经营决策，而不适用于涉及生产规模变化的长期决策。另外，在定价决策中，变动成本和固定成本都应得到补偿。而变动成本法所提供的产品成本资料，一般不能适应这两方面的需要。简言之，提供的信息不适应国家宏观决策和企业长期决策的需要。

【请思考】企业应该怎样应对变动成本法应用的局限性？

【学思践悟】

高端制造为中国经济“强筋壮骨”

从德国铁路公司考虑购买中国的列车及配件，到“华龙一号”全球推介会吸引了英、法、美、加等多国代表前来，再到大连机车公司收到由印度铁路部发来的加尔各答南北线112节地铁车辆合同，中国制造业可谓“喜事连连”。专家表示，近年来中国装备制造业持续转型升级，体量不断增大，竞争力逐渐增强，但国际产业分工层级仍有待提高，成本管控至关重要。可以预见，随着相关政策规划的落实，高端制造业将成为中国乃至世界经济的重要引擎。

“天上不会掉馅饼”，海外捷报频传的背后是中国制造业艰难而持续的求新求变。以新能源汽车行业为例，2015年1—4月，新能源汽车累计生产3.44万辆，同比增长近3倍。其中，纯电动乘用车与插电式混合动力乘用车同比增长约3倍；纯电动商用车生产同比增长高达5倍。

近年来，中国制造业取得了非常大的进步，一批高技术、高附加值的中国品牌涌现出来。这不仅得益于国家产业政策的及时调整，也与国家对高端设备制造的扶持以及国有改革等因素密不可分。

实施“中国制造2025”推动制造业由大变强，不仅在一般消费品领域，更要在技术含量高的重大装备等先进制造领域勇于争先。一是通过鼓励创新创业，充分释放从创意设计到生产制造的巨大潜能，促进制造业和现代服务业深度融合；二是要抓跨界融合机遇，促进大数据、云计算、物联网等技术在制造业全产业链集成运用，推动制造模式变革；三是攻克一批先进基础工艺，提高核心基础零部件的质量性能和关键基础材料的制造水平；四是大力发展节能环保产业，提升工业效能和清洁生产水平。

铸好国之重器，方能心中有底。《国务院关于推进国际产能和装备制造合作的指导意见》指出，钢铁、有色、建材、铁路、电力、化工、轻纺、汽车、通信、工程机械、航空航天、船舶和海洋工程等12个行业被作为推进国际产能和装备制造合作的重点，制造业的高端化可谓全面推进，成本的控制更要精准。

国家强大，企业必须强大。要注重企业成本的挖潜，随着“中国制造2025”强国战略规划的实施，我国制造业企业将朝着智能工厂方向发展，同时实现由低成本竞争优势向质量效率竞争优势转变，由粗放制造向绿色制造转变，由要素驱动向创新驱动转变。

资料来源：佚名. 高端制造为中国经济“强筋壮骨”[EB/OL]. [2021-06-28] http://www.xinhuanet.com/world/2015 - 06/17/c_127924100.htm.

【请思考】“中国制造2025”强国战略的成本优势如何实施?

项目小结

本项目主要知识点归纳总结见表3-17。

表3-17　本项目主要知识点归纳总结

任　务	主要知识点
变动成本法认知	变动成本法，是指以成本习性分析为前提，在计算产品成本时，只包括产品生产过程中所消耗的变动生产成本，即直接材料、直接人工和变动性制造费用，而把固定生产成本即固定性制造费用和非生产成本全部作为期间成本处理的一种成本计算方法
变动成本法与完全成本法的应用	完全成本法也称吸收成本法。品种法、分批法和分步法采用的就是完全成本法，主要满足财务会计对外编制财务报表的需要。完全成本法的主要特点是：产品成本包括直接材料、直接人工和制造费用，而制造费用根据其成本性态又可以进一步分为变动性制造费用与固定性制造费用 变动成本法，又称直接成本法。变动成本法与完全成本法的主要区别在于：基于变动成本法，产品成本只包括直接材料、直接人工和变动性制造费用，而不包括固定性制造费用

续表

任　务	主要知识点
变动成本法的优缺点	优点： （1）提供最有用的管理信息，为预测前景、参与决策和规划未来服务 （2）促使企业管理层重视市场销售，做到以销定产，防止盲目生产 （3）便于分清各部门责任，有利于进行成本控制与业绩评价 （4）利于简化产品成本的计算工作 缺点： （1）不符合传统的成本概念以及对外报告的要求 （2）不适应长期决策和定价决策的需要

项目四

本量利分析

学习目标

知识目标

1. 了解本量利的含义、作用及相关概念。
2. 熟悉本量利分析的相关概念。
3. 掌握保本分析计算。

技能目标

1. 能运用保本分析和保利分析两种分析方法。
2. 能运用利润敏感系数分析问题。

态度目标

1. 培养把握保本分析和保利分析两种方法的具体应用能力。
2. 树立本量利分析的意识，确保企业生产科学有效。

素养目标

培养学生的爱国情、强国志、报国行，自觉融入坚持和发展中国特色社会主义事业中，研究企业成本、利润与未来发展关系，增强民族创新创造活力，实现中华民族的伟大复兴。

工作情境与工作任务

企业经营的主要目的是追求利润。传统的会计分析认为，在单位售价和耗费水平不变的情况下销售利润的增减变化与销售量的增减变化成正比例关系。而管理会计的分析却认为，销售利润的增减变化幅度通常要大于销售量的增减变化幅度。研究成本、业务量与利润的关系，必须与产品的单位售价联系起来。销售利润的高低取决于产品的单位售价、单位成本和业务量三项因素，因为单位成本决定单位售价，单位售价影响业务量，而业务量又反过来影响单位成本。企业实施保本分析，才能进一步进行保利分析。

任务一　本量利分析认知

一、本量利分析的含义

本量利分析，是指以成本性态分析和变动成本法为基础，运用数学模型和图式，对成本、利润、业务量与单价等因素之间的依存关系进行分析，发现变动的规律性，为企业进行预测、决策、计划和控制等活动提供支持的一种方法。其中，“本”是指成本，包括固定成本和变动成本；“量”是指业务量，一般指销售量；“利”一般指营业利润。

二、本量利分析的基本假设

微课

本量利分析的基本假设

本量利分析原理的建立和应用的数学模型及图形，是以下列假设为前提条件的：

（一）相关范围假设

相关范围假设包含了两层含义：

（1）期间假设。无论是固定成本还是变动成本，其固定性和变动性均表现在特定的期间内，其金额的大小也是在特定的期间内加以计量得到的。随着时间的推移，固定成本的总额及其内容会发生变化，变动成本的数额及其内容也会发生变化。

（2）业务量假设。固定成本和变动成本，是在一定业务量范围内分析计量的结果，业务量发生变化，特别是变化较大时，即使成本的性态不发生变化（也有可能发生变化），也需要重新加以计量。

（二）模型线性假设

模型线性假设包含了三个方面：

（1）固定成本不变假设。在企业经营能力一定的前提下，固定成本是固定不变的，表示在平面直角坐标系中，就是一条与横轴平行的直线。

（2）变动成本与业务量呈完全的线性关系假设。在平面直角坐标系中，它们的关系表示为一条过原点的直线，该直线的斜率就是单位变动成本。

(3) 销售收入与销售数量呈完全的线性关系假设。在平面直角坐标系中，它们的关系也表示为一条通过原点的直线，只不过该直线的斜率是销售单价。

（三）产销平衡假设

如果企业只生产一种产品，假定生产出来的产品总是可以实现销售，达到产销平衡。

（四）品种结构不变假设

品种结构不变就是指各种产品的销售额占全部销售额的比重不变。如果企业生产多种产品，由于它们的获利能力一般不尽相同，若企业产销的品种结构发生较大的变动，势必会导致预计利润和实际利润之间发生差异，因此，就必须假定品种结构不变。

（五）利润假设

除特别说明外，本量利分析中的“利润”一般假设为不考虑投资收益和营业外收支的“营业利润”，也就是假设投资收益和营业外收支为零时的利润总额。

三、本量利分析的作用

本量利分析是管理会计的基本方法之一，它在规划企业经济活动、正确进行经营决策和成本控制等方面具有广泛的作用，主要表现在以下几个方面：

（一）进行保本分析

将本量利分析和预测技术结合起来，可以进行保本预测，确定保本销售量和保本销售额，进而预测利润，编制利润计划。

（二）进行目标控制

将本量利分析用于目标控制，可以确定实现目标利润所需要控制的目标销售量、目标销售额以及目标成本水平，从而有效地进行目标管理。

（三）进行风险分析

将本量利分析和风险分析结合起来，可以分析企业的经营安全性指标，确定企业的安全状况，还可以促使企业重视经营杠杆的作用，努力降低风险。

（四）进行生产决策

通过本量利分析，可以进行生产工艺选择的决策、产品品种和生产数量的决策、产品竞争决策以及定价决策等。

除了上述作用之外，本量利分析还为标准成本制度和责任会计的应用等提供了理论准备。

四、本量利分析的基本数学模型

微课

本量利分析
基本模型

本量利分析的基本公式为：

营业利润 =（单价 - 单位变动成本）×业务量 - 固定成本

本量利分析的目标是利润，下面计算利润的基本公式也是本量利分析的基本数学模型：

利润 = 销售收入总额 - 成本总额
　　= 销售收入总额-（变动成本总额 + 固定成本总额）
　　= 销售量 × 销售单价 - 销售量 × 单位变动成本 - 固定成本总额
　　= 销售量 ×（销售单价 - 单位变动成本）- 固定成本总额

若用π表示利润，用p表示销售单价，用b表示单位变动成本，用x表示销售量，用a表示固定成本总额，则：

$$\pi = px - (bx + a) = px - bx - a = (p - b)x - a$$

五、本量利分析的相关概念

本量利分析中涉及下面一些相关的基本概念及计算公式。

（一）贡献毛益

贡献毛益是反映企业产品盈利能力的绝对指标，其表现形式有两种：单位贡献毛益和贡献毛益总额。单位贡献毛益（cm），是指产品的销售单价减去单位变动成本后的差额。贡献毛益总额（Tcm），是指产品销售收入总额减去相应变动成本总额后的差额。其计算公式如下：

单位贡献毛益 = 销售单价 - 单位变动成本

即：

$$cm = p - b$$

贡献毛益总额 = 销售收入总额 - 变动成本总额

即：

$$Tcm = px - bx = (p - b)x$$
$$= cm \cdot x$$

将贡献毛益总额放入本量利分析的基本数学模型中，则：

利润 = 贡献毛益总额 - 固定成本总额

即：

$$\pi = Tcm - a$$

可见，贡献毛益的大小直接影响企业利润的水平，产品销售能否保本以及产品销售利润的高低将取决于贡献毛益总额能否“吸收”固定成本总额、是否有余额以及余额的大小。在固定成本不变的情况下，贡献毛益的增减意味着利润的增减，只有当产品的贡献毛益总额大于固定成本时才能给企业创造利润；反之，企业将会亏损。

（二）贡献毛益率

贡献毛益率（cmR），是指产品贡献毛益占产品销售收入的百分比。这是反映企业产品盈利能力的相对指标，它表明每增加1元销售额能为企业带来的贡献，该比率越大，说明产品为企业获得利润所作的贡献越大。其计算公式如下：

$$贡献毛益率 = \frac{贡献毛益总额}{销售收入总额} = \frac{单位贡献毛益}{销售单价}$$

即：

$$cmR = \frac{Tcm}{px} = \frac{cm}{p}$$

（三）变动成本率

变动成本率（bR），是指产品变动成本占产品销售收入的百分比。它表明每增加1元销售额所增加的变动成本。其计算公式如下：

$$变动成本率 = \frac{变动成本总额}{销售收入总额} = \frac{单位变动成本}{销售单价}$$

即：

$$bR = \frac{bx}{px} = \frac{b}{p}$$

（四）贡献毛益率和变动成本率的关系

贡献毛益率和变动成本率具有互补关系。变动成本率低的企业，贡献毛益率高，创利能力强；反之亦然。其计算公式如下。

$$贡献毛益率 + 变动成本率 = 1$$

即：

$$cmR + bR = 1$$

或：

$$cmR = 1 - bR$$

【做中学4-1】设某产品的销售单价为10元，单位变动成本为6元，全年产销量为1 000件。则有：

$cm = p - b = 10 - 6 = 4$（元）

$Tcm = (p - b)x = cm \cdot x = 4 \times 1\,000 = 4\,000$（元）

$cmR = \frac{cm}{p} = \frac{4}{10} \times 100\% = 40\%$

$bR = \frac{b}{p} = \frac{6}{10} \times 100\% = 60\%$

或 $= 1 - cmR = 1 - 40\% = 60\%$

【知识链接】本量利分析主要有以下3项基本假设：（1）相关范围假设。假定在一定时期、一定业务量范围内，单价、单位变动成本、固定成本总额保持不变。（2）模型线性假设。总成本可表示为$Y = a + bx$，销售收入可表示为$Y = px$，即成本、销售收入都是产销量的一元线性函数。（3）产销平衡和品种结构稳定假设。假设在只安排一种产品生产的条件下，生产的产品总是可以找到市场，实现产销平衡；对于多产品生产的企业，假定以价值形式表现的产销总量发生变化时，原来的各种产品的产销额在全部产品销售总额中，所占的比重并不发生变化，且仍能实现产销平衡。

任务二 保本分析

保本分析（也称盈亏平衡分析），是指分析、测定盈亏平衡点，以及有关因素变动对盈亏平衡点的影响等，是本量利分析的核心内容。盈亏平衡分析的原理是，通过计算企业在利润为零时处于盈亏平衡的业务量，分析项目对市场需求变化的适应能力等。盈亏平衡分析包括单一产品的盈亏平衡分析和产品组合的盈亏平衡分析。

保本分析是研究企业恰好处于保本状态（即保本点）的本量利分析的一种定量分析。

保本点也称盈亏临界点、盈亏平衡点、损益平衡点、够本点，是指企业达到保本状态（不盈不亏、收支相等、利润为零的状态）的销售量或销售额的点。

微课

保本点

确定保本点是保本分析的关键，也是本量利分析的核心内容。保本点有两种表现形式：一种是保本销售量（保本量）；另一种是保本销售额（保本额）。前者是以实物量表示的，而后者是以货币价值量表示的。

在进行盈亏临界点分析时，贡献毛益的启示就是：只要销售单价高于单位变动成本（必须如此，否则销售量越大则亏损越大），固定成本就可以获得补偿，所以，至少理论上盈亏临界点是存在的。至于盈亏临界点的位置则取决于固定成本、单位变动成本、销售单价这三个因素。盈亏临界图（保本图）如图4-1所示。

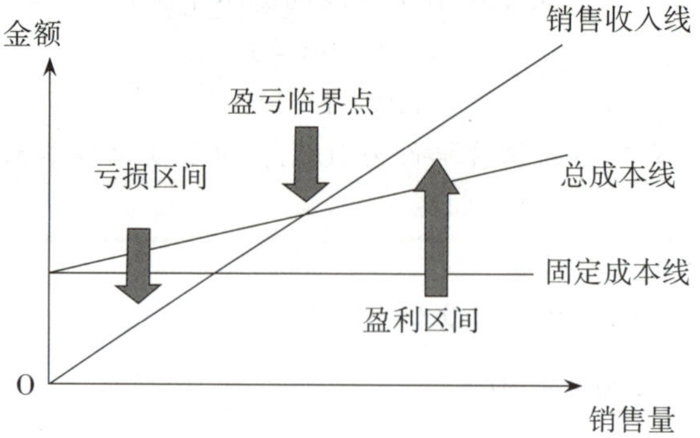

图4-1 盈亏临界图（保本图）

图4-1直观而形象地描述了这种关系，具体来说表现在以下几个方面：

（1）在固定成本、单位变动成本、销售单价不变的情况下，也就是说盈亏临界点是既定的，销售量越大，实现的利润也就越多（当销售量超过盈亏临界点时），或者是亏损越少（当销售量不足盈亏临界点时）；反之，则利润越少或亏损越大。这是盈亏临界图中的基本关系。

（2）在总成本既定的情况下，盈亏临界点的位置随销售单价的变动而逆向变动：销售单价越高（表现在坐标图中就是销售收入线的斜率越大），盈亏临界点就越低；反之，盈亏临界点就越高。

（3）在销售单价和单位变动成本既定的情况下，盈亏临界点的位置随固定成本总额的变动而同向变动：固定成本越大（表现在坐标图中就是总成本线与纵轴的交点越高），盈亏临界点就越高；反之，盈亏临界点就越低。

（4）在销售单价和固定成本总额既定的情况下，盈亏临界点的位置随单位变动成本的变动而同向变动：单位变动成本越高（表现在坐标图中就是总成本线的斜率越大），盈亏临界点就越高；反之，盈亏临界点就越低。

一、单一产品保本点的确定

微课

单一产品保本分析

单一产品保本点的确定方法主要有图解法和公式法。

（一）图解法

图解法，是指通过绘制保本图来确定保本点的一种方法。其原理是当总收入等于总成本时，企业恰好保本。在平面直角坐标系中画出总成本线和销售收入线，当p大于b时，两线交点即为保本点。

绘制保本图的方法如下：

1.建立平面直角坐标系

在产销单一品种产品的情况下，以平面直角坐标系中的横轴表示销售数量，以纵轴表示成本和销售收入。

2.绘制总成本线

依据固定成本水平，在纵轴上标出截距a，以单位变动成本b为斜率，过点（0，a）画总成本线y = a + bx。

3.绘制销售收入线

在平面直角坐标系中，以单价p为斜率，过原点O画销售收入线y = px。当p大于b时，上述总成本线与销售收入线的交点（x_0，y_0）就是保本点，其中x_0为保本销售量，y_0为保本销售额。

根据以上步骤绘制的保本图如图4-2所示。

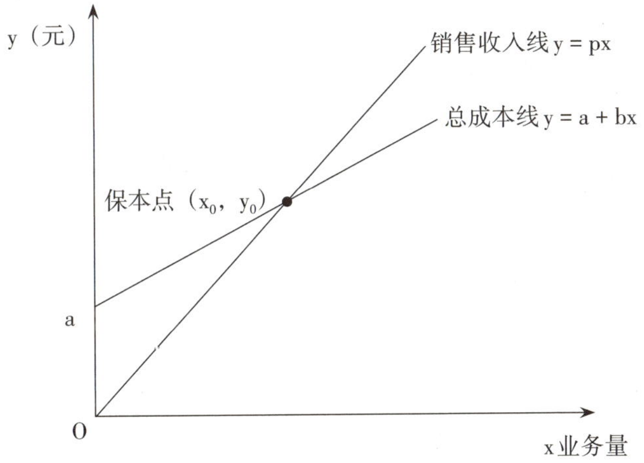

图4-2　保本图

图解法具有形象直观、简明易懂的特点，但是由于图解法是依靠目测绘制而成的，所以不可能十分准确，通常应与公式法配合使用。

（二）公式法

1.保本销售量

保本销售量，就是使企业利润等于零时的销售量。

令：

$$利润 = 销售收入总额 - (变动成本总额 + 固定成本总额) = 0$$

得到：

$$保本销售量 = \frac{固定成本}{销售单价 - 单位变动成本} = \frac{固定成本}{单位贡献毛益}$$

即：

$$x_0 = \frac{a}{p - b} = \frac{a}{cm}$$

2. 保本销售额

保本销售额，就是使企业利润等于零时的销售额。

$$\text{保本销售额} = \text{销售单价} \times \text{保本销售量} = \text{销售单价} \times \frac{\text{固定成本}}{\text{销售单价} - \text{单位变动成本}} = \frac{\text{固定成本}}{\text{贡献毛益率}} = \frac{\text{固定成本}}{1 - \text{变动成本率}}$$

即：

$$y_0 = px_0 = \frac{a}{cmR} = \frac{a}{1 - bR}$$

当企业的预计销售量（额）大于保本销售量（额）时，企业就获得利润，处于盈利的状态；反之，当企业的预计销售量（额）小于保本销售量（额）时，企业就会亏损。

【做中学4-2】恒达公司生产和销售单一产品数控车床，销售单价为1 000万元，单位变动成本为600万元，固定总成本为800 000万元。

要求：计算该公司的保本点。

解：根据题意和保本点计算公式可得：

$$\text{保本销售量} = \frac{\text{固定成本}}{\text{销售单价} - \text{单位变动成本}} = \frac{800\ 000}{1\ 000 - 600} = 2\ 000\text{（台）}$$

$$\text{保本销售额} = \frac{\text{固定成本}}{1 - \text{变动成本率}} = \frac{800\ 000}{1 - 600 \div 1\ 000} = 2\ 000\ 000\text{（万元）}$$

或：

保本销售额 = 销售单价 × 保本销售量 = 1 000 × 2 000 = 2 000 000（万元）

即该公司保本销售量为2 000台，保本销售额为2 000 000万元。

二、多种产品保本点的确定

微课

多种产品保本分析

企业在产销多种产品的情况下，因为不同品种产品的销售量无法直接相加，其保本分析就不能用实物量表现，只能用货币量表现，即采用多品种产品销售额进行保本分析。

多品种产品保本点的确定方法主要有：加权平均贡献毛益率法、分别计算法等。

（一）加权平均贡献毛益率法

加权平均贡献毛益率法，又称综合贡献毛益率法，是以各种产品的边际贡献率为基础，以各种产品的销售额占总销售额的比重为权数，计算多种产品的加权平均贡献毛益率，进而计算出多种产品的综合保本销售额，再计算出各种产品的保本销售额和保本销售量的一种分析方法。其具体步骤如下：

1. 计算各种产品的贡献毛益率

$$cmR = \frac{p - b}{p}$$

2. 计算各种产品的销售比重

$$某种产品的销售比重=\frac{该种产品预计销售额}{\sum 各种产品预计销售额}$$

3. 计算加权平均贡献毛益率

$$加权平均贡献毛益率=\sum(某种产品的贡献毛益率\times 该种产品的销售比重)$$

4. 计算综合保本销售额

$$综合保本销售额=\frac{固定成本总额}{加权平均贡献毛益率}$$

5. 计算各种产品的保本销售额

$$某种产品的保本销售额=综合保本销售额\times 该种产品的销售比重$$

6. 计算各种产品的保本销售量

$$某种产品的保本销售量=\frac{该种产品的保本销售额}{该种产品的单价}$$

【做中学4-3】恒达公司在一定时期内生产甲、乙、丙3种产品，销售单价、单位变动成本和预计销售量的资料见表4-1。

表4-1　恒达公司产品有关资料　金额单位：元

摘要	甲产品	乙产品	丙产品
销售单价	25	20	20
单位变动成本	20	14	8
预计销售量（件）	5 600	4 200	2 800
固定成本总额	62 000		

根据表4-1的资料，计算整理出的恒达公司产品产销资料见表4-2。

表4-2　恒达公司产品产销资料　金额单位：元

摘　要	甲产品	乙产品	丙产品	合计
单位贡献毛益	5	6	12	—
贡献毛益率（%）	20	30	60	—
销售额	140 000	84 000	56 000	280 000
销售比重（%）	50	30	20	100

由表4-2的计算数据可以得到：

$$\begin{aligned}加权平均贡献毛益率&=\sum(某种产品的贡献毛益率\times 该种产品的销售比重)\\&=20\%\times 50\%+30\%\times 30\%+60\%\times 20\%\\&=31\%\end{aligned}$$

$$综合保本销售额 = \frac{固定成本总额}{加权平均贡献毛益率} = \frac{62\,000}{31\%} = 200\,000（元）$$

3种产品的保本点分别为：

甲产品：

保本销售额 = 200 000 × 50% = 100 000（元）

保本销售量 = 100 000 ÷ 25 = 4 000（件）

乙产品：

保本销售额 = 200 000 × 30% = 60 000（元）

保本销售量 = 60 000 ÷ 20 = 3 000（件）

丙产品：

保本销售额 = 200 000 × 20% = 40 000（元）

保本销售量 = 40 000 ÷ 20 = 2 000（件）

值得注意的是：只有企业的甲、乙、丙3种产品同时达到保本销售额（量）时，企业才处于不盈不亏的状态；只要其中一种产品或两种产品没有达到盈亏临界点的保本销售额（量），企业就仍然处于亏损的状态。

（二）分别计算法

分别计算法的原理和单一产品保本点计算的公式法基本相同。分别计算法，是指先将多种产品共同发生的固定成本总额按照一定的方法分配给各种产品，然后每种产品分别按照单一产品保本点的确定方法进行保本分析。若企业的固定成本能够较合理地分配给各种产品，就可以采用分别计算法确定多种产品的保本点。

【做中学4-4】恒达公司在一定时期内生产甲、乙、丙3种产品，销售额分别为200 000元、300 000元、500 000元，变动成本总额分别为140 000元、180 000元、325 000元，按一定比例分配给甲、乙、丙3种产品的固定成本分别为45 000元、76 000元、105 000元。

要求：计算各种产品的保本销售额。

解：具体分析计算见表4-3。

表4-3　恒达公司产品产销资料　金额单位：元

摘要	甲产品	乙产品	丙产品
销售收入	200 000	300 000	500 000
变动成本	140 000	180 000	325 000
贡献毛益	60 000	120 000	175 000
贡献毛益率（%）	30	40	35
固定成本	45 000	76 000	105 000
保本销售额	150 000	190 000	300 000

三、相关因素变动对保本点的影响

如前所述，保本点就是能使企业达到不盈不亏、利润为零时的产品销售量或者销售额。在计算保本点时，实际上是假设了固定成本、单位变动成本、销售单价和销售数量等因素不变。然而，上述诸因素在企业的经营过程中是经常变动的，并且由此引起了保本点的升降变动。显然，诸因素的变动和保本点的取值之间存在着必然的、内在的联系。

微课

相关因素变动对保本点的影响

（一）固定成本变动对保本点的影响

固定成本虽然不随业务量的变动而变动，但是企业的经营能力的变化和管理决策都会导致固定成本的升降，特别是酌量性固定成本更容易发生变化。

【做中学4-5】恒达公司生产和销售单一产品，产品的单位售价是60元，单位变动成本是40元，全年的固定成本是600 000元，则保本销售量为：

$$保本销售量 = \frac{600\,000}{60 - 40} = 30\,000（件）$$

假如其他条件不变，只是固定成本由原来的600 000元下降到500 000元，则保本销售量由原来的30 000件变为25 000件，计算过程如下：

$$保本销售量 = \frac{500\,000}{60 - 40} = 25\,000（件）$$

可见，由于固定成本下降，保本销售量（额）降低了；反之，如果固定成本上升，则保本销售量（额）会增加。

固定成本变动对保本点的影响如图4-3所示。

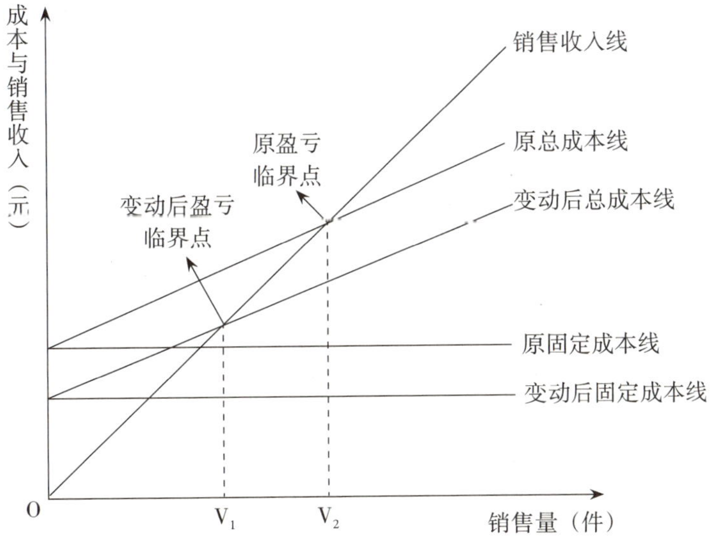

图4-3　固定成本变动的盈亏临界图

（二）单位变动成本变动对保本点的影响

【做中学4-6】沿用【做中学4-5】的资料。如果其他条件不变，只是单位变动成本由原来的40元下降到35元，则保本销售量由原来的30 000件变为24 000件，计算过程如下：

$$保本销售量=\frac{600\,000}{60-35}=24\,000（件）$$

可见，由于单位变动成本下降，保本销售量（额）降低了；反之，如果单位变动成本上升，则保本销售量（额）会增加。

单位变动成本变动对保本点的影响如图4-4所示。

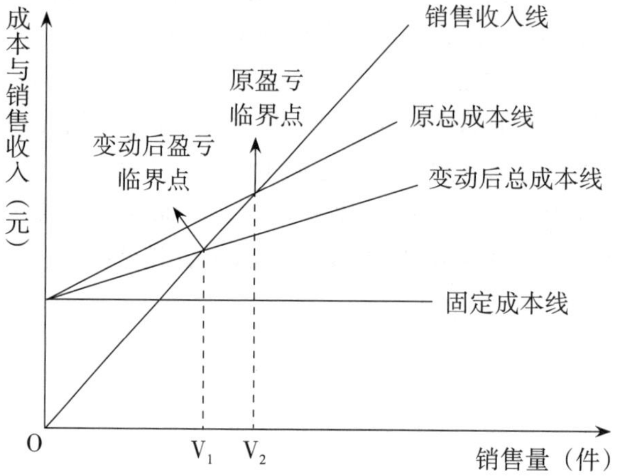

图4-4　单位变动成本变动的盈亏临界图

（三）销售单价变动对保本点的影响

【做中学4-7】沿用【做中学4-5】的资料。如果其他条件不变，只是销售单价由原来的60元提高到70元，则保本销售量由原来的30 000件变为20 000件，计算过程如下：

$$保本销售量=\frac{600\,000}{70-40}=20\,000（件）$$

可见，由于销售单价提高，保本销售量（额）降低了；反之，如果销售单价降低，则保本销售量（额）会增加。

销售单价变动对保本点的影响如图4-5所示。

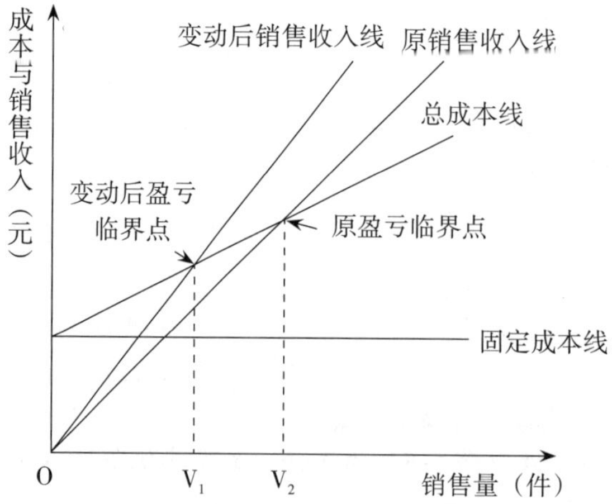

图4-5　销售单价变动的盈亏临界图

【请思考】如何理解加权平均贡献毛益率法确定多品种产品保本点？

任务三　保利分析

一、保利分析

微课

保利分析

保本分析，是假设利润为零，不盈不亏状态的本量利分析，是一种特殊经营状态下的问题的研究。但是，保本不是企业的目的。在社会主义市场经济条件下，企业经营的目的就是盈利，在不断盈利中求生存、图发展。所以，对于企业来说，不仅仅要满足于保本分析，更重要的是在确定实现目标利润的条件下进行保利分析。

保利分析的关键就是计算保利点，即在单价和成本水平不变的情况下，为确保企业目标利润实现应达到的销售量或销售额。

（一）实现税前利润保利点的计算

依据本量利分析的基本公式，可以得到确保实现税前利润的保利销售量和保利销售额的计算公式：

$$保利销售量=\frac{固定成本+目标利润}{销售单价-单位变动成本}$$

$$\begin{aligned}保利销售额&=销售单价\times 保利销售量\\&=销售单价\times\frac{固定成本+日标利润}{销售单价-单位变动成本}\\&=\frac{固定成本+目标利润}{贡献毛益率}\\&=\frac{固定成本+目标利润}{1-变动成本率}\end{aligned}$$

【做中学4-8】恒达公司生产和销售单一产品，产品单位售价为50元，单位变动成本为25元，固定成本为50 000元，假设目标利润为40 000元。

要求：计算保利销售量和保利销售额。

解：$保利销售量=\frac{50\,000+40\,000}{50-25}$

$=3\,600$（件）

保利销售额 $=50\times 3\,600=180\,000$（元）

或　保利销售额 $=\frac{50\,000+40\,000}{1-\frac{25}{50}}=180\,000$（元）

（二）实现税后利润保利点的计算

上述目标利润是指税前利润，企业所得税费用对于实现利润的企业来说，是一项必然的支出，对于目标利润的分析和预测来说，更应该是一项必然的扣除项目。所以，从实现税后利润的角度来分析与预测目标利润，对于企业来说更加适用。实现税后利润的保利点，也称保净利点。

因为：
$$税后利润 = 税前利润 \times（1 - 所得税税率）$$

所以：
$$税前利润 = \frac{税后利润}{1 - 所得税税率}$$

即：
$$保净利销售量 = \frac{固定成本 + \dfrac{税后目标利润}{1 - 所得税税率}}{销售单价 - 单位变动成本}$$

$$保净利销售额 = 销售单价 \times 保净利销售量$$

或
$$保净利销售额 = \frac{固定成本 + \dfrac{税后目标利润}{1 - 所得税税率}}{1 - 变动成本率}$$

【做中学4–9】恒达公司生产和销售单一产品，产品单位售价为50元，单位变动成本为25元，固定成本为50 000元。假设税后目标利润为37 500元，所得税税率为25%。

要求：计算保净利销售量和保净利销售额。

解：
$$保净利销售量 = \frac{50\,000 + \dfrac{37\,500}{1 - 25\%}}{50 - 25} = 4\,000（件）$$

$$保净利销售额 = \frac{50\,000 + \dfrac{37\,500}{1 - 25\%}}{1 - \dfrac{25}{50}} = 200\,000（元）$$

二、安全边际概述

根据保本分析和保利分析可知，只有当产品的销售量大于保本销售量时，企业才处于盈利状态，而且，产品销售量大于保本销售量的数量越大，企业获得的利润就越大；反之，利润就越小，甚至是亏损。从企业经营的角度来说，产品销售量与保本销售量的差额越大，企业经营就越安全；反之，就越不安全。衡量企业经营安全程度的指标有：安全边际、安全边际率和保本点作业率。

（一）安全边际

安全边际，是衡量企业经营安全程度的绝对数指标，是指企业产品预计或现有销售量（额）超过保本销售量（额）的差额。安全边际有安全边际量和安全边际额两种表现形式，实物量指标称为安全边际量，货币价值量指标称为安全边际额。用公式表示为：

$$安全边际量 = 预计或现有销售量 - 保本销售量$$
$$安全边际额 = 预计或现有销售额 - 保本销售额$$

或
$$安全边际额 = 销售单价 \times 安全边际量$$

安全边际越大，所获利润越高，企业经营越安全，具体如图4-6所示。

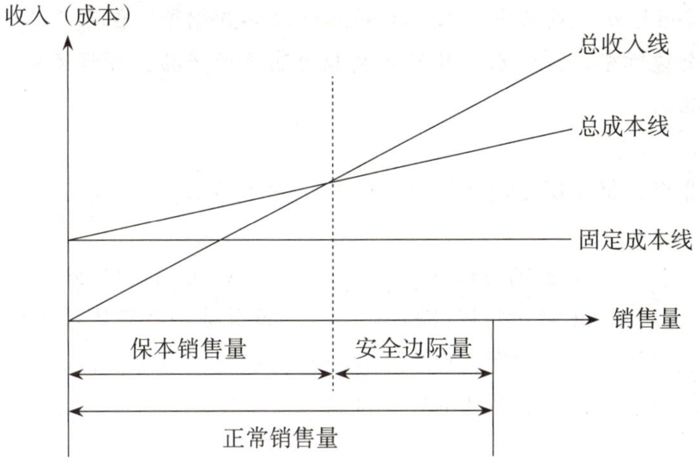

图4-6　安全边际的概念（以安全边际量为例）

（二）安全边际率

安全边际率，是衡量企业经营安全程度的相对数指标，是指安全边际量（额）与产品预计或现有销售量（额）的比值。用公式表示为：

$$安全边际率 = \frac{安全边际量(额)}{预计或现有销售量(额)} \times 100\%$$

安全边际和安全边际率都是评价企业经营安全程度的正指标，即指标数值越大，企业经营的安全性越好；反之，企业经营的安全性就越差。

评价企业经营安全程度的一般标准，即安全性经营标准见表4-4。

表4-4　安全性经营标准

安全边际率	10%以下	10%～20%	20%～30%	30%～40%	40%以上
安全程度	危险	值得注意	比较安全	安全	很安全

【做中学4-10】恒达公司甲、乙产品相关资料见表4-5。

表4-5　恒达公司甲、乙产品相关资料

项目	甲产品	乙产品
预计销售量（件）	60 000	50 000
销售单价（元）	40	50
单位变动成本（元）	30	35
固定成本（元）	300 000	300 000
保本销售量（件）	30 000	20 000
安全边际量（件）	30 000	30 000
安全边际率（%）	50	60

要求：对甲、乙产品进行投产安全程度分析。

解：由表4-5可知，虽然甲、乙产品的安全边际量相等，但乙产品的安全边际率大于甲产品的安全边际率，说明乙产品的获利能力高于甲产品，亏损风险小，因此公司应选择投产乙产品。

（三）保本点作业率

保本点作业率，是指保本销售量（额）与正常产品销售量（额）的百分比。其计算公式为：

$$保本点作业率=\frac{保本销售量(额)}{正常销售量(额)}\times100\%=\frac{保本销售量(额)}{预计或现有销售量(额)}\times100\%$$

保本点作业率从另一个角度反映了企业的经营状况，是评价企业经营安全程度的逆指标，即指标数值越大，企业经营的安全性就越差；反之，该指标数值越小，企业经营的安全性就越好。

保本点作业率和安全边际率具有互补关系，即：

$$保本点作业率+安全边际率=\frac{保本销售量(额)}{预计或现有销售量(额)}+\frac{安全边际量(额)}{预计或现有销售量(额)}=1$$

【做中学4-11】恒达公司生产A产品，单位售价为10元，保本销售量为5 700件，保本销售额为57 000元，A产品产量为12 000件。

要求：计算该公司反映经营安全程度的有关指标，并评价该公司的经营安全性。

解：安全边际量 = 12 000 − 5 700 = 6 300（件）

安全边际额 = 10 × 12 000 − 57 000 = 63 000（元）

$$安全边际率=\frac{6\,300}{12\,000}\times100\%=52.5\%$$

$$保本点作业率=\frac{5\,700}{12\,000}\times100\%=47.5\%$$

微课

本量利分析在经营决策中的应用

或：保本点作业率 = 1 − 52.5% = 47.5%

由于该公司经营安全边际率为52.5%，在40%以上，所以该公司目前经营非常安全。

【请思考】如何进行保本、保利分析？你是怎样理解企业经营安全边际的？

任务四　敏感性分析

敏感性分析就是研究影响利润的有关因素发生变动时对利润产生影响的一种定量分析方法。敏感性分析主要研究两个方面的问题：一是有关因素发生多大变化时会使企业由盈利变为亏损；二是有关因素变化对利润变化的影响程度。

一、有关因素临界值的确定

销售量、销售单价、单位变动成本和固定成本的变化，都会对利润产生影响。但是，这种变化如果超出一定的程度，那么企业就转为亏损，发生质的变化。敏感性分析的目的就是确定能引起这种质变的各因素变化的临界值。简单地说，就是计算达到保本点的销售量和销售单价的最小允许值以及单位变动成本和固定成本的最大允许值。所以这种方法也称最大最小法。

根据本量利分析的基本公式$\pi=(p-b)x-a$可知，当$\pi=0$时，可求得各因素变化的临界值。

（1）销售量的最小允许值x_{min}：

$$x_{min}=\frac{a}{p-b}$$

（2）销售单价的最小允许值p_{min}：

$$p_{min}=\frac{a}{x}+b$$

（3）单位变动成本的最大允许值b_{max}：

$$b_{max}=p-\frac{a}{x}$$

（4）固定成本的最大允许值a_{max}：

$$a_{max}=(p-b)x$$

【做中学4-12】恒达公司生产和销售单一产品，计划年度内销售产品5 000件，产品单位售价为50元，单位变动成本为20元，全年固定成本为60 000元，则计划年度的目标利润为：$\pi=(50-20)\times5\,000-60\,000=90\,000$（元）。

要求：分别计算各因素变化的临界值。

解：（1）销售量的临界值 $=\frac{60\,000}{50-20}=2\,000$（件）

当其他因素不变，只是销售量由5 000件下降到2 000件时，企业的利润将由90 000元降为0，即2 000件是销售量的最小允许值，否则企业会亏损。

（2）销售单价的临界值 $=\frac{60\,000}{5\,000}+20=32$（元）

当其他因素不变，只是销售单价由50元下降到32元时，企业的利润将由90 000元降为0，即32元是销售单价的最小允许值，否则企业会亏损。

（3）单位变动成本的临界值 $=50-\frac{60\,000}{5\,000}=38$（元）

当其他因素不变，只是单位变动成本由20元上升到38元时，企业的利润将由90 000元降为0，即38元为企业所能承受的单位变动成本的最大值，否则企业会亏损。

（4）固定成本的临界值 $=(50-20)\times5\,000=150\,000$（元）

当其他因素不变，只是固定成本由60 000元上升到150 000元时，企业的利润将由90 000元降为0，即150 000元为企业所能承受的固定成本的最大值，否则企业会亏损。

二、利润敏感系数分析

微课

利润敏感性分析

由保利分析可以看出，销售量、销售单价、单位变动成本、固定成本诸因素中的某个或某几个因素的变动，都会对目标利润产生影响。但各因素影响程度不同，有的因素的较小变动就会引起利润的较大变动，该因素称为强敏感性因素；有的因素虽发生较大变动，但对利润影响不大，该因素称为弱敏感性因素。

衡量各因素敏感程度的指标称为敏感系数。通过计算敏感系数，企业可以掌握影响利润的诸因素中，哪些是强敏感性因素，哪些是弱敏感性因素，以便及时采取调整措施，确保目标利润的实现。敏感系数的计算公式为：

$$某因素敏感系数=\frac{该因素变动后引起利润变动百分比}{因素值变动百分比}$$

【做中学4-13】恒达公司基期和计划期甲产品单位变动成本、固定成本、销售单价和销售量资料见表4-6。

表4-6 恒达公司甲产品有关资料 金额单位：元

影响因素	基期	变动幅度	计划期	利润	
				变动前	变动后
销售单价	2	+20%	2.4	40 000	80 000
单位变动成本	1.2	+20%	1.44	40 000	16 000
销售量（件）	100 000	+20%	120 000	40 000	56 000
固定成本	40 000	+20%	48 000	40 000	32 000

要求：计算敏感性因素的敏感系数。

解：(1) 当其他因素不变，单价提高20%时：

$$利润变动百分比=\frac{80\,000-40\,000}{40\,000}\times100\%=100\%$$

$$销售单价的敏感系数=\frac{100\%}{20\%}=5$$

这说明，销售单价对利润的影响很大，单价变动1%，利润就会变动5%。

(2) 当其他因素不变，单位变动成本提高20%时：

$$利润变动百分比=\frac{16\,000-40\,000}{40\,000}\times100\%=-60\%$$

$$单位变动成本的敏感系数=\frac{-60\%}{20\%}=-3$$

这说明，单位变动成本对利润的影响比销售单价对利润的影响小，单位变动成本变动1%，利润就会变动-3%。

（3）当其他因素不变，销售量提高20%时：

$$利润变动百分比 = \frac{56\,000 - 40\,000}{40\,000} \times 100\% = 40\%$$

$$销售量的敏感系数 = \frac{40\%}{20\%} = 2$$

这说明，销售量对利润的影响比销售单价和单位变动成本对利润的影响都小，销售量变动1%，利润就会变动2%。

（4）当其他因素不变，固定成本提高20%时：

$$利润变动百分比 = \frac{32\,000 - 40\,000}{40\,000} \times 100\% = -20\%$$

$$固定成本的敏感系数 = \frac{-20\%}{20\%} = -1$$

这说明，固定成本对利润的影响小，固定成本变动1%，利润变动-1%。

将影响利润的4个因素按其敏感系数（绝对值）的大小排列，依次为销售单价（5）、单位变动成本（-3）、销售量（2）、固定成本（-1），即影响利润最大的是销售单价和单位变动成本，其次才是销售量和固定成本。其中，敏感系数为正（负）数，表明该因素的变动方向与利润的变动方向相同（反）。

【请思考】在利润敏感系数分析中，各因素是如何影响利润的？

【学思践悟】

令人不寒而栗的三组数据

数据一：2017年，据中国银行、中国农业银行、中国工商银行和中国建设银行四大银行合计贷款流向统计，“个人住房贷款”达到143 371亿元人民币，位居第一，是排在第二的“制造业”55 140亿元人民币的2.6倍。贷款流向是一个国家资产和投资走向的风向标，我们国家的主要投资是贷款买房。

数据二：2021年1月媒体报道，华为手机销量从全球第一跌到第五。原因很简单，因为缺芯。美国限制其供应商出售产品给华为，这导致华为这个中国科技巨头几乎被排除在全球芯片采购链之外。美国的制裁措施也包括禁止谷歌为华为新的手机型号提供技术支持，华为设备自2020年8月起无法再从谷歌直接获得安卓操作系统的更新。华为手机P30一共1 631个零件，来自日本制造的869个，占53%；来自韩国制造的562个，占34%；来自中国台湾制造的83个，占5%；来自中国内地制造的仅仅80个，占4.9%；来自美国制造的15个，占0.9%。

数据三：汽车代表着一个国家的工业水平，我国在汽车领域的发展不尽如人意。

汽油发动机：汽车的心脏，奔驰、宝马、大众、丰田、通用等都有自主研发的发动机，不能自主研发的自主品牌汽油发动机基本由日本三菱垄断。

柴油发动机：日本五十铃无疑是王者，中国几乎所有的皮卡、轻卡、轻客上用的柴油发动机都采购自五十铃或使用五十铃的技术生产。

重型柴油机：美国康明斯公司独占鳌头，几乎垄断了中国高端重型柴油机市场。

电喷系统：德国博世、美国德尔福、日本电装（隶属丰田集团）几乎垄断了所有中国电喷市场份额，其中德国博世的市场份额一家独大，超过了60%。从自主品牌到外资品牌、从轿车到卡车、从汽油车到柴油车，中国消费者每买一辆车就会向上述三家外企贡献利润。

如果一个国家主要资产构成是房子，而非制造业，再高的GDP也只能叫“虚胖”，如果核心工业全线沦陷，就只有任人宰割了。

这三组数据，真的让国人不寒而栗。

如果有一天，我们看到银行贷款主要用于“中国制造”，手机芯片是自己制造，汽车发动机等系统是真正的中国专利，那么中国就会告别“虚胖”，走向“强壮”。

资料来源：杨向宏．令人不寒而栗的三组数据［EB/OL］．［2021-06-25］．https：//weibo.com/1940278982/Kk2UWj8K8？mod = weibotime&type = comment．

项目小结

本项目主要知识点归纳总结见表4-7。

表4-7 本项目主要知识点归纳总结

任　务	主要知识点
本量利分析认知	1.本量利分析：是对“成本－业务量－利润”三者依存关系分析的简称，是指在成本习性分析的基础上，通过对本、量、利三者关系的分析，建立定量化的分析模型，进而揭示单位变动成本、固定成本、产销量、销售单价和利润等变量之间的内在规律，为企业利润预测和规划、决策和控制提供信息的一种定量分析方法 2.本量利分析的基本假设：相关范围假设、模型线性假设、产销平衡假设、品种结构不变假设、利润假设 3.本量利分析的作用：保本分析、目标控制、风险分析、生产决策
保本分析	1.单一产品保本点的确定方法主要有：图解法和公式法 2.多品种产品保本点的确定方法主要有：加权平均贡献毛益率法、分别计算法等
保利分析	1.保利分析的关键就是计算保利点，即在单价和成本水平不变的情况下，为确保企业目标利润实现应达到的销售量或销售额 2.衡量企业经营安全程度的指标有：安全边际、安全边际率和保本点作业率
敏感性分析	敏感性分析研究的主要问题有：一是有关因素发生多大变化时会使企业由盈利转为亏损；二是有关因素变化对利润变化的影响程度

项目五

经营预测分析

学习目标

知识目标

1. 了解预测分析的概念、基本内容及原则。
2. 理解预测分析的一般程序。
3. 掌握预测分析的两种方法。

技能目标

1. 会运用销售预测、成本预测、利润预测以及资金需求量预测的基本方法。
2. 能够运用预测方法进行预测分析。

态度目标

1. 充分认识到预测分析是企业经营决策的前提和基础，培养运用预测方法进行预测分析的能力。
2. 培养根据收集的资料进行预测分析的思维定式，提高预测分析能力。

素养目标

教育的未来就是民族的未来。广大高校教师要高瞻远瞩，培养学生的前瞻发展意识和预测能力，提高其综合素质，为社会创造更大价值。

工作情境与工作任务

预测是指用科学的方法预计、推断事物发展的必然性或可能性的行为。“预则立，不预则废”，这一古语表明，在我国，人们早就认识到预测是关系到未来发展的立废存亡的大事。学会科学地预测分析，就能预先估计未来的发展趋势，积极采取措施，适应不断变化的形势。任何经营活动，不论其繁简程度如何，都有一定的规律可循。学会预测，才能更好地进行经营决策。

任务一　经营预测分析认知

预测分析，是指根据已有的信息资料，运用现有的知识、经验和科学的方法，对事物的未来发展趋势进行估计和测算的行为。预测分析的应用范围极为广泛，涉及社会、经济、技术、政治等各个领域。经济预测根据其涉及的范围，又可分为宏观经济预测和微观经济预测。宏观经济预测主要是对国家、地区、行业的经济发展速度和投资规模变化、经济结构的变动、居民消费水平的变动、世界经济的发展趋势等方面的预测；微观经济预测是局部性的，主要是对企事业单位的经济发展趋势的预测。

经营预测分析是指根据历史资料和现在的信息，运用一定的科学预测方法，对未来经济活动可能产生的经济效益和发展趋势做出科学的预计和推测的过程。经营预测分析是企业进行经营决策和编制预算计划的重要依据和前提，是提高企业经济效益的一个重要手段。经营预测分析对于提高企业的经营管理水平和经济效益，以及促进企业的未来发展都起到积极和重要的作用。

一、经营预测的意义

（一）经营预测是企业进行经营决策的基础和依据

在市场经济条件下，企业的生存发展与市场息息相关，企业的经营决策离不开科学的经营预测。企业的经营预测就是要在销售预测的基础上，通过对成本、利润和资金需要量的预测等，为企业的经营决策提供基础和依据。

（二）经营预测有利于提高企业的竞争力

企业依靠科学的经营预测，可以充分了解竞争的形势和竞争对手的情况，通过采取合理的策略，在竞争中争取主动，从而提高竞争力。

（三）经营预测是企业进行科学管理的基础

现代企业管理中大量采用全面预算、目标成本管理、绩效考评等科学管理手段，而这些手段都必须建立在科学的经营预测的基础之上，科学的经营预测为科学管理提供了依据。

二、经营预测分析的基本内容

预测分析是进行决策的依据和出发点。不同企业、不同部门进行预测分析的目的也不同。从管理的角度看，企业经营预测分析主要包括：销售预测分析、成本预测分析、利润预测分析和资金需要量预测分析等。

（一）销售预测分析

销售预测分析，是指根据企业已有的历史销售资料，以及市场对该产品需求的变化情况，对未来一定时期该产品的销售量和销售变化趋势所进行的预测。销售预测关系到企业目标利润的制定和实现，也是其他各项经营预测分析的前提条件。销售预测分析主要包括企业销售量预测和市场需求预测。

（二）成本预测分析

成本预测分析，是指根据企业已有的历史成本资料，以及已掌握的未来经济技术发展情况，对未来一定时期相关产品的成本水平以及成本变化趋势所进行的科学预测。它是成本管理的一项重要内容，是编制成本计划的依据，也是正确做出生产决策和投资决策的重要依据。成本预测分析主要包括目标成本设定等内容。

（三）利润预测分析

利润预测分析，是指按照企业经营目标的要求，通过对影响利润因素的综合分析对未来一定时期企业经营可能达到的利润水平所进行的预测。利润预测分析是在销售预测分析和成本预测分析的基础上进行的。

（四）资金需要量预测分析

资金需要量预测分析，是指根据企业已有的历史销售资料，以及当前市场对企业产品的需求变化和企业未来投资计划等情况，对未来一定时期的资金需要量变化情况所进行的预测。影响资金需要量的主要因素是产品成本和产品销售收入。因此，资金需要量预测分析同样是在销售预测分析和成本预测分析的基础上进行的。

三、经营预测分析的基本原则

在企业的经营活动中，各经济因素之间的相互关系存在一定的客观必然规律，而且是可以被人们认识和掌握的。这是进行预测分析的基本原则。

（一）延续性原则

延续性原则，是指企业在经营管理活动中，过去和现在的某种发展规律将会延续下去，并且假定过去和现在的条件同样适用于未来。基于此项原则可以认为，未来是历史的延续，可以据以进行推测分析。预测未来首先需要了解过去和现在。

（二）相关性原则

相关性原则，是指企业在经营活动当中，某些经济变量之间存在着相互依存、相互制约的关系。通过研究和分析其中的某些经济变量，找出与其相互影响的其他经济变量之间的相关关系的规律性，就可以从某一变量的变化预测受其影响的相关变量的变化趋势。因果预测分析法就是由此建立的。

（三）规律性原则

规律性原则，是指对于企业经营管理活动中的某个经济变量所做的一次观测的结果可能是随机的，但是多次观测的结果就会出现某种统计规律性。这种规律性可以应用概率论以及数理统计的方法进行经济预测。

（四）可控性原则

在内因和外因的共同作用下，预测对象的未来发展变化仍然具有自身的发展规律。可控性原则，是指在掌握其发展规律的前提下，可以发挥人的主观能动作用，使它朝着符合人的需要的方向发展。

四、经营预测分析的一般程序

（一）确定预测目标

首先必须明确预测的对象和内容，这是进行预测分析的首要工作。预测目标是根据企业经营的总体目标来设计和确定的。确定预测目标是做好预测分析的前提，也是制订预测分析计划、确定信息资料来源、选择预测方法及组织预测人员的依据。在确定预测目标的同时，还应根据预测的具体对象和内容，确定预测的时间及范围。

（二）收集分析资料

企业有计划地、系统准确地收集原始资料和数据是开展预测分析的前提条件。预测目标确定后，应着手收集有关经济、市场、技术等相关方面的资料。所收集的资料包括企业过去及现在的、内部与外部的资料。在掌握大量资料的基础上，对这些资料进行整理、归纳、鉴别，去伪存真，去粗取精，从中发现与预测目标有关的各因素之间的规律性和相互依存关系，从而为预测提供准确可靠的依据。在资料的收集和整理过程中，要注意资料的完整性和前后一贯性。只有依据真实准确的资料，才可能得出准确的结果。

（三）选择预测方法

不同的预测对象和内容，有适合于各自的不同的预测方法。我们应当根据预测目标、要求以及所掌握的资料，选择适当的预测方法。对于那些可以量化并能够建立数学模型的预测对象，应反复分析比较，选择最恰当的定量分析法；反之，对于缺乏定量资料，无法开展定量分析的预测对象，则可以结合以往的经验，选择最佳的定性分析方法。选择正确适当的预测方法是保证预测结果准确性的重要前提。

（四）实施预测分析

运用选定的预测分析方法，根据建立的数学模型和掌握的信息资料分别进行定量分析和定性分析，得出实事求是的预测结果。

（五）分析误差，修正预测结果

计算过去预测中产生的误差，检验预测结论与实际数据是否符合，并分析差异产生的原因，来验证所选用的预测分析方法是否科学有效，以便在预测过程中及时修正预测方法，使预测结果更加准确。这是一个反复进行信息数据处理和选择判断的过程，也是多次进行反馈的过程。

（六）得出预测结果

完成对预测结果的修正和补充，得出最后的预测结论。

五、经营预测分析的方法

随着预测科学的发展，预测方法也越来越多。在当前的经济预测中，经常使用的预测分析方法就有十几种。按其性质不同大体可分为两类：定性分析法和定量分析法。

（一）定性分析法

定性分析法即非数量分析法，又称判断分析法，它是一种直观性的预测方法。这种方法主要是依靠有关专业人员的知识技能、个人经验和综合分析判断能力，在调查研究的基础上，结合预测对象的特点进行综合分析，对某一未来事项的性质和发展趋势做出判断的一类预测方法。它的特点是计算较少。通常在缺乏统计数据和原始资料，或影响因素复杂多变而无法进行定量分析的情况下，采用这种方法。

（二）定量分析法

定量分析法又称数量分析法，是指在掌握与预测对象有关的各种定量资料的基础上，运用现代数学方法进行数据处理，通过建立能够反映变量之间规律性联系的数学模型来进行预测分析的一类预测方法。在历史资料比较完备、准确，事物发展变化的环境和条件比较稳定的情况下，一般采用这种方法。根据具体做法的不同，定量分析法又可以分为两种类型，即趋势预测分析法和因果预测分析法。

1.趋势预测分析法

趋势预测分析法也称时间序列分析法，是将已有的历史销售资料按时间顺序排列起来，运用数理统计的理论和方法，来预计和推断未来一定时期的销售量（额）的一种方法。其实质是采用数理统计的方法，预测事物发展的规律。这类方法主要有算术平均法、移动加权平均法、指数平滑法、回归分析法等。

2.因果预测分析法

因果预测分析法是根据预测对象与其他相关经济变量之间的相互依存或相互制约的规律性联系，建立相应的因果数学模型来进行预测的一种方法。这类方法主要有本量利分析法、投入产出法、回归分析法等。

【提示】定量分析法与定性分析法之间并不是相互排斥的，而是相辅相成的。两类方法分别有它们各自的特点，在实际预测当中往往互为验证和补充。定量分析法相对比较准确，在掌握比较完备的历史资料的情况下，应先采用定量分析法，找到有关经济变量之间的规律性联系，作为预测的重要依据。但是现代经济现象十分复杂，经济变量要受许多不同因素的影响，如国家宏观经济政策、市场的供需变动、未来经济发展趋势、竞争对手的情况等，其中有些因素无法进行量化，无法用数学公式来表示，也就不具备用数学方法进行预测的条件。再有，企业掌握的历史资料并不完全是真实准确的，企业未来的状况与现在和过去也不尽相同。为了使预测结果更加准确，可以在采用定量分析法的同时，结合企业管理者和业务专家的经验进行综合分析研究，根据有关因素对预测结果进行修正。只有把定量分析法和定性分析法正确地结合起来，相互补充，才能做出更为准确的预测结论。

【请思考】结合具体案例，谈谈如何运用定性分析法与定量分析法。

任务二 销售预测

微课

销售预测分析

销售预测，是指根据企业已有的销售资料和市场对产品需求的变化等情况，对未来一定时期内该产品的销售量（额）以及销售发展变化趋势进行预计和推测的一种行为。通常情况下，企业生产经营的最终目的都是获利。销售产品并取得销售收入是企业获利的首要前提，因此，销售是企业整个生产经营活动过程中的重要环节。企业所做的预测和决策，较多以销售预测作为前提或基础。因此，做好销售预测工作，对于加强企业的经营管理，提高企业的经济效益具有非常重要的意义。

销售预测常用的方法有趋势预测分析法、因果预测分析法、判断预测分析法、市场调查预测分析法等。其中前两种方法属于定量分析法，后两种方法属于定性分析法。

一、趋势预测分析法

趋势预测分析法，又称时间序列分析法，是将已有的历史销售资料按时间顺序排列起来，运用数理统计的理论和方法，来预计和推断未来一定时期的销售量（额）的一种方法。根据采用的具体数学方法的不同，趋势预测分析法又分为算术平均法、移动加权平均法和指数平滑法等方法。

（一）算术平均法

算术平均法又称简单平均法，它是以过去若干期的销售量（额）的算术平均数作为未来预测期的销售预测值的一种预测方法。其计算公式为：

$$\text{预计销售量} = \frac{\text{各期销售量(额)之和}}{\text{期数}}$$

即：

$$X = \frac{\sum x_i}{n}$$

【做中学5-1】恒达公司2023年3—7月份M产品的销售情况见表5-1。

表5-1 M产品的销售资料

月份	3	4	5	6	7
销售额（万元）	120	116	141	134	129

要求：预测8月份的销售额。

解：根据表5-1中的资料，利用算术平均法可以预测8月份的销售额如下：

$$X = \frac{\sum x_i}{n} = \frac{120 + 116 + 141 + 134 + 129}{5} = 128\text{（万元）}$$

用算术平均法预测销售量（额），特点是计算较为简单。但是这种方法仅仅是把历史各期的销售量（额）的差异平均化，没有考虑不同时期不同因素影响下实际销售量（额）的预测值可能会出现的变化。采用这种预测方法进行预测，预测结果与实际数据之间的误差往往较大。因此这种方法一般只适用于对受其他因素影响较小、销售量（额）相对比较平稳的商品进行销售预测，比如一些没有季节性需求变化的食品等产品。

（二）移动加权平均法

移动加权平均法，是将过去若干期的销售量（额），按照距离未来预测期的远近，根据近大远小的原则确定各期权数后，计算出加权平均数作为未来预测期的销售预测值的一种预测方法。所谓“移动”是指在预测当中随着时间的不断向后推移，计算的加权平均值也不断向后顺延。预测值会随时间的推移而顺延下去。

在这种预测方法下，由于距离未来预测期越近的该期实际销售量（额）对预测值的影响往往较大，所以该期权数也应当较大；而距离预测期较远时期的销售量（额）一般对预测值的影响相对较小，因此其权数也应当小些。

移动加权平均法的计算公式为：

$$\text{预测期销售预测值（X）} = \sum \text{某期销售量（或销售额）} \times \text{该期权数} = \sum x_i w_i$$

通常情况下，为了计算简便，令权数之和等于1，即$\sum w_i = 1$，见【做中学5-2】。也可以取权数和不为1，见【做中学5-3】。

【做中学5-2】沿用【做中学5-1】的资料。我们设定观察期为3个月，权数根据近大远小的原则分别设定为0.2、0.3、0.5。

要求：采用移动加权平均法预测6—8月份的销售额。

解：若预测6月份的销售额，需要采用3—5月份这3个月的历史资料作为依据，若预测8月份的销售额则需要以5—7月份这3个月的历史资料作为依据。

采用移动加权平均法，6—8月份的销售预测结果如下：

$X_6 = 120 \times 0.2 + 116 \times 0.3 + 141 \times 0.5 = 129.3$（万元）

$X_7 = 116 \times 0.2 + 141 \times 0.3 + 134 \times 0.5 = 132.5$（万元）

$X_8 = 141 \times 0.2 + 134 \times 0.3 + 129 \times 0.5 = 132.9$（万元）

【做中学5-3】沿用【做中学5-1】的资料。我们仍然设定观察期为3个月，权数分别取各月的月份数。

要求：采用移动加权平均法预测6—8月份的销售额。

解：若预测6月份的销售额，同样需要采用3—5月份这3个月的历史资料作为依据，但各月的权数分别为3、4、5。若预测8月份的销售额也同样需要以5—7月份这3个月的历史资料作为依据，但各月的权数分别为5、6、7。这时，同样采用移动加权平均法，6—8月份的销售预测结果如下：

$X_6 = (120 \times 3 + 116 \times 4 + 141 \times 5) \div (3 + 4 + 5) = 127.42$（万元）

$X_7 = (116 \times 4 + 141 \times 5 + 134 \times 6) \div (4 + 5 + 6) = 131.53$（万元）

$X_8 = (141 \times 5 + 134 \times 6 + 129 \times 7) \div (5 + 6 + 7) = 134$（万元）

移动加权平均法比较重视近期的历史资料，认为距离预测期越近的资料越是有效的，这种方法避免了对各月差异进行简单的平均化，使预测结果更接近实际情况。因此这种方法适用于对那些各期销售量（或销售额）波动较大的产品进行预测。

（三）指数平滑法

指数平滑法，是指在充分分析相关前期预测值和实际销售量（额）的情况下，利用平滑指数对未来销售量（额）进行预测的一种方法。采用这种方法，需要引入平滑指数（α，$0 \leqslant \alpha \leqslant 1$），其取值一般在0.3～0.7。指数平滑法的计算公式为：

$$\text{销售量（额）预测数} = \text{平滑指数} \times \text{前期实际销售量（额）} + (1 - \text{平滑指数}) \times \text{前期预测销售量（额）}$$

$$X = \alpha D_{n-1} + (1 - \alpha) F_{n-1}$$

式中：D_{n-1}为前期实际销售量（额）；F_{n-1}为前期预测销售量（额）。

【做中学5-4】沿用【做中学5-1】的资料。假定该企业7月份的销售额预测值为128万元，平滑指数为0.7。

要求：用指数平滑法预测8月份的销售额。

解：8月份销售预测值 = 0.7 × 129 +（1 − 0.7）× 128 = 128.7（万元）

在计算中，平滑指数α的取值越大，则近期实际数对预测结果的影响越大；平滑指数α的取值越小，则近期实际数对预测结果的影响越小。因此在进行近期预测时，可以采用较大的平滑指数；而在进行长期预测时，应当采用相对较小的平滑指数。

采用指数平滑法进行预测，往往需要先由预测者根据以往销售实际数与预测值之间差异的大小来人为确定平滑指数的大小。这就不可避免地带有一定的主观性。指数平滑法的实质就是一种权数比较特殊的，分别为α和$1-\alpha$的加权平均法。采用这种方法进行预测的优点，首先可以排除在实际销售中一些偶然因素的影响，其次这种计算方法相对比较灵活，适用范围比较广。采用这种方法进行预测的缺点就是平滑指数的确定具有一定的主观随意性。

二、因果预测分析法

因果预测分析法，又称相关预测分析法，通常根据已有的历史资料，建立能够反映因果关系的数学模型，用以描述预测量与相关变量之间的依存关系，再通过对数学模型求解来确定预测期销售量（额）的方法。产品的销售情况一般总会与经济当中的某些因素相关。因果预测分析法正是利用了事物发展的因果关系，来推测所预测事物发展的变化规律的。根据这种因果关系进行预测的具体分析方法有很多，通常采用的是回归分析法。这种方法的特点是相对比较简便，成本较低。

运用回归分析法进行销售预测时，需要建立如下数学模型：

$$y = a + bx$$

式中：y表示销售量或销售额；a和b为回归系数；x表示预测对象的相关因素变量。回归系数a和b可以用下式来计算：

$$a = \frac{\sum y - b\sum x}{n}$$

$$b = \frac{n\sum xy - \sum x \sum y}{n\sum x^2 - (\sum x)^2}$$

通常相关因素x是按照时间顺序来排列的，并且是时间间隔相等的一个序列。只要把$x = 0$取在整个时间段的中间，则$\sum x = 0$，就可以简便地得到回归直线，则a与b的计算公式可以简化为：

$$a = \frac{\sum y}{n}$$

$$b = \frac{\sum xy}{\sum x^2}$$

三、判断预测分析法

判断预测分析法，是指根据熟悉市场变化情况的专业人员对产品未来的销售量（额）所做出的判断来进行销售预测的一种方法。通常参加预测判断的人员主要是具有丰富经验的、熟悉本行业销售情况的、对市场未来的发展变化趋势较为敏感的专家或学者，以及本企业管理人员、销售人员等。判断预测分析法具体又包括德尔菲法、综合意见判断法等多种方法。

（一）德尔菲法

德尔菲法，又称专家调查法，通常采用函询调查的方式，通过多次向经验丰富的各有关专家发出预测问题调查表，收集专家学者们的意见，然后由企业有关部门把各专家的意见进行综合、整理和归纳，最后做出综合预测判断的一种方法。

（二）综合意见判断法

综合意见判断法，是指将熟悉本行业市场情况及相关变化信息的经营及管理人员对市场的判断意见加以汇总、分析、整理，从而做出较为正确的预测的一种方法。其中的经营及管理人员一般包括企业的总经理、供销人员、生产部门负责人、财务人员等，综合这些人员的意见，可以对市场、生产、销售等各方面的情况有一个比较客观的了解，从而保证预测的正确性。

四、市场调查预测分析法

市场调查预测分析法，是指通过对某种产品在市场上的供需情况变化的详细调查，来分析预测该产品销售量（额）的一种方法。市场调查预测分析法一般从以下4个方面进行：

（一）对经济发展趋势进行调查

企业应充分了解国内外和本地区的未来经济发展趋势及其可能对企业产品销售产生的影响，对本企业产品的市场需求做出正确的判断。

（二）对消费者进行调查

在进行销售预测时，必须调查了解消费者的经济情况和未来发展前景。只有掌握了消费者的购买力、兴趣爱好、购买心理以及消费结构等情况，才能更好地掌握市场需求状况。

（三）对产品进行调查

产品在市场上都有其寿命周期，通常都会经历产生、发展、成熟、衰亡的过程。任何产品在一定时期内必然都是处于某一阶段上的。处在寿命周期不同阶段的产品的销售量有着明显的不同。在调查中，只有先调查该产品目前正处于寿命周期的哪个阶段以及该产品的寿命周期长度，才可以较好地把握产品的市场销售前景。

（四）对市场竞争状况进行调查

市场经济中必然会存在竞争。要在激烈的市场竞争中求得生存和发展，不仅要了解本企业产品的优势、市场占有率和未来发展情况，还必须充分了解同行业中同类产品在质量、品种、价格、销售政策、售后服务等方面的情况。只有做到知己知彼，才可能对本企业产品的销售做出正确的估计。

通过市场调查，对已经掌握的调查资料进行综合分析和整理，才可能对该企业产品的未来销售量（额）做出较为准确的预测判断。

【请思考】如何运用指数平滑法进行销售预测？

任务三　利润预测

微课

利润预测分析

一、利润预测的意义

利润预测，是指根据企业经营目标的需要，通过对影响利润变动的成本、产销量等因素进行综合分析，对企业未来一定时期可能达到的利润水平及其变动趋势进行预测。

利润预测是企业提高经济效益的重要手段。利润既是反映企业经营成果的综合指标，也是衡量企业经济效益的重要标准。在生产经营当中，企业必须增加产品销量，节约成本费用支出，不断完善自身管理水平，才能在竞争中获胜。其次，制定和实现预测的目标利润，可以把企业各方面的积极性调动起来，充分挖掘企业在生产经营各个环节的潜力。因此企业实现目标利润的过程，也是企业不断进行自我完善的过程。由于企业在不同时期有不同的经营目标，进行利润预测，要合理地确定企业在未来一定期间的利润目标。过高或过低的未来发展目标都会给企业的经营带来不利的影响。明确企业未来的发展方向，准确定位，才能使整个企业平稳有序地向前发展。

二、预测目标利润的方法

目标利润是企业在未来一定时期所要达到的利润指标。目标利润预测是根据企业经营总目标的要求，以市场调查为基础，结合本企业的具体情况，采用一定的预测技术对目标利润进行科学合理测算的过程。预测目标利润的方法主要有以下几种：

（一）本量利分析法

本量利分析法，是在成本性态研究和盈亏平衡分析的基础上，根据有关产品的成本、产销量与利润之间的关系，确定未来一定时期的目标利润总额的一种方法。这种方法在本教材项目四已做详细介绍，在此不再赘述。

（二）销售额增长率法

销售额增长率法，是以基期实际销售利润与预计销售额增长率为依据计算目标利润的一种方法。这种方法假设利润与销售额是同步增长的。其计算公式为：

$$目标利润 = 基期销售利润 \times（1 + 预计销售额增长率）$$

【做中学5-5】恒达公司上年实际销售利润为40万元，实际销售额为160万元，预计今年的销售额为200万元，即销售额增长率为25%。假设利润与销售额是同步增长的。

要求：预测该企业今年的目标利润。

解：该企业今年的目标利润 = 40 ×（1 + 25%）= 50（万元）

（三）利润增长率法

利润增长率法，是根据企业基期已经实现的利润水平，结合过去若干年企业的利润增长率的变动趋势（通常参照过去3～5年的历史资料），以及可能对企业利润产生影响的相关因素在未来期间可能发生的变动情况，由此确定一个相应的预计利润增长率，然后据以确定目标利润的一种方法。其计算公式如下：

$$目标利润 = 基期利润 \times（1 + 预计利润增长率）$$

【做中学5-6】恒达公司上年实际利润总额为40万元，通过对该公司过去3年的盈亏情况进行分析，确定今年的利润增长率为20%。

要求：计算该企业今年的目标利润。

解：该企业今年的目标利润 = 40 ×（1 + 20%）= 48（万元）

（四）经营杠杆系数法

经营杠杆系数是利润变动率与销售量变动率的比率，即边际贡献额与利润额的比率。其计算公式如下：

$$经营杠杆系数 = \frac{利润变动率}{销售量变动率}$$

或

$$经营杠杆系数 = \frac{(单价 - 单位变动成本) \times 销售量}{(单价 - 单位变动成本) \times 销售量 - 固定成本}$$

或

$$经营杠杆系数 = \frac{边际贡献额}{利润额}$$

通常情况下，固定成本不为零，那么只要固定成本存在，经营杠杆系数总是大于1的。也就是说，企业利润变动的幅度总是大于企业销售量的变动幅度。当销售量增长时，利润会以更快的速度增长；当销售量下降时，利润会以更快的速度下降。这种现象就是经营杠杆效应。利用经营杠杆系数进行目标利润预测的计算公式如下：

$$目标利润 = 基期利润 \times（1 + 经营杠杆系数 \times 销售增长率）$$

【做中学5-7】恒达公司上年产品的边际贡献总额为80万元，利润总额为40万元，预计今年销售增长25%。

要求：确定该公司的目标利润。

解：经营杠杆系数 = 80 ÷ 40 = 2

目标利润 = 40 ×（1 + 2 × 25%）= 60（万元）

任务四 成本预测

一、成本预测的意义

微课

成本预测分析

成本预测，是指根据企业现有的资料，通过对影响成本的有关因素进行分析，对企业未来一定时期相关产品的成本水平及其变动趋势进行科学有效的预测。成本是衡量企业经济效益的重要指标，有效地降低成本是增加企业利润的一个重要途径。成本预测和分析对于企业经营管理工作也具有极为重要的意义，具体表现在以下几个方面：

（一）有利于制定经营决策

通过成本预测，合理地确定相关产品的品种、产量，以及材料、人工等的合理消耗水平，掌握各因素之间的相互影响和制约关系，便于做出合理的、有利的经营决策。

（二）有利于加强成本控制

通过成本预测先预计出本期产品的成本，与目标成本进行比较，就可以得出本期产品与成本计划之间的差额。如果发现预计的成本不能达到目标成本的要求，企业就应当及时查找原因，采取措施及时纠正，以便确保达到目标成本实现目标利润。

（三）有利于加强对成本控制的事前管理

如果在生产经营当中发现实际生产与目标成本之间存在较大的差异，往往很难立即找到有效的措施缩小或消除差异，通过进行成本预测，企业在生产经营活动开始之前，就可以基本掌握成本的变动趋势和预测期的成本水平，通过分析找到降低成本的方向和途径，明确降低成本的具体措施和方案，变被动的成本控制为主动的成本控制，使成本管理由单纯的事后核算与分析，转变为事前的计划和控制，更有效地实现企业的经营目标。

二、成本预测的步骤

（一）提出目标成本的初步方案

目标成本，是指在一定时期内产品应该达到的标准。它通常要比企业当前的实际成本稍低，一般根据该产品的设备生产能力、标准产量、企业人员技术能力等多方面因素制定。企业要生存和发展，只有降低成本，才能确保获得一定的目标利润。因此，目前很多企业采用的都是“倒推成本”的方法。在价格和目标利润设定的情况下，倒推出目标成本，然后逐层分解，使汇总后的产品成本达到或低于目标成本。

（二）对比差异，综合分析

根据当前实际情况下可能达到的成本水平进行测算，对比预测成本与目标成本之间的具体差距。从多角度进行分析，寻找降低成本的最为有效的主体方案。

（三）分解指标，制订具体方案

根据已经确定的降低成本的主体方案，找出缩小预测成本与目标成本之间差距的途径和方法，然后逐层进行分解实施，制订出各个层次降低成本的具体方案。

（四）确定最终的目标成本

对降低成本的各个具体方案进行技术经济分析，从中选出有效的、可行的、最佳的方案，据以确定最终的目标成本。

三、影响成本预测的因素

进行成本预测，必须考虑到未来一定期间对成本产生影响的各有关因素的变动情况，并根据这些情况采用适当的方法确定它们对成本的具体影响程度，以确保能够提供科学的预测依据，从而正确地进行成本预测。

影响成本预测的主要因素有：材料的消耗定额和售价；劳动生产率水平和当地平均工资水平；产品产量；产品质量；产品的有关技术经济指标。此外，企业所处的地理位置、所面临的市场条件、所经营的产品品种等，都会直接或间接地影响到成本的变化，甚至竞争对手的一些经营行为也可能对产品的成本产生影响。目标成本的确定既要考虑先进性，也要考虑可行性。只有既先进又切实可行的目标成本才能调动企业各方面的积极性，从而保证目标利润的实现。

四、成本预测的方法

（一）目标成本预测法

目标成本，是为实现目标利润所应达到的成本水平，是企业未来一定时期成本管理工作的目标。目标成本的预测方法主要有以下两种：

1.根据目标利润预测目标成本

在确定目标利润的基础上，通过市场调查或其他信息资料确定适当的销售价格和销售量，用预计的销售收入减去目标利润即可得到目标成本。其计算公式为：

$$\text{目标成本} = \text{预计单价} \times \text{预计销售量} - \text{目标利润}$$
$$= \text{预计销售收入} - \text{目标利润}$$

【做中学5-8】恒达公司M产品预计2023年全年的销售收入为600 000元，目标利润为150 000元。

要求：预测该公司的目标成本。

解：该公司的目标成本 = 600 000 − 150 000 = 450 000（元）

2.以业内先进的成本水平作为目标成本

可以根据本企业历史上最好的成本水平或国内外同行业同类产品的先进水平，结合本企业的实际情况，分析确定本企业的目标成本。此外，也可以根据企业原有基期的实际成本水平，充分考虑各种成本降低因素后计算确定。采用这种方法可以直接确定各成本项目的目标成本，但没有与目标利润相联系。

（二）历史成本预测法

历史成本预测法，是根据已有的相关资料，将成本按成本习性进行划分，运用数理统计方法来估计推测成本发展趋势的一种方法。作为预测依据的已有资料所选用的时期要适当，通常以3～5年为宜。期限过长就会相对陈旧，不具有可比性；期限过短，则无法反映成本变化的趋势。

成本的发展趋势一般可以用直线方程式来反映：

$$y = a + bx$$

在这个直线方程式中，只要求出固定成本总额（a）和单位变动成本（b）的值，就能预测出任何产量（x）的总成本（y）。

预测成本变动趋势的方法有很多，最常用的有高低点法、加权平均法和回归分析法。

1.高低点法

高低点法是根据过去若干时期的已有资料中最高业务量和最低业务量的总成本之差与这两期的业务量之差进行对比，来求出直线方程式 $y = a + bx$ 中a和b的值，然后根据预测期的总成本方程式，就可预测出预测期的产品总成本与单位成本。

【做中学5-9】恒达公司生产和销售甲产品，根据该公司上一年的历史数据可知：该公司上年产量最高的月份为12月份，共生产甲产品4 000件，其总成本为350 000元；产量最低的月份为10月份，共生产甲产品3 000件，其总成本为310 000元。预计今年1月份的产量为5 000件。

要求：预测今年1月份的总成本与单位成本。

解：$b = (y_2 - y_1) \div (x_2 - x_1) = (350\,000 - 310\,000) \div (4\,000 - 3\,000) = 40$（元）

$a = 310\,000 - 40 \times 3\,000 = 190\,000$（元）

或 $a = 350\,000 - 40 \times 4\,000 = 190\,000$（元）

预测今年1月份该产品的总成本 $y = a + bx = 190\,000 + 40 \times 5\,000 = 390\,000$（元）

预测今年1月份该产品的单位成本 $= 390\,000 \div 5\,000 = 78$（元）

2.加权平均法

加权平均法是根据过去若干时期的固定成本总额和单位变动成本的历史资料，按其距离预测期的远近分别确定不同的权数，再用加权平均计算的方法来确定预测期的产品成本的一种预测方法。成本费用的发展趋势还是用直线方程式 $y = a + bx$ 表示。其计算公式如下：

$$预测期总成本y = \frac{\sum a_i w_i}{\sum w_i} + \frac{(\sum b_i w_i)x}{\sum w_i}$$

通常取 $\sum w_i = 1$，则上式可以简化为：

$$预测期总成本y = \sum a_i w_i + (\sum b_i w_i)x$$

$$预测期单位成本 = y \div x$$

【做中学5-10】恒达公司上年第四季度生产甲产品的成本资料见表5-2。

表5-2　甲产品成本资料　金额单位：元

月份	各月权数	产量（件）	单位变动成本	固定成本总额
10月	0.2	3 000	35	205 000
11月	0.5	3 600	32	220 000
12月	0.3	4 000	30	230 000

若今年1月该公司计划生产甲产品5 000件，上年10月、11月、12月的加权权数分别定为0.2、0.5、0.3。

要求：采用加权平均法预测今年1月该产品5 000件的总成本。

解：预测今年1月该产品总成本＝（205 000 × 0.2 + 220 000 × 0.5 + 230 000 × 0.3）+（35 × 0.2 + 32 × 0.5 + 30 × 0.3）× 5 000 = 380 000（元）

3.回归分析法

回归分析法是应用数学中的最小二乘法的原理来预测成本的。基本公式仍然是直线方程式y = a + bx。其中：

$$a = \frac{\sum y - b\sum x}{n}$$

$$b = \frac{n\sum xy - \sum x\sum y}{n\sum x^2 - (\sum x)^2}$$

高低点法一般适用于产品成本变动趋势比较稳定的情况，如果企业各期成本变动幅度较大，采用这种方法就会产生较大的误差。加权平均法更适用于历史成本资料比较齐全的企业。回归分析法则适用于产品成本变动较大的企业。以上几种常用的成本预测方法，都是根据已有的历史资料运用数理统计的方法进行预测的。采用这些方法进行预测，还需要考虑一些外部因素可能对成本产生的影响。

【请思考】企业在制定目标成本时需要注意哪些问题？

任务五　资金需要量预测

一、资金需要量预测的意义

微课

资金需要量预测分析

保证资金供应，合理安排调度使用企业资金，提高资金利用的经济效果，是企业生产经营的重要前提。资金需要量预测的目的在于以最少的资金占用量取得最佳的经济效益。因此资金需要量预测对于加强企业经营管理和提高企业经济效益具有十分重要的意义。

企业的一切生产经营活动都离不开必要的资金，企业的生产经营活动日益错综复杂，很多因素都可能对资金需要量的增减变动产生影响。在通常情况下，导致资金发生增减变动的直接原因主要是相关产品销售量（额）的增减变动。当销售量（额）增长或处于较高水平时，资金需要量较多；当销售量（额）减少或处于较低水平时，资金需要量较少。因此准确有效的销售预测是进行资金需要量预测的重要依据。通过确定并利用销售量（额）与资金需要量之间相互关系的基本模式，可以推算出销售量（额）在某一特定水平时所需要的资金量。

二、资金需要量预测的基本方法

（一）资金周转率预测法

资金周转率预测法，是指根据延续性原理，运用现有的实际资金周转率的资料，来预测企业的预测期资金需要量的一种定量分析方法。其计算公式如下：

$$预测期资金需要量=\frac{预计销售额}{基期的资金周转率}$$

【做中学5-11】恒达公司2023年的资金周转率为5次，该公司预计2024年的销售额为600 000元。

要求：请预测恒达公司2024年的资金需要量。

解：2024年的资金需要量 = 600 000 ÷ 5 = 120 000（元）

（二）销售百分比法

销售百分比法，是指根据资产和负债各个项目与销售额之间的依存关系，并假定这些关系保持不变，按照未来预测期销售额的增长情况来预测需要追加的资金量的一种方法。一般按以下3个步骤进行：

1. 分析研究资产负债表各类项目与销售额之间的依存关系

（1）资产类项目。周转过程中的货币资金、正常的应收账款和存货等项目，一般都会随着销售额的增长而相应地增加。固定资产项目是否也会相应增加，要看原有的固定资产是否已经被充分利用。如果尚未被充分利用，则可以通过增加产能等方法，提高产品的销售量和销售额。如果原有固定资产的使用已经达到饱和状态，那么增加销售量就需要相应增加固定资产的投资建设。长期股权投资、无形资产等项目，一般不随销售额的增长而增加。

（2）负债和权益类项目。应付账款、应付票据、其他应付款等流动负债项目，通常会随着销售额的增长而相应增加。非流动负债和股东权益等项目，通常不随销售额的增长而增加。

企业未来预测期内所提取的固定资产折旧和准备等，以及企业的留存收益，通常可以作为未来预测期所需追加资金的内部资金来源。

2. 计算基期的销售百分比

找出基期的资产负债表中与销售额有依存关系的项目，计算其与基期销售额的百分比。

3. 计算未来预测期预计所需追加的资金量

预测期所需追加资金量包含以下几方面内容：

（1）预测期由于销售额增加而追加的资金量。它是根据增加的销售额按销售百分比计算得到的。其计算公式如下：

$$销售额增加所需追加的资金量=(\frac{A}{S_0}-\frac{L}{S_0})(S_1-S_0)$$

式中：A表示基期随着销售额变动而变动的资产类项目总额；L表示基期随着销售额变动而变动的负债类项目总额；S_0表示基期的销售额；S_1表示预测期的销售额；$\frac{A}{S_0}$表

示基期随着销售额的增长而增加的资产类项目的金额占销售额的百分比；$\frac{L}{S_0}$表示基期随着销售额的增长而增加的负债类项目的金额占销售额的百分比。

（2）预测期产生的留存收益。其计算公式为：

$$预测期的留存收益 = S_1R_0(1-d_1)$$

式中：R_0表示基期的税后销售利润率；d_1表示预测期的股利支付率。

（3）预测需要追加的资金总量。预测期由于销售额增加需要追加的资金总量为：

$$预计所需追加的资金总量 = (\frac{A}{S_0}-\frac{L}{S_0})(S_1-S_0)-D_1-S_1R_0(1-d_1)+M_1$$

式中：D_1表示预测期所提取的折旧减值扣除用于固定资产更新改造后的余额；M_1表示预测期的零星资金需要量。

【做中学5-12】恒达公司2023年的销售额为400 000元，获得税后净利润40 000元，发放现金股利20 000元。该公司2023年的固定资产的使用均已达到饱和状态。该公司2023年年末的简略资产负债表见表5-3。

表5-3　恒达公司资产负债表（简表）

2023年12月31日

单位：元

资产	期末余额	权益	期末余额
库存现金	20 000	应付账款	30 000
应收账款	60 000	应交税费	20 000
存货	80 000	长期借款	120 000
固定资产	120 000	实收资本	80 000
无形资产	20 000	留存收益	50 000
资产总计	300 000	权益总计	300 000

若该公司预测2024度销售额将达到600 000元，年折旧减值额为20 000元，其中的70%用于更新改造现有设备。2024年的零星资金需要量为25 000元。假定该公司2024年的税后销售净利率和利润分配政策与2023年保持一致。恒达公司基期的简略资产负债表（用销售百分比反映）见表5-4。

表5-4　恒达公司资产负债表（用销售百分比反映）

2023年12月31日

资产	占销售额的百分比	权益	占销售额的百分比
库存现金	5%	应付账款	7.5%
应收账款	15%	应交税费	5%
存货	20%	长期借款	—
固定资产	30%	实收资本	—
无形资产	—	留存收益	—
合计	70%	合计	12.5%

要求：预测2024年恒达公司需要追加的资金总量。

解：（1）计算由于销售额增加需要追加的资金量。

单位销售额增加需要追加的资金量 $=\frac{A}{S_0}-\frac{L}{S_0}=70\%-12.5\%=57.5\%$

表示该公司每增加100元的销售额就需要增加资金57.5元。

销售额增加所需追加的资金量 $=(\frac{A}{S_0}-\frac{L}{S_0})(S_1-S_0)=57.5\%\times(600\,000-400\,000)$

$=115\,000$（元）

（2）计算预测期的留存收益。

税后销售利润率 $R_0=40\,000\div400\,000\times100\%=10\%$

股利支付率 $d_1=20\,000\div40\,000\times100\%=50\%$

预测期留存收益 $=S_1R_0(1-d_1)=600\,000\times10\%\times(1-50\%)=30\,000$（元）

（3）计算预测期需要追加的资金总量。

提取的折旧减值扣除用于固定资产更新改造后的余额 $D_1=20\,000\times(1-70\%)$

$=6\,000$（元）

预测期的零星资金需要量 $M_1=25\,000$ 元

则：预测期需要追加的资金总量 $=(\frac{A}{S_0}-\frac{L}{S_0})(S_1-S_0)-D_1-S_1R_0(1-d_1)+M_1$

$=115\,000-6\,000-30\,000+25\,000=104\,000$（元）

资金需要量的预测方法还有回归分析法等。

【提示】在预测资金需要量时需要注意：在实际生产经营当中，企业产品的销售收入尤其是现金收入，很可能受生产、销售或外界因素的影响而偏离所做的预测。当出现较大偏差时，若企业的资金供应不足就会对整个企业的生产经营造成影响。因而很多企业通常都会要求有一定量的现金储备。我们在进行资金需要量预测时，也需要进行综合分析，既要考虑用更少的资金创造更大的价值，也必须考虑经营的安全性。

【请思考】企业预测资金需要量需要注意哪些问题？

【学思践悟】

预测未来，创造辉煌

在智能化时代，我们的工作需要什么样的新本领？先来看看各行各业的变化。

在制造业，特斯拉工厂主要是机器人在工作。

在服务业，银行自动柜员机取代大量营业员。

在食品业，旧金山一家企业生产的机器人一小时可以做360个汉堡，公司创始人说，“我们造机器不是为了提高人的工作效率，而是要完全取代他们”。

在零售业，亚马逊2012年买下仓储机器人公司Kiva System，实现仓库机器人化，实现Amazon Go免排队商店的智能化。2023年，亚马逊实现跨境电商一站式服务，零基础也能做。

在教育界，谷歌开始将3 000万种图书数字化，其中500万种已装在App里随你阅读，谷歌博物馆还将700万幅名画装在了APP里任你观赏；可汗学院等网上课程涵盖了

一切学习内容。

在知识界，Alpha Go的深度学习、自我进化将导致预测、决策都在智能化……

人机共存的新生活在内容与方式上有何变化，对于未来的人们来说，适应这些新变化，又需要什么样的新能力？

对于这一切，我们的教育应该如何面对？预测、探索与实践意义重大。

资料来源：冉永华. 在“机器即将代替人类的大量工作”的时代，我们的教育该如何变革［EB/OL］.［2021-06-20］. http：//blog.sina.com.cn/s/blog_1303a0d1 10102x2qa.html .

项目小结

本项目主要知识点归纳总结见表5-5。

表5-5　本项目主要知识点归纳总结

任　务	主要知识点
预测分析认知	1.预测分析：是指根据已有的资料，运用现有的知识、经验和科学的方法，对事物的未来发展趋势进行估计和测算的行为 2.预测分析的主要内容：销售预测分析、成本预测分析、利润预测分析和资金需要量预测分析等 3.预测分析的方法：定性分析法与定量分析法
销售预测	1.销售预测：是指根据企业已有的销售资料和市场对产品需求的变化等情况，对未来一定时期内该产品的销售量（额）以及销售发展变化趋势进行预计和推测的一种行为 2.销售预测的方法：趋势预测分析法、因果预测分析法、判断预测分析法、市场调查预测分析法等。其中前两种方法属于定量分析法，后两种方法属于定性分析法
利润预测	1.利润预测：是指根据企业经营目标的需要，通过对影响利润变动的成本、产销量等因素进行综合分析，对企业未来一定时期可能达到的利润水平及其变动趋势进行预测 2.利润预测的方法：本量利分析法、销售额增长率法、利润增长率法、经营杠杆系数法
成本预测	1.成本预测：是指根据企业现有的资料，通过对影响成本的有关因素进行分析，进而对企业未来一定时期相关产品的成本水平及其变动趋势进行科学有效的预测 2.影响成本预测的主要因素有：材料的消耗定额和售价；劳动生产率水平和当地平均工资水平；产品产量；产品质量；产品的有关技术经济指标 3.目标成本预测方法：（1）根据目标利润预测；（2）以业内先进的历史成本水平作为目标成本
资金需要量预测	1.资金需要量预测的目的在于以最少的资金占用量取得最佳的经济效益 2.资金需要量预测的基本方法：资金周转率预测法、销售百分比法

项目六

短期经营决策分析

学习目标

知识目标

1. 了解决策的概念、意义、分类，熟悉决策分析的原则、程序和类型。
2. 理解决策的相关概念，重点区分相关成本与无关成本。

技能目标

1. 会运用短期经营决策分析的各种方法，并能熟练地进行决策分析。
2. 会运用机会成本法分析。

态度目标

1. 高度重视决策的重要性，按照决策分析的原则和程序来广泛地收集数据。
2. 培养选择适当的决策分析方法并进行决策分析的能力。

素养目标

培养学生经营决策分析的能力，充分认识专业知识、技术的重要性，树立正确的人生观和价值观，加强专业知识的学习和运用，服务企业、报效国家。

工作情境与工作任务

在市场经济条件下，企业必须根据市场需求来决定应该如何组织生产、生产什么以及生产多少、价格怎样确定等经营方向及对策。企业应时刻关注市场动态，根据需求变化正确地进行决策，组织经营。经营决策的正确与否往往直接在企业效益上得到体现，影响企业未来的长期发展。因此，企业经营管理者面临的不是应否进行决策的问题，而是如何做出正确的决策、如何进行科学的决策的问题。

任务一 决策分析认知

一、决策的概念

决策，是指为实现预定目标，在科学预测的基础上，对未来经济活动的若干备选方案进行比较分析，最终做出科学判断的过程。它也就是人们通常所说的“决定”。决策分析只是决策全过程的一个组成部分，是企业会计人员参与决策活动的主要内容。

微课

决策分析认知

管理学家通常认为：管理的重心在经营，经营的重心在决策。决策的正确与否关系到企业的盛衰成败。企业要强化管理，提高经济效益，就必须进行决策分析。因此，利用会计信息进行决策分析就成为管理会计的核心内容之一。美国会计学家唐·T.德克斯特和埃尔登·L.斯夏弗在他们的著作中把“管理会计”称为“用于企业决策的会计”或直接称之为“决策会计”，可见决策在管理会计中的重要性。

二、决策分析的原则和程序

（一）决策分析的原则

1.信息原则

占有大量的有用信息，便于决策。

2.择优原则

对决策方案进行比较分析，选择最优方案。

3.充分利用资源原则

资源的稀缺性有利于决策者考虑资源的充分利用。

4.行动和反馈原则

决策方案便于实施及对有效信息的反馈。

（二）决策分析的程序

决策分析必须按照科学的程序进行。

1.确定决策目标

决策分析首先要弄清楚该项决策要解决什么问题、达到什么目的，以制定决策目标。

2. 收集相关资料

决策目标确定后，决策者要针对决策目标，了解环境变化，寻求相关的决策信息，尤其是有关预期收入与预期成本的数据，这是决策分析程序中具有重要意义的步骤，是关系决策成败的关键问题之一。

3. 拟订备选方案

企业根据确定的决策目标和收集的相关资料，综合考虑内外环境中各种可控和不可控因素，拟订能够达到目标的各备选方案。在拟订备选方案的过程中，要尽量找出限制性因素，遵循限定因素原理，对一些决策方案进行选择。

4. 评价备选方案

评价备选方案应做到定量分析与定性分析相结合。为了系统地进行评价，可在评价时确立两个尺度：一个是“必须达到的目标”；另一个是“希望达到的目标”。这种评价的结果有助于决策者对各个方案进行判断。同时，要注意经验与实验的分析研究，对备选方案做出初步评价。

5. 确定最优方案

决策分析的核心问题就是确定最优可行方案。企业应考虑其他因素的影响，对各种备选方案进行总体权衡后，确定一个最优方案。但要注意，绝对最优的方案是很难找到的，所谓“最优方案”是指基本令人满意、相对优化的合理的方案。

6. 方案的实施与修正

在方案实施过程中，要建立信息反馈机制。决策者对已进行的抉择，在实施中进行评价和矫正，通过修正决策目标或备选方案，来应对主客观条件的变化和备选方案本身的错误或遗漏。

三、决策的类型

决策按不同标准可划分为不同类型，不同类型的决策所需收集的信息、思考的重点及采用的专门方法有所不同。

（一）按决策的重要程度划分

1. 战略决策

战略决策是指对关系到企业未来发展方向、全局性重大问题所进行的决策。如企业的营销战略、品牌战略、人才战略等的决策，这类决策取决于企业的长远发展规划及外部市场环境对企业的影响，其决策正确与否对企业成败具有决定性意义。

2. 战术决策

战术决策是指企业具体部门在未来较短时期内，对局部性日常管理活动所进行的经营决策。如零部件外购与自制决策、半成品是否深加工决策等，这类决策主要考虑使现有的人力、物力、财力资源得到合理充分的利用，并产生较大的经济效益。

（二）按决策条件的肯定程度划分

1. 确定型决策

确定型决策是指决策所涉及的各个备选方案的各项条件都是已知的和确定的，且每个方案只会有一个确定结果的决策。这类决策问题比较明显，决策比较容易。

2. 风险型决策

风险型决策是指决策所涉及的各个备选方案的各项条件虽然也是已知的，但却是不完全确定的，每个方案的执行都可能出现两种或两种以上的结果，每种结果出现的概率都可以事先估测的决策。这类决策由于结果具有不唯一性，决策存在一定风险。

3. 不确定型决策

不确定型决策与风险型决策所知的条件基本相同，但不确定型决策的各项条件无法确定其客观概率，只能以决策者凭经验判断确定的主观概率为依据，所以这类决策比风险型决策难度还大。

（三）按决策期限的长短划分

1. 短期经营决策

短期经营决策是指对一年（或长于一年的一个营业周期）内的生产经营活动进行的决策。该类决策涉及的方案影响期一般在一年以内，一般不涉及大量资金投入，涉及面极广，主要包括生产决策、定价决策和存货决策等。短期经营决策能够促使企业最合理、最充分地利用现有的人力、物力和财力资源，提高企业经济效益。

2. 长期投资决策

长期投资决策是指对一年（或长于一年的一个营业周期）以上的重大投资活动进行的决策。该类决策涉及的方案影响期较长、发生次数少、资金投入大，主要包括固定资产等长期资产的投资决策。长期投资决策是企业保持良好财务状况、资金周转及持续盈利能力的关键，对改善企业综合生产能力、降低经营风险具有重要作用。

【请思考】按决策条件的肯定程度，你如何理解决策的类型？

任务二　短期经营决策的相关概念

短期经营决策必须通盘考虑生产经营能力、相关业务量、相关收入、相关成本、无关成本等因素。

微课

短期经营决策基础

一、生产经营能力

生产经营能力，是指在一定时期（通常为一年）内和一定生产技术、组织条件下，企业内部各个环节直接参与生产过程的生产设备、劳动手段、人力资源和其他服务条件，能够生产各类产品的产量或加工处理一定原材料的能力。这包括最大生产经营能力、正常生产经营能力、剩余生产经营能力、追加生产经营能力。在短期经营决策中，生产经营能力是决定相关业务量和确认机会成本的重要参数。

二、相关业务量

相关业务量，是指在短期经营决策中必须认真考虑的、与特定决策方案相联系的生产量或销售量。相关业务量对决策方案的影响往往是通过对相关收入和相关成本的影响实现的。比如半成品是否深加工的决策和是否接受特殊价格追加订货的决策，都需要仔细考虑相关业务量的问题。

三、相关收入

相关收入，是指与特定决策方案相联系的、能对决策产生重大影响的、在短期经营决策中必须予以充分考虑的收入。相关收入的计算，要以特定决策方案的单价和相关销售量为依据。即若有这个方案存在，就会发生这项收入，否则，就不会发生这项收入。与相关收入相对应的概念就是无关收入。

四、相关成本

相关成本，是指与特定决策方案相联系的、能对决策产生重大影响的、在短期经营决策中必须予以充分考虑的成本。这里所说的相关成本是指与某个决策方案直接相关的成本，此方案采用，该成本就发生，否则该成本就不会发生。相关成本主要包括：增量成本、机会成本、专属成本、边际成本、付现成本、重置成本、可延缓成本、可避免成本等。

（一）增量成本

增量成本，是指由于生产经营能力利用程度的不同而形成的成本差额。在相关范围内，某一决策方案的增量成本就是由于业务量增加而增加的相关变动成本。在短期经营决策中，增量成本是较为常见的相关成本。如在亏损产品的决策、是否转产或增产某种产品的决策和是否接受特殊价格追加订货的决策中，最基本的相关成本就是增量成本。

（二）机会成本

机会成本，是指在决策分析过程中，从多个备选方案中选择一个最优方案，而放弃次优方案所丧失的潜在利益，这就称为已选中最优方案的机会成本。

【做中学6-1】企业某项资产有两个备选方案，机会成本的确定见表6-1。

表6-1 机会成本的确定

项目 方案	预计收益	方案优劣	机会成本
A	20万元	优	A方案的机会成本为10万元
B	10万元	次优	

机会成本并非实际支出，故在财务会计核算中不能入账。但由于资源的有限性，为充分利用资源，企业在决策过程中将其作为相关成本来考虑。但是，如果某项资源只有一种用途，没有其他选择机会，那么它就没有机会成本。

（三）专属成本

专属成本，是指能够明确归属于特定决策方案的固定成本。专属成本往往是为了弥补生产经营能力不足的缺陷，增加长期资产而发生的，所以专属成本的确认与取得长期资产的方式有关。例如，某企业拟增加设备扩大生产经营能力，若采用购买方式，则购买设备的支出就是该方案的专属成本；若采用租入方式，则租入设备的租金就是该方案的专属成本。在实际应用中，凡属于某一方案新增加的固定成本都可确认为专属成本。

（四）边际成本

经济学中的边际成本是指当业务量发生微小变动时所引起的成本变动额。但在实际经济生活中，业务量的微小变动只能小到一个经济单位，如一件或一台产品等。因此，在管理会计中，边际成本，是指业务量增加或减少一个单位所引起的成本变动额。在相关范围内，增加或减少一个单位所引起的成本变动，就是产品的单位变动成本。所以，在相关范围内，边际成本实质上就是单位变动成本。边际成本是增量成本的特殊形式。

（五）付现成本

付现成本，是指因选择和实施某项决策方案，必须立即或在近期用现金支付的成本。当企业比较拮据，筹资又有困难的情况下，企业往往对付现成本的考虑比对总成本更为重视，即以付现成本最小的方案来代替总成本最低的方案。

（六）重置成本

重置成本，是指某项现有资产在市场上出售时的现实价值，也就是一项资产在市场上的重新评估价值。在短期经营决策中，对企业原有的资产，不应按其历史成本决策，而应把其重置成本作为相关成本予以考虑。

（七）可延缓成本

可延缓成本，是指在短期经营决策中若对其暂缓开支，不会对企业未来生产产生重大不利影响的成本。这类成本有一定的弹性，当企业人力、物力、财力负担有限时，即使推迟其发生，也不至于影响企业的大局。

（八）可避免成本

可避免成本，是指其发生与否及发生金额的多少都会受管理层决策影响的成本。如广告费、职工培训费等“酌量性固定成本”，受决策的直接制约，属于比较典型的相关成本。酌量性固定成本属于可避免成本。

五、无关成本

无关成本，是指无论方案采用与否都注定要发生或已经发生的成本。由于无关成本对有关备选方案的取舍不存在影响，所以在短期经营决策中可以不予考虑，否则可能会导致决策失误。无关成本主要包括：沉没成本、共同成本、不可延缓成本、不可避免成本。

（一）沉没成本

沉没成本，实际上就是历史成本，是指过去已经发生并不能由现在或将来的任何决策加以改变的成本。也就是说，沉没成本是由于过去的决策所引起并已经实际支付款项的成本。一般情况下，大多数固定成本，如固定资产折旧、无形资产摊销等，都属于沉没成本。但这并不是绝对的，如与决策方案有关的新固定资产的折旧费就属于相关成本。另外，有时变动成本也可能属于沉没成本，如在半成品是否深加工决策中，半成品深加工前的成本，其中的固定成本及变动成本均为沉没成本。

（二）共同成本

共同成本，是与专属成本相对立的成本，是指应当由多个方案共同负担的注定要发生的固定成本。如企业管理部门固定资产的折旧费、管理人员工资等。

【提示】变动成本一般都是专属成本，而固定成本才有专属成本和共同成本之分。因此，变动成本没有必要划分专属成本和共同成本，专属成本和共同成本是针对固定成本而言的。

（三）不可延缓成本

不可延缓成本，是与可延缓成本相对立的成本，是指在短期经营决策中，若对其暂缓开支就会对企业未来生产产生重大不利影响的成本。由于不可延缓成本在发生时间上具有较强的刚性，即使在企业财力有限的情况下，也必须及时保证对不可延缓成本的支付，没有选择的余地，属于无关成本，所以在短期经营决策中可以不予考虑。

（四）不可避免成本

不可避免成本，是与可避免成本相对立的成本，是指在企业经营过程中必然发生的，企业决策行为不能改变其发生金额的成本。由于不可避免成本的发生具有必然性，注定要发生，只能保证对其顺利支付，因此在短期经营决策中可以不予考虑。如企业现有固定资产的折旧费、管理人员工资等“约束性固定成本”，都属于不可避免成本。

【请思考】举例说明什么是相关成本和无关成本。

任务三　生产决策的方法及其应用

生产决策是企业短期经营决策的一项重要内容。在生产决策中，判断备选方案优劣的主要标志就是一定时期内获利的多少，获利大的方案为最优方案。生产决策常用的专门方法有贡献毛益分析法、差别损益分析法、相关成本分析法和成本平衡点分析法。

一、贡献毛益分析法

微课

贡献毛益法

贡献毛益分析法，是指以有关方案的贡献毛益指标作为决策评价指标的一种方法。在决策应用时，又具体分为以下3种不同情况。

（一）当企业存在剩余生产经营能力，且剩余生产经营能力为已知的确定数时

若企业存在剩余生产经营能力，且剩余生产经营能力为已知的确定数时，通过计算贡献毛益总额指标进行决策，贡献毛益总额大者优。

对于某一产品来说，单位贡献毛益指标反映产品的盈利能力，但在不同备选方案之间进行比较分析时，不能以单位贡献毛益指标作为评价标准，而必须以贡献毛益总额指标作为方案取舍的依据。因为，在生产经营能力一定的前提下，不同方案的单位产品耗费的生产经营能力有所不同，因此各方案能够生产的产品总量也可能不同，单位贡献毛益最大的方案不一定是贡献毛益总额最大的方案，如果用单位贡献毛益评价各备选方案，就可能导致决策失误。

【做中学6-2】恒达公司现有剩余生产经营能力3 000台时，其年固定资产折旧为10 000元。公司拟利用现有剩余生产经营能力开发甲或乙两种新产品。生产单位甲产品定额台时为4台时，甲产品销售单价为40元，单位变动成本为20元；生产单位乙产品定额台时为2台时，乙产品销售单价为20元，单位变动成本为8元。

请问：公司应开发哪种新产品？

解：由于恒达公司是利用现有剩余生产经营能力进行生产的，不改变公司生产经营能力规模，所以，其年固定资产折旧10 000元（固定成本）属于与该项生产决策无关的成本，属于无关成本，在决策时不予考虑。在两个方案固定成本相同的前提下，贡献毛益总额大的方案实质上就是利润大的方案，即为最优方案。贡献毛益的计算过程见表6-2。

表6-2 贡献毛益计算表 金额单位：元

项目	甲产品	乙产品
剩余生产经营能力（台时）	3 000	3 000
单位产品定额台时（台时）	4	2
销售单价p	40	20
单位变动成本b	20	8
单位贡献毛益cm = p−b	20	12
生产量x（件）	750	1 500
贡献毛益总额Tcm = cm·x	15 000	18 000

由表6-2可以看出，尽管甲产品单位贡献毛益较大，但是甲产品贡献毛益总额小于乙产品，所以，开发乙产品更有利。

（二）当企业存在剩余生产经营能力，但不知具体数时

当企业存在剩余生产经营能力，但不知具体数时，则无法计算利用剩余生产经营能力能够生产的产品总量，也就无法通过计算贡献毛益总额指标来进行生产决策。此时，应采用单位生产经营能力所提供的贡献毛益作为评价指标，单位生产经营能力所提供的贡献毛益大者优。因为，在生产经营能力一定的前提下，单位生产经营能力所提供的贡献毛益大的方案，实质上就是贡献毛益总额大的方案。

$$\text{单位生产经营能力（台时）所提供的贡献毛益} = \frac{\text{单位产品贡献毛益}}{\text{单位产品定额台时}}$$

【做中学6-3】恒达公司有部分剩余生产经营能力，可以选择开发甲或乙两种新产品。生产单位甲产品定额台时为4台时，甲产品销售单价为40元，单位变动成本为20元；生产单位乙产品定额台时为2台时，乙产品销售单价为20元，单位变动成本为8元。

请问：公司应开发哪种新产品？

解：本题与【做中学6-2】的区别在于只知道有部分剩余生产经营能力，但不知剩

余生产经营能力的具体数。此时，无法计算利用剩余生产经营能力能够生产的产品总量，也就无法通过计算贡献毛益总额指标来进行生产决策，但可以通过计算单位生产经营能力所提供的贡献毛益指标进行决策，计算过程见表6–3。

表6–3 单位台时创造的贡献毛益计算表

金额单位：元

项目	甲产品	乙产品
单位产品定额台时（台时）	4	2
销售单价p	40	20
单位变动成本b	20	8
单位贡献毛益cm = p–b	20	12
单位台时创造的贡献毛益	5	6

由表6–3可以看出，生产甲产品单位台时创造的贡献毛益为5元，生产乙产品单位台时创造的贡献毛益为6元，因此应选择生产乙产品。

（三）存在专属成本或机会成本时

在存在专属成本或机会成本的情况下，应通过计算备选方案的剩余贡献毛益指标进行决策。贡献毛益总额减去专属成本或机会成本后的余额称为剩余贡献毛益。剩余贡献毛益大者优。

【做中学6–4】沿用【做中学6–2】的资料。假设恒达公司生产甲产品需追加专属成本10 000元，生产乙产品需追加专属成本16 000元，其他条件不变。

请问：公司应开发哪种新产品？

解：本题与【做中学6–2】的区别在于存在专属成本，故应通过计算剩余贡献毛益指标进行决策。

甲产品剩余贡献毛益 = 甲产品贡献毛益总额 – 甲产品专属成本 = 15 000 – 10 000
= 5 000（元）

乙产品剩余贡献毛益 = 乙产品贡献毛益总额 – 乙产品专属成本 = 18 000 – 16 000
= 2 000（元）

因为甲产品剩余贡献毛益大于乙产品剩余贡献毛益，故恒达公司应选择开发甲产品。

贡献毛益分析法比较简单，除常被应用于企业开发哪一种新产品的决策外，还常用于是否接受特殊价格追加订货的决策分析，亏损产品是否停产、转产的决策分析，尤其适用于多个方案的择优决策。

亏损产品是否停产、转产决策分析分为以下两种不同情形：

1.生产经营能力无法转移时，亏损产品应否停产决策分析

生产经营能力无法转移，是指当亏损产品停产后，闲置下来的生产经营能力无法被用于其他方面，既不能转产，也不能将有关设备对外出租。

此时，只要亏损产品的贡献毛益大于零就不应停产，而应继续生产。因为亏损产品停产，只能减少企业变动成本总额，固定成本总额并不减少，若继续生产亏损产品，亏

损产品提供的贡献毛益就可以补偿一部分固定成本，而停产亏损产品不但不会减少亏损，反而会使亏损增加。

【做中学6-5】恒达公司生产A、B、C三种产品，其中A、B两种产品盈利，C产品亏损，利润表有关资料见表6-4。

表6-4 利润表有关资料 单位：万元

项目	A产品	B产品	C产品	合计
销售收入	6 000	8 000	4 000	18 000
生产成本				
直接材料	800	1 400	900	3 100
直接人工	700	800	800	2 300
变动性制造费用	600	600	700	1 900
固定性制造费用	1 000	1 600	1 100	3 700
非生产成本				
变动性销售及管理费用	900	1 200	600	2 700
固定性销售及管理费用	600	800	400	1 800
总成本	4 600	6 400	4 500	15 500
利润	1 400	1 600	-500	2 500

请问：恒达公司应否停产亏损的C产品（假定C产品停产后，闲置下来的生产经营能力无法转移）？

解：由表6-4的资料可知：

C产品贡献毛益＝C产品销售收入总额-C产品变动成本总额

＝4 000－（900＋800＋700＋600）＝1 000（万元）

C产品分摊的固定成本＝1 100＋400＝1 500（万元）

C产品利润＝1 000－1 500＝－500（万元）

C产品亏损500万元。

但是如果停止生产C产品，C产品就不能提供1 000万元的贡献毛益了，而C产品原来分摊的1 500万元的固定成本只能分摊到A、B两种产品上，这将使恒达公司利润减少1 000万元。也就是说，无论C产品是否生产，该公司5 500万元的固定成本都要发生，只不过是由三种产品分摊还是由两种产品分摊的问题。因此，在生产经营能力无法转移的情况下，尽管C产品亏损，也不应停产，而应继续生产。

2.生产经营能力能够转移时，亏损产品应否停产决策分析

如果亏损产品停产后，闲置下来的生产经营能力能够转移，如转产其他产品，或将设备对外出租。此时，必须考虑继续生产亏损产品的机会成本，对备选方案进行比较分析后进行决策。

【做中学6–6】沿用【做中学6–5】的资料。假设恒达公司生产C产品的设备既可以转产D产品，也可以对外出租，每年可获租金900万元。转产D产品的具体资料见表6–5。

表6–5 转产D产品的具体资料 单位：万元

项　目	金　额
销售收入	5 000
变动生产成本	2 800
变动性销售及管理费用	900

要求：分析恒达公司应继续生产C产品还是转产D产品，还是将此设备出租。

解：D产品贡献毛益 = D产品销售收入总额 – D产品变动成本总额

= 5 000 –（2 800 + 900）= 1 300（万元）

由【做中学6–5】可知，C产品的贡献毛益为1 000万元，转产D产品的贡献毛益为1 300万元，而设备出租的租金为900万元。通过比较，转产D产品的效益最好，所以恒达公司应停止生产C产品而转产D产品。

二、差别损益分析法

微课

差别损益分析法

差别损益分析法，是指在计算两个备选方案之间产生的差别收入和差别成本的基础上，计算差别损益，将差别损益指标作为评价方案取舍标准的一种方法。差别收入是指两个备选方案之间收入的差异数。差别成本是指两个备选方案之间成本的差异数。差别损益是差别收入减去差别成本后的余额。其基本公式为：

差别损益 = 差别收入 – 差别成本

在应用差别损益分析法时，只要差别收入大于差别成本，即差别损益是正数，那么前一个方案就是较优的；反之，如果差别收入小于差别成本，即差别损益是负数，那么后一个方案就是较优的。

【做中学6–7】恒达公司某设备可以生产甲产品，也可以生产乙产品，两种产品预计资料见表6–6。

表6–6 甲、乙产品预计资料表 金额单位：元

项目	甲产品	乙产品
预计销售数量（件）	50	100
预计销售单价	27	12
单位变动成本	23	8

请问：恒达公司生产哪种产品较为有利？

解：(1) 计算差别收入。

差别收入＝甲产品收入－乙产品收入＝27×50－12×100＝150（元）

(2) 计算差别成本。

差别成本＝甲产品成本－乙产品成本＝23×50－8×100＝350（元）

(3) 计算差别损益。

差别损益＝差别收入－差别成本＝150－350＝－200（元）<0

计算结果说明，生产乙产品比生产甲产品有利（可多获利润200元）。

在短期经营决策分析中不必计算全部收入和全部成本，因为原有的收入是无关收入，原有的成本是无关成本，而且有时计算全部收入和全部成本比较麻烦，因此，只需计算两个备选方案新增加的收入差别和成本差别就可以计算出差别损益，据此就可以做出正确决策。这种方法需要以各种有关方案的相关收入和相关成本作为基础数据，因此，一旦相关收入和相关成本的内容界定得不准确、不完整，就会直接影响决策质量，甚至会得出错误结论。

【做中学6-8】恒达公司每年生产A半成品20 000件，其单位变动成本为34元，销售单价为50元。如果把A半成品进一步深加工为B产成品，须追加单位变动成本6元，追加固定成本110 000元。B产成品销售单价为70元。若不进行深加工，可将用于追加固定成本的110 000元资金用于购买债券，每年可获得债券利息16 000元。

要求：做出A半成品直接出售还是深加工的决策分析。

解：A半成品的成本属于无关成本，在决策中不必考虑。采用差别损益分析法进行决策分析，差别损益的计算过程见表6-7。

表6-7　差别损益计算表　单位：元

项目	深加工为B产成品	直接出售A半成品	差异额
相关收入	70×20 000＝1 400 000	50×20 000＝1 000 000	400 000
相关成本 其中：增量成本 专属成本 机会成本 合　计	 6×20 000＝120 000 110 000 16 000 246 000	 0 0 0 0	246 000
差别损益			154 000

由表6-7的数据可以看出，深加工为B产成品与直接出售A半成品的差别损益为154 000元，大于0，即深加工比直接出售要多获得利润154 000元，所以应将A半成品深加工为B产成品。

差别损益分析法比较科学、简单、实用，能够直接揭示中选方案比放弃的方案多获得的利润或损失。它通常适用于两个备选方案之间的选择，如半成品深加工还是直接出售的决策。如果企业有多个备选方案可供选择，采用差别损益分析法时，只能两两进行逐步筛选，进而选出最优方案。

三、相关成本分析法

微课

相关成本分析法与成本平衡点分析法

相关成本分析法，是指在各备选方案收入相同（收入不变或为零）的前提下，只分析每个备选方案的相关成本，以相关成本指标作为评价方案取舍标准的一种方法。所谓相关成本，一般是指每个备选方案新增加的变动成本与固定成本，即备选方案的增量成本与专属成本之和。在各备选方案收入相同的前提下，相关成本低的方案，收益必然高，因此，相关成本低者优。

【做中学6-9】恒达公司年需用A零件1 000件，可以自制，也可以外购。若由本企业自制，A零件的单位变动成本为26元，另需购买专用设备，每月发生专属固定成本500元。若外购，A零件的单价为33元，每件运费为2元，外购一次需差旅费2 000元，每年采购5次。如果外购，用于生产A零件的现有设备可以出租，每年可获租金10 000元。

要求：做出A零件自制或外购的决策分析。

解：无论A零件是自制还是外购，对最终的收入均不会产生影响，即各备选方案的收入相同，此时，只需计算各备选方案的相关成本，相关成本低者优。具体分析见表6-8。

表6-8 相关成本分析表 单位：元

项目	自制	外购
增量成本	26 × 1 000 = 26 000	（33 + 2）× 1 000 = 35 000
专属成本	500 × 12 = 6 000	2 000 × 5 = 10 000
机会成本	10 000	
相关成本合计	42 000	45 000

从表6-8的分析可以看出，采用自制方案的相关成本较低，所以应选择自制方案。

相关成本分析法比较简单、直观，但必须在各备选方案业务量确定的情况下采用。如果各备选方案业务量不确定，则不能采用相关成本分析法。相关成本分析法常用于零部件是自制还是外购的决策和生产工艺技术方案的决策。

四、成本平衡点分析法

成本平衡点分析法也叫成本无差别点分析法，是指在各备选方案收入相同（收入不变或为零）的前提下，当相关业务量为不确定因素时，通过计算不同方案总成本相等时的业务量，也就是成本平衡点指标，作为评价方案取舍标准的一种方法。

所谓成本平衡点，就是指两个方案相关总成本相等时的业务量。

设方案一相关总成本方程为：$y_1 = a_1 + b_1x$

设方案二相关总成本方程为：$y_2 = a_2 + b_2x$

令：$y_1 = y_2$

则：

$$成本平衡点x = \frac{两个方案固定成本差额}{两个方案单位变动成本差额} = \frac{|a_1 - a_2|}{|b_1 - b_2|} = \frac{|\Delta a|}{|\Delta b|}$$

【做中学6-10】恒达公司只生产一种产品，现有两个设备方案可供选择：一个是采用传统设备，每年的专属固定成本为30 000元，单位变动成本为12元；另一个是采用先进设备，每年的专属固定成本为40 000元，单位变动成本为7元。

要求：进行决策分析。

解：（1）建立备选方案相关总成本方程。

采用传统设备生产的总成本方程：$y_1 = a_1 + b_1x = 30\,000 + 12x$

采用先进设备生产的总成本方程：$y_2 = a_2 + b_2x = 40\,000 + 7x$

（2）计算成本平衡点。

令：$y_1 = y_2$

解方程：$30\,000 + 12x = 40\,000 + 7x$

$$x = \frac{|\Delta a|}{|\Delta b|} = \frac{10\,000}{5} = 2\,000（件）$$

根据两个方案得出的成本数据，得到两方案成本比较图，如图6-1所示。

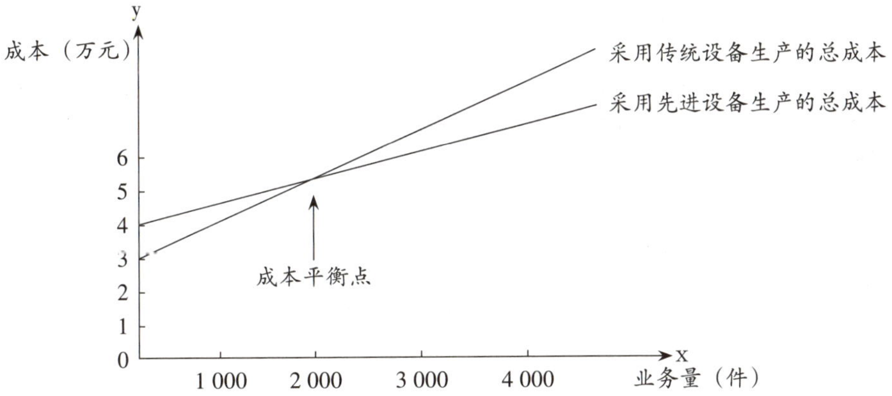

图6-1　两方案成本比较图

从图6-1可以看出，当产品生产量在2 000件以下时，采用传统设备生产的相关总成本线在采用先进设备生产的相关总成本线之下，意味着若预计未来产品生产量在2 000件以下时，采用传统设备生产的相关总成本较低，应选择传统设备。当产品生产量在2 000件以上时，采用先进设备生产的相关总成本线在采用传统设备生产的相关总成本线之下，意味着若预计未来产品生产量在2 000件以上时，采用先进设备生产的相关总成本较低，应选择先进设备。

运用成本平衡点分析法，相关方案之间的固定成本水平与单位变动成本水平应恰好相互矛盾，即固定成本大的方案，其单位变动成本就小。如果预计未来业务量小于成本平衡点，应选择固定成本较低的方案，因为此方案总成本较低；如果预计未来业务量大于成本平衡点，应选择固定成本较高的方案，因为此方案总成本较低；如果预计未来业务量恰好等于成本平衡点，则两个方案总成本相等，效益无差别。

成本平衡点分析法常被应用于业务量不确定时零部件取得方式的决策和生产工艺技术方案的决策。

【注意】短期决策的评价标准：(1) 收益最大。在多个互斥可行的备选方案中，将收益最大的方案作为最优方案。(2) 成本最低。当多个互斥可行方案均不存在相关收入或相关收入相同时，以成本最低的方案为最优方案。(3) 贡献毛益最大。在多个互斥可行方案均不改变现有生产经营能力，固定成本稳定不变时，以贡献毛益最大的方案为最优方案。

任务四　定价决策的方法及其应用

微课

定价决策分析方法1

产品价格的制定，直接影响企业的盈利水平，因此，管理层必须合理制定产品价格，审慎进行定价决策，保证企业实现最佳经济效益。定价决策作为短期经营决策的内容之一，其基本决策原则就是看所确定的价格是否能给企业带来更多的利润。定价决策采用的方法主要有：成本加成定价法、保本保利定价法、利润最大化定价法、利润平衡点定价法。

微课

定价决策分析方法2

一、成本加成定价法

成本加成定价法，是指以单位产品成本为基础并依照一定的加成率进行加成来确定单位产品售价的方法。其计算公式为：

$$单位售价 = 单位产品成本 \times (1 + 成本加成率)$$

$$成本加成率 = \frac{加成额}{单位产品成本}$$

由于按完全成本法和变动成本法计算的单位产品成本的内容不同，因而不同计算方法下的单位产品成本、成本加成率也各有所异。

(一) 完全成本法下的成本加成定价法

在完全成本法下，单位产品成本就是单位产品生产成本，具体包括直接材料、直接人工、变动性制造费用、固定性制造费用。成本加成率就是成本毛利率。其计算公式为：

$$单位售价 = 单位产品生产成本 \times (1 + 成本毛利率)$$

$$成本毛利率 = \frac{毛利}{生产成本} = \frac{利润 + 非生产成本}{生产成本}$$

【做中学6-11】恒达公司拟采用完全成本法下的成本加成定价法制定甲产品单位售价，甲产品单位成本的构成见表6-9。该公司希望甲产品成本毛利率为40%。

要求：计算甲产品的单位售价。

表6-9　　甲产品单位成本构成表　　单位：元

项目	金额
直接材料	40
直接人工	30
变动性制造费用	10
固定性制造费用	20
变动性销售及管理费用	14
固定性销售及管理费用	11
合计	125

解：甲产品单位生产成本 = 40 + 30 + 10 + 20 = 100（元）

甲产品的单位售价 = 100 ×（1 + 40%）= 140（元）

（二）变动成本法下的成本加成定价法

在变动成本法下，单位产品成本就是单位产品变动生产成本。为简化计算，在变动成本法下的成本加成定价法中，一般采用单位变动成本代替单位产品变动生产成本，具体包括直接材料、直接人工、变动性制造费用、变动性销售及管理费用。成本加成率就是变动成本贡献率。其计算公式为：

$$单位售价 = 单位变动成本 \times（1 + 变动成本贡献率）$$

$$变动成本贡献率 = \frac{贡献毛益}{变动成本} = \frac{利润 + 固定成本}{变动成本}$$

【做中学6-12】沿用【做中学6-11】的资料。恒达公司希望甲产品的变动成本贡献率为50%。

要求：采用变动成本法下的成本加成定价法，计算甲产品的单位售价。

解：甲产品单位变动成本 = 40 + 30 + 10 + 14 = 94（元）

甲产品单位售价 = 94 ×（1 + 50%）= 141（元）

二、保本保利定价法

保本保利定价法是根据保本分析、保利分析原理建立的一种以保本、保利为目的的定价法。

（一）保本价格

保本价格，是指在一定销量下恰好保本时的价格。其计算公式为：

$$保本价格 = 单位变动成本 + \frac{固定成本}{预计销售量}$$

在激烈竞争的市场经济条件下，企业为了维护、扩大市场占有率，往往采用保本价格定价决策组织销售。

（二）保利价格

保利价格，是指在一定销量下能够保证目标利润实现的价格。其计算公式为：

$$保利价格=单位变动成本+\frac{固定成本+目标利润}{预计销售量}$$

【做中学6-13】恒达公司生产乙产品，其单位变动成本为40元，有自销或代销两种销售方式可供选择。若采用自销方式，预计年销售量为20万件，相关固定成本为10万元；若采用代销方式，预计年销售量为10万件，相关固定成本为6万元。乙产品的目标利润为50万元。

要求：用保利定价法做出自销或代销的决策。

解：自销方式下的保利价格 $=40+\frac{100\,000+500\,000}{200\,000}=43$（元）

代销方式下的保利价格 $=40+\frac{60\,000+500\,000}{100\,000}=45.60$（元）

因为自销方式下的保利价格小于代销方式下的保利价格，更有市场竞争力，所以企业应采用自销方式。

三、利润最大化定价法

利润最大化定价法，是指在预测各种价格可能的销售量下，计算各备选方案的利润，选择利润最大的定价方法。

【做中学6-14】恒达公司生产A产品准备投放市场。A产品单位变动成本为40元，该公司现时年最大生产经营能力为1.2万件，年固定成本为20万元，如果要把年最大生产经营能力扩大到1.4万件，年固定成本将增加到30万元。A产品在各种价格下的预测销售量及利润资料见表6-10。

表6-10　A产品预测销售量及利润计算表　单位：元、件

销售价格	预测销售量	销售收入	变动成本	固定成本	总成本	利润
120	8 000	960 000	320 000	200 000	520 000	360 000
110	9 600	1 056 000	384 000	200 000	584 000	392 000
100	12 000	1 200 000	480 000	200 000	680 000	440 000
90	14 000	1 260 000	560 000	300 000	860 000	400 000
80	16 000	1 280 000	640 000	300 000	940 000	340 000
70	17 000	1 190 000	680 000	300 000	980 000	210 000

要求：采用利润最大化定价法，A产品的销售价格应为多少？

解：由表6-10中的计算结果可知，A产品价格在100元时获得的利润最大，为440 000元，所以应把A产品的销售价格定为100元。

四、利润平衡点定价法

利润平衡点定价法，也叫利润无差别点定价法，就是根据计算调价后利润是否增加来决定是否调价的定价方法。若调价后利润能够增加，就可以调价；反之，则不能调价。为了确定调价后利润是否能够增加，需要计算利润平衡点销售量。所谓利润平衡点销售量，就是指某种产品为确保原有盈利能力，在调价后应至少达到的销售量。其实质就是保利销售量，只不过此时的目标利润为调价前利润。其计算公式为：

$$利润平衡点销售量=\frac{固定成本+调价前可获利润}{拟调单价-单位变动成本}$$

利润平衡点定价法的决策原则为：若调价后预计销售量大于利润平衡点销售量，意味着调价后利润能够增加，则可以调价；若调价后预计销售量小于利润平衡点销售量，意味着调价后利润会有所减少，则不能调价；若调价后预计销售量等于利润平衡点销售量，意味着调价前后利润相等，则价格可调可不调。

决策时要综合考虑以下情况：

（1）在不增加专属成本的情况下，若调价后预计销售量超过企业现有最大生产经营能力，则调价后预计销售量只能按现有最大生产经营能力确定。

（2）在追加专属成本的情况下，利润平衡点销售量计算公式中的固定成本应采用包含追加专属成本在内的固定成本。

（3）若调价后预计销售量减少而剩余生产经营能力能够转移，则其可获得的贡献毛益应作为调价后需获利润的扣减数额。

【做中学6-15】恒达公司生产A产品，现行销售单价为100元，可销售1万件，固定成本为25万元，单位变动成本为60元，可实现利润15万元。企业现有最大生产经营能力为1.9万件。

要求：利用利润平衡点定价法评价下列各不相关条件下的调价方案的可行性。

（1）若将售价调低为85元/件，预计销售量可达到16 800件。

（2）若将售价调低为80元/件，预计销售量可达到20 000件。

（3）若将售价调低为80元/件，预计最大销售量可达到23 000件，但企业必须追加5万元固定成本才能具备生产23 000件产品的能力。

（4）若将售价调高为110元/件，只能争取到7 500件的订单，且企业剩余生产经营能力无法转移。

（5）若将售价调高为110元/件，只能争取到7 500件的订单，但企业剩余生产经营能力能够转移，可获得60 000元贡献毛益。

解：（1）$利润平衡点销售量=\frac{250\,000+150\,000}{85-60}=16\,000$（件）

调价后预计销售量可达到16 800件，在最大生产经营能力范围内，且大于利润平衡点销售量16 000件，所以应考虑调价。

（2）$利润平衡点销售量=\frac{250\,000+150\,000}{80-60}=20\,000$（件）

调价后预计销售量可达到20 000件，超过最大生产经营能力范围，则调价后预计销售量只能按现有最大生产经营能力19 000件计算，小于利润平衡点销售量20 000件，所以不应考虑调价。

（3）利润平衡点销售量 $= \frac{250\,000 + 150\,000 + 50\,000}{80 - 60} = 22\,500$（件）

调价后预计销售量可达到23 000件，在追加专属成本后最大生产经营能力范围内，且大于利润平衡点销售量22 500件，所以应考虑调价。

（4）利润平衡点销售量 $= \frac{250\,000 + 150\,000}{110 - 60} = 8\,000$（件）

调价后预计销售量为7 500件，在最大生产经营能力范围内，但小于利润平衡点销售量8 000件，所以不应考虑调价。

（5）利润平衡点销售量 $= \frac{250\,000 + (150\,000 - 60\,000)}{110 - 60} = 6\,800$（件）

调价后预计销售量为7 500件，在最大生产经营能力范围内，且大于利润平衡点销售量6 800件，所以应考虑调价。

任务五　存货决策的方法及其应用

存货是企业在生产经营过程中为生产、销售而储备的物资，包括库存商品、原材料、在产品、包装物等。存货在企业流动资产中所占比重较大，存货管理的好坏、存货量的多少，直接影响企业的财务状况，对整个企业的经济效益具有重大影响。存货量过大，导致存货积压，成本增加；存货量过小，导致缺货脱销或者停工待料，影响企业的经济效益。因此，加强存货的管理，使存货保持“最优水平”，成为管理会计中决策与规划部分的一项重要内容。存货决策就是要在保证生产、销售顺利进行的前提下，选择存货相关成本低、效率高的方案。本节主要介绍经济进货批量决策和ABC控制法。

一、存货成本

存货成本，是指企业为保持一定量的存货而付出的代价。它通常按一年计算，主要包括购置成本、进货成本、储存成本和缺货成本。

（一）购置成本

购置成本，是指存货本身的价值。企业年购置总成本等于存货单价与存货全年需求量的乘积。在存货全年需求量一定的情况下，若存货单价不变且无进货数量折扣，则无论企业进货次数、每次进货数量如何变化，存货的年购置总成本都不变，是存货经济进货批量决策的无关成本，在决策分析时无须考虑。

【提示】若存在进货数量折扣，则每次进货数量不同，年购置总成本会发生变化，此时年购置总成本是相关成本。

（二）进货成本

进货成本，也称进货费用，是指企业为组织进货而支付的费用。按其与进货次数是否有关，进货成本又分为固定性进货成本和变动性进货成本。固定性进货成本与进货次数无关，属于无关成本，在经济进货批量决策分析中不需要考虑，如常设采购机构的基本开支等。变动性进货成本与进货次数成正比例变动，属于相关成本，在经济进货批量决策分析中必须考虑，如采购人员差旅费、邮资等。

（三）储存成本

储存成本，是指为储存存货而发生的各项费用。按其与存货储存数量是否有关，储存成本又分为固定性储存成本和变动性储存成本。固定性储存成本与存货储存数量的多少无关，属于无关成本，在经济进货批量决策分析中不需要考虑，如仓库的折旧费、仓库职工的固定工资等。变动性储存成本与存货储存数量的多少有关，属于相关成本，在经济进货批量决策分析中必须考虑，如存货在储存过程中发生的仓储费、保险费、存货占用资金的机会成本、存货陈旧变质损失等。

（四）缺货成本

缺货成本，是指由于存货量不足，不能及时满足销售或生产需要而造成的损失。它包括由于缺货引起的停工损失、延期交货而支付的罚金、信誉损失、丧失良好销售机会的损失等。

二、经济进货批量决策

（一）经济进货批量的含义

微课

经济进货批量决策

进货批量，是指每次进货的数量。经济进货批量，是指一定时期内（通常指一年），存货的相关总成本达到最低时的进货批量。

（二）经济进货批量的基本模型

1.经济进货批量基本模型的假设

（1）存货全年需求量能够而且已经确定。

（2）存货价格稳定，且不考虑数量折扣。

（3）存货的耗用或销售比较均衡。

（4）当存货量降为零时，下批存货刚好到货，即存货最高库存量是每批进货数量，最低库存量为零。

（5）所需存货市场供应充足，不允许出现缺货情形。

（6）仓储条件及所需资金不受限制。

在上述假设下，存货成本中购置总成本为常数，缺货成本为零，均不必考虑。因此，决定存货经济进货批量的相关成本因素只是变动性进货成本和变动性储存成本。在存货全年需求量一定的情况下，降低进货批量，必然增加进货次数。一方面，变动性进货成本随进货次数的增加而增加；另一方面，变动性储存成本随存货平均储存量的下降而下降。反之亦然，二者是此消彼长的关系。存货决策的目的，就是确定使变动性进货成本与变动性储存成本之和最低的进货批量，即经济进货批量。

2.经济进货批量的基本模型

存货相关总成本 = 变动性进货成本 + 变动性储存成本

= 年进货次数 × 每次进货成本 + 年平均库存量 × 单位存货年储存成本

根据微分原理，当存货相关总成本的一阶导数等于零时，变动性进货成本等于变动性储存成本，且存货相关总成本最低。对存货相关总成本求导，并整理得出经济进货批量的基本模型为：

$$Q^* = \sqrt{\frac{2DF}{C}}$$

式中：Q^*表示经济进货批量；D表示存货全年需求量；F表示每次进货成本；C表示单位存货年储存成本。

由经济进货批量的基本模型，可推导出下列公式：

$$TC(Q^*) = \sqrt{2DFC}$$

$$N = \frac{D}{Q^*}$$

$$T = 360 \div N$$

经济进货批量下的变动性进货成本 = N×F

式中：TC（Q^*）表示经济进货批量下的相关总成本；N表示年度最佳进货次数；T表示最佳进货周期。

【做中学6-16】恒达公司全年耗用A材料360 000千克，A材料单位采购成本为100元，单位存货年储存成本为4元，平均每次进货成本为200元。

要求：计算经济进货批量、经济进货批量下的相关总成本、年度最佳进货次数、最佳进货周期、经济进货批量下的变动性进货成本。

解：（1）经济进货批量：

$$Q^* = \sqrt{\frac{2DF}{C}} = \sqrt{\frac{2 \times 360\,000 \times 200}{4}} = 6\,000\text{（千克）}$$

（2）经济进货批量下的相关总成本：

$$TC(Q^*) = \sqrt{2DFC} = \sqrt{2 \times 360\,000 \times 200 \times 4} = 24\,000\text{（元）}$$

（3）年度最佳进货次数：

$$N = \frac{D}{Q^*} = \frac{360\,000}{6\,000} = 60\text{（次）}$$

（4）最佳进货周期：

$$T = \frac{360}{N} = \frac{360}{60} = 6\text{（天）}$$

（5）经济进货批量下的变动性进货成本：

经济进货批量下的变动性进货成本 = N × F = 60 × 200 = 12 000（元）

或 $= \frac{TC(Q^*)}{2} = \frac{24\,000}{2} = 12\,000$（元）

【注意】在经济进货批量的基本模型中，订货成本与储存成本相等时的业务量就是经济进货批量。

3.基本模型的扩展

上述基本模型是建立在一系列假设条件下的。为了使模型更接近于实际，具有较高的实用性，就需要放宽假设条件。

（1）订货提前期与再订货点。通常情况下，企业的存货不能做到随用随时补充，因此不能等存货用完再去订货，而需在存货没有用完时提前订货。在提前订货的情况下，企业再次发出订单时，尚有存货的库存量，称为再订货点。

$$\text{再订货点} = \text{交货时间（L）} \times \text{日平均需用量（d）}$$

（2）存货陆续供应和使用。在存货陆续供应和使用的情况下，经济进货批量应按下列公式计算：

$$Q^* = \sqrt{\frac{2DF}{C} \times \frac{p}{p-d}}$$

存货陆续供应和使用的经济进货批量总成本：

$$TC\left(Q^*\right) = \sqrt{2DFC\left(1 - \frac{d}{p}\right)}$$

（3）保险储备。按照某一订货批量和再订货点发出订单后，如果需求增大或送货延迟，就会发生缺货或供货中断。为防止由此造成的损失，就必须建立保险储备。建立保险储备会增加储存成本，而缺货又会发生缺货损失。研究保险储备的目的，就是要找出最佳的保险储备量，以使缺货成本和储存成本之和最小。

最佳保险储备量的确定方法是，先计算出各不同保险储备量下的总成本，然后将其进行对比，以总成本最低的保险储备量作为最佳的保险储备量。

$$\begin{aligned}\text{某保险储备量下的总成本} &= \text{年缺货成本} + \text{年储存成本} \\ &= \text{一次订货缺货量} \times \text{年订货次数} \times \text{单位缺货成本} + \text{保险储备量} \times \text{单位储存成本}\end{aligned}$$

这就解决了由于需求量变化引起的缺货问题，至于由于延迟交货而引起的缺货问题，可以通过建立保险储备量的方法来解决，只要将延长的天数折算为增加的需求量即可，其计算原理与前述相同。

三、ABC控制法

（一）ABC控制法的基本原理

微课

ABC控制法

ABC控制法的基本原理就是按照金额比重和品种数比重标准，将企业的全部存货分为A、B、C三类，其中金额比重是最基本的标准。A类存货的特点是金额较大，而品种数却少；B类存货的特点是金额一般，而品种数相对较多；C类存货的特点是品种数多，而金额很小。

一般而言，A类存货品种数只占全部存货总品种数的10%左右，而这类存货的金额要占到全部存货总金额的70%左右。C类存货品种数要占到全部存货总品种数的70%左右，而这类存货的金额只占全部存货总金额的10%左右。B类存货则介于这两者之间，从品种数和金额来看，都只占全部存货总数的20%左右。ABC控制法的分类标准见表6-11。

表6-11　ABC控制法的分类标准

类　别	金额比重	品种数比重
A类	70%左右	10%左右
B类	20%左右	20%左右
C类	10%左右	70%左右
合　计	100%	100%

（二）分类方法

（1）把各种存货全年用量分别乘以它们的单价，计算出各种存货的金额。

（2）按照各品种存货金额的大小顺序重新排列，然后计算累计金额。

（3）按照从大到小的顺序，计算逐项累计金额占总金额的比重，即百分比。当累计金额占总金额的百分比达到70%左右时，所对应的存货即为A类；当累计金额占总金额的百分比达到90%左右时，所对应的存货即为B类；剩余的为C类。

（三）控制方法

上述A、B、C三类存货中，由于各类存货的重要程度不同，所以采用的控制方法也不同。

1.A类存货

对于金额高的A类存货，按品种重点控制。要计算每种存货的经济进货批量，尽可能适当增加订购次数，以减少存货积压，也就是减少其昂贵的存储费用和大量的资金占用；同时，可以为该类存货分别设置永续盘存卡片，以加强日常控制。

2.B类存货

对于B类存货，按类别实施一般控制。可事先为每种存货计算经济进货批量，同时可以分别设置永续盘存卡片来反映库存动态，但不必像A类存货那样严格，只需定期进行概括性检查，以节省存储和管理成本。

3.C类存货

对C类存货的控制，由于它们为数众多，而且单价又很低，存货成本也较低，因此，可以适当增加每次订货的数量，减少全年的订货次数。对于这类物资，一般可以采用一些较为简化的方法进行日常管理，常用的方法是“双箱法”。所谓“双箱法”，就是将某项库存物资分装两个货箱，第二箱的库存量是达到再订货点的耗用量，当第一箱用完时，就意味着必须马上提出订货申请，以补充生产中已经领用和即将领用的部分。

【请思考】如何运用ABC控制法的基本原理指导你的生活？

【学思践悟】

中国“5G＋工业互联网”提档升级

近年来，“5G＋工业互联网”融合应用场景不断拓展，并逐渐向工业制造核心环节延伸。我国已建成全球规模最大、覆盖广泛、技术领先的移动通信网络和光纤网络。伴随各类新技术规模化应用，传统工业迎来了前所未有的数字化转型机遇。

2023年6月，工业和信息化部印发《工业互联网专项工作组2023年工作计划》，提出制定实施“5G + 工业互联网”512升级版工作方案，推动不少于3 000家企业建设5G工厂，建成不少于300家5G工厂，打造30个试点标杆，发布首批5G工厂名录，编制典型案例集。工业和信息化部2023年11月发布，我国5G基站已达318.9万座，工业互联网产业规模突破1.2万亿元，“5G + 工业互联网”项目超过8 000个，已覆盖全部工业大类。

“5G + 工业互联网”融合加速推动新型工业化建设，其特点是低时延、高可靠、广覆盖。5G为智能制造提供泛在互联，连接人、机器、车间等各主体，贯穿设计、研发、生产、管理等各环节；数字化、网络化、智能化，工业互联网作为数字经济和实体经济深度融合的关键技术底座，是加快新型工业化进程的有力抓手。

当前，我国“5G + 工业互联网”发展取得显著成效，加速推动了数字产业化和产业数字化。我国5G基站已经达到318.9万座，成为全球规模最大的、技术领先的5G网络。“5G + 工业互联网”项目超过8 000个，有影响力的工业互联网平台超过240个，连接的设备超过8 900万台（套），工业互联网产业规模突破1.2万亿元。今年一季度，工业和信息化部发布5G工厂、工业互联网园区、公共服务平台等218个工业互联网试点示范项目，涵盖工厂、载体、园区、网络、平台、安全6大类别。

今后十五年，是工业互联网和智能制造等新一轮工业革命核心技术发展的关键时期，应以创新为第一动力，以智能制造为主攻方向，以工业互联网为主要支撑，推进建设制造强国同发展数字经济有机结合，推进数字、网络、人工智能技术赋能新型工业化。

资料来源：申佳平．数实融合持续破题 “5G + 工业互联网”提档升级［EB/OL］.［2023-11-21］. http：//finance.people.com.cn/n1/2023/1121/c1004-40122801.html.（内容有改动）

项目小结

本项目主要知识点归纳总结见表6-12。

表6-12　本项目主要知识点归纳总结

任　务	主要知识点
决策分析认知	1.决策，是指为实现预定目标，在科学预测的基础上，对未来经济活动的若干备选方案进行比较分析，最终做出科学判断的过程。管理的重心在经营，经营的重心在决策 2.决策分析的程序：（1）确定决策目标；（2）收集相关资料；（3）拟订备选方案；（4）评价备选方案；（5）确定最优方案；（6）方案的实施与修正 3.决策的类型：（1）按决策的重要程度划分为战略决策与战术决策；（2）按决策条件的肯定程度划分为确定型决策、风险型决策与不确定型决策；（3）按决策期限的长短划分为短期经营决策与长期投资决策

续表

任　务	主要知识点
短期经营决策的相关概念	1.相关收入，是指与特定决策方案相联系的、能对决策产生重大影响的、在短期经营决策中必须予以充分考虑的收入 2.相关成本，是指与特定决策方案相联系的、能对决策产生重大影响的、在短期经营决策中必须予以充分考虑的成本 3.相关成本主要包括：增量成本、机会成本、专属成本、边际成本、付现成本、重置成本、可延缓成本、可避免成本等
生产决策的方法及其应用	1.生产决策是企业短期经营决策的一项重要内容，获利大的方案为最优方案 2.生产决策常用的专门方法有贡献毛益分析法、差别损益分析法、相关成本分析法和成本平衡点分析法
定价决策的方法及其应用	1.定价决策的基本决策原则就是看所确定的价格是否能给企业带来更多的利润 2.定价决策采用的方法主要有成本加成定价法、保本保利定价法、利润最大化定价法、利润平衡点定价法
存货决策的方法及其应用	1.存货决策就是要在保证生产、销售顺利进行的前提下，选择存货相关成本低、效率高的方案 2.存货决策的两种重要方法为经济进货批量决策和ABC控制法

项目七

长期投资决策分析

学习目标

知识目标

1. 了解长期投资的特征和程序。
2. 理解现金流量、年现金净流入量、资本成本的概念。
3. 熟悉复利现值、年金、年金现值等的现实应用。

技能目标

1. 能运用投资回收期法、净现值法、内含报酬率法等一系列长期投资决策分析方法。
2. 能借助现金流量进行投资分析。

态度目标

1. 充分认识投资决策的重要性和稳健性，考虑投资方案中货币时间价值的收益因素。
2. 培养重大决策严谨分析的职业态度。

素养目标

培养学生树立知识强国、知识报国的理念。管理会计决策助力我国企业竞争发展。只有顺应全球产业发展趋势，把握关键性行业，形成产业优势，才能在未来世界政治经济格局中彰显国家竞争力。

工作情境与工作任务

长期投资决策具有投资金额大、投资回收期长、投资风险大、对企业的生存和发展具有重大影响等特点。一般地，涉及投入大量资金，获取报酬或收益持续期间超过一年以上，能在较长时间内影响企业经营获利能力的投资，即为长期投资。因此，长期投资决策属于战略性决策，我们必须树立科学的观念，如资金时间价值和投资风险价值观念，从企业、国民经济和社会的角度进行论证，分析项目在经济上、技术上和财务上的可行性。

任务一 长期投资决策认知

微课

长期决策分析基础

长期投资决策，又称资本预算决策，在西方国家又称资本支出决策，它是关于长期投资方案的选择。长期投资主要是指固定资产增加、扩建、改造等方面的资金投入；有时也指购买长期债券、股票等证券方面的资金投入，通常情况下专指前者。目前，我国的项目建设都要进行技术上、财务上、经济上的可行性分析。财务上与经济上的可行性分析，实际上就是长期投资决策分析。

一、长期投资决策的内容

按对未来的影响程度，长期投资决策可分为战略性投资决策和战术性投资决策。战略性投资决策是指企业对全局及未来有重大影响的投资进行的决策，如新产品的投资决策、转产的投资决策、建立分公司的投资决策等。这种投资往往要求投资数量大、回收时间长、风险程度高。因此，在方案的提出、分析、决策等环节上，都要求严格按程序进行。战术性投资决策是指不影响企业全局和前途的投资决策，如更新设备、改善工作环境、提高生产效率、增加产品花色品种等方案的投资决策等。

二、长期投资决策的特征和程序

（一）长期投资决策的特征

1.时间长

投资效益一般经历很长时期才能完全实现，少则几年，多则几十年、上百年。各投资方案的经济寿命也各不相同。

2.耗资多

投资数额巨大，一般涉及企业生产经营能力的变更，有的甚至影响企业生产经营方面的改变。对企业资金结构和财务状况都有相当大的影响。

3.风险大

由于未来收益存在很大的不确定性，一旦决策失误，就会对企业的财务状况和未来生存发展产生严重的影响。

4.不可逆转性

长期投资一旦完成，就会形成企业的固定资产，因其变现能力差，不容易改变用途，若改变用途不是无法实现就是代价太大。

（二）长期投资决策的程序

1.项目规划

项目规划是根据市场情况以及企业自身发展的需要，提出项目建设的构想。

2.编制项目建议书

对项目的必要性及在技术上、财务上、经济上的可行性进行初步分析，并按管理权限报批后，分别列入各级前期工作计划，也就是对项目做出初步决策。

3.编制可行性研究报告及设计任务书

对项目建议书已批准并已列入前期工作计划的项目，由上级部门、企业单位委托设计或咨询单位按规定进行可行性研究，具体研究分析项目的产品市场和产、供、销情况及地点、技术设计方案、财务、经济效益等，编制可行性研究报告及设计任务书。

4.确立项目

可行性研究报告及设计任务书应按管理权限报经有关部门批准，对项目做出最后决策。会计人员参与长期投资决策，其重点在于可行性研究报告的财务、经济效益分析。

三、研究、运用长期投资决策方法的现实意义

研究长期投资决策方法，就是在工程技术领域内，运用经济分析方法，谋求有限资源的最合理利用。研究和运用投资决策方法，对于底子薄（财力有限）又要在改革开放中加速经济建设的我国来说，更具有十分重要的现实意义。

中华人民共和国自成立以来，一方面资金紧缺，另一方面资金使用效益不尽如人意。这固然有政治、经济多方面的原因，但是不能不着重指出：由于以往我国在经济建设中的模糊认识（未深刻认识货币时间价值），必然导致政策上的失误（资金的无偿占用政策），忽视了长期投资决策方法的研究和运用，最后也势必造成投资效益不高，浪费损失现象严重。

当然，以往的投资效益不高也从侧面说明我们的潜力无穷。只要我们牢固树立货币时间价值观念，并以此理论为基础，认真进行有关投资决策方法的研究、探讨，并不断付诸实施与推广，那么理论的巨大力量也会转化为可观的物质财富。

【请思考】为什么说长期投资决策要系统论证？

任务二　影响长期投资决策的重要因素

微课

长期决策分析影响因素

一、投资总额

投资总额，是指投资项目在投入使用前所发生的全部支出，它包括对

非流动资产和流动资产两方面的投资。如某单位要进行新产品的开发，既需要购置厂房、添加设备，又需要购买材料、支付经营费用。前者就是对非流动资产的投资，后者就是对流动资产的投资。

对非流动资产的投资随着生产经营活动的不断进行，逐渐地转移，由营业收入补偿。对流动资产的投资，在一个营业周期内会变现或转化形态，并在一年以内得到补偿，但只要项目不终止，这部分投资又会被下一个生产经营周期占用。所以，在进行长期投资决策时，应以投资总额为计算现金流量的基数，不能只考虑对非流动资产的投资，而不考虑对流动资产的投资。

二、现金流量

在长期投资决策中，投资收入与投资支出都是以现金实际收支为基础的。在未来一定时期内的现金流入量与现金流出量统称为现金流量，反映了广义现金的流动。

（一）现金流量的内容

1.现金流入量

现金流入量通常包括以下3个方面：

（1）项目投产后每年的营业收入（或付现成本节约额）。

（2）项目终止时，固定资产的变价收入。

（3）项目终止时，收回原来投放在各种流动资产上的营运资金。

2.现金流出量

现金流出量通常包括以下4个方面：

（1）建设投资。它是指在建设期内发生的各种固定资产、无形资产和递延资产的投资。

（2）为制造和销售产品所发生的各种料、工、费付现成本。

（3）垫支的流动资金。

（4）所得税支出。从企业的角度出发，只有税后现金流量才真正属于自己，因此将所得税支出看成一种现金流出量。

【提示】在现金流出量中不应包括企业按期计提的折旧费用，因为折旧费用作为生产产品所必不可少的一项费用已计入产品成本，但实际上这笔折旧费用并不是当期的现金支出，而是以前期间的开支在本期的摊销额，所以在计算现金流出量时，必须予以剔除，以真实反映现金流出的情况。

3.现金净流量

现金净流量，是指“现金流入量”扣除“现金流出量”后的余额。通常以年为单位，称为“年现金净流量”（NCF）。在评价项目时主要以NCF为基础。

（二）现金净流量的计算

一个投资项目要经过投资筹建、正式投产经营和结束3个阶段。现金净流量的计算也可以相应地分为3个部分。

1.项目建设期内的现金净流量的计算

项目建设期内的现金净流量主要是投资引起的现金流出量，一般包括固定资产投资、流动资产投资和投产前相关费用。其计算公式可表示为：

NCF = 0 − 投资额 = −投资额

如果是新建项目，所得税对现金流量没有影响，年现金净流量 = − 投资额；但如果是设备更新改造项目，固定资产的清理损益也应考虑所得税问题。

2. 项目经营期内的现金净流量的计算

（1）不考虑所得税因素。项目经营期内年现金净流量的计算公式如下：

NCF = 销售收入 − 付现成本　①

NCF = 年利润 + 年折旧　②

公式①是根据现金流入量减去现金流出量的原则得到的；公式②是将权责发生制的结果调整为收付实现制的结果。需要注意的是，如果存在无形资产与递延资产的摊销额，应与折旧做相同处理。

（2）考虑所得税因素。以往在长期投资决策中，人们较多地以税前利润为基础来确定现金流量，因为利税均是新创造的价值，都是为国家做出的贡献。随着社会主义市场经济的发展，企业越来越注意自己的微观利益，因此所得税作为一项费用，必须在确定现金流量时予以考虑。在所得税因素的影响下，项目经营期内年现金净流量的计算公式如下：

NCF = 销售收入 − 付现成本 − 所得税　③

NCF = 税后利润 + 年折旧　④

NCF = 销售收入 ×（1 − 税率）− 付现成本 ×（1 − 税率）+ 折旧 × 税率　⑤

在上述3个公式中，公式③与公式④比较容易理解。但采用上述公式时必须先计算税前利润，而有时收入与支出的情况比较复杂，计算税前利润比较困难，因此公式⑤的应用范围较广。

3. 项目结束时的现金净流量的计算

项目结束时的现金净流量主要是现金流入量，包括固定资产的变价收入、流动资产垫支的资金收回等。

【做中学7-1】企业要增加一种新产品的生产，需投资200万元，预计可用8年（假定采用直线法折旧，无残值），每年可生产产品2 000件，产品单位售价为700元，单位变动成本为300元，除折旧费以外的固定成本为400 000元。

要求：计算各年的现金净流量。

解：应分为项目建设期和项目经营期两阶段考虑。其中：由于每年收入与成本相同且期末无残值，因此8年的现金净流量一致。

项目建设期现金净流量：NCF = 0 − 2 000 000 = − 2 000 000（元）

项目经营期1～8年每年现金净流量：

NCF = 700 × 2 000 −（300 × 2 000 + 400 000）= 400 000（元）

或　$$NCF = \left[2\,000 \times (700 - 300) - \left(400\,000 + \frac{2\,000\,000}{8}\right)\right] + \frac{2\,000\,000}{8} = 400\,000（元）$$

【做中学7-2】某公司准备在2024年年初购入一台新设备，该公司采用加速折旧法计提折旧，预计2024年计提折旧30 000元，每年可增加销售收入100 000元，每年扣除折旧费以外的销售成本为50 000元，所得税税率为25%。

要求：计算2024年该公司的现金净流量。

解：NCF = 100 000 ×（1 − 25%）− 50 000 ×（1 − 25%）+ 30 000 × 25% = 45 000（元）

三、货币时间价值

（一）货币时间价值的含义

所谓货币时间价值，是指不同时点上的货币具有不同的价值。货币时间价值有两方面的影响因素：一是利息因素；二是通货膨胀因素。由于后者变化不规则，不易计量，因此在长期投资决策中一般不予考虑。

在通常情况下，货币时间价值专指利息。货币时间价值，是指货币所有者放弃现在使用货币的机会，而得到的按放弃时间长短计算的报酬。货币时间价值的表现形式有两种：一是相对数形式，即利息率或折现率；二是绝对数形式，即利息。货币时间价值也是影响长期投资决策的重要因素之一。因为长期投资决策的投资额大，项目周期长，若不考虑货币时间价值，容易高估收益，从而做出错误决策，造成重大损失。

（二）货币时间价值的计算

1. 单利与复利

（1）单利，是指只对最初的本金计息，而对每一计息期的应得利息在以后的期间不予计息的一种计息方法。

【做中学7–3】某人在银行存入定期存款100元，假定年利率为8%，采用单利计息。

要求：计算存入期分别为1年、2年、3年的本利和。

解：1年后本利和 = 100 + 100 × 8% = 108（元）

2年后本利和 = 100 + 100 × 8% ×2 = 116（元）

3年后本利和 = 100 + 100 × 8% ×3 = 124（元）

（2）复利，俗称“利滚利”，即在每一计息期后，将利息加入本金一起计息。进行长期投资决策分析时，货币时间价值一般按复利计算。

【做中学7–4】沿用【做中学7–3】的资料，采用复利计息。

要求：计算存入期分别为1年、2年、3年的本利和。

解：1年后本利和 = 100 + 100 × 8% = 108（元）

2年后本利和 = 108 + 108 × 8% = 116.64（元）

3年后本利和 = 116.64 + 116.64 × 8% = 125.97（元）

2. 终值与现值

（1）终值又称将来值，是指现在一笔钱（即现值）在一定的利率下，若干年后的本利和。设S为终值，P为现值，i为利率，n为年数，则终值的计算公式如下：

$$S_n = P(1+i)^n$$

式中：$(1+i)^n$是1元的终值，通常称为复利终值系数，记作（S/P，i，n），在终值计算中，复利终值系数可查表（见附表一）得到。当n与i已知时，就可查出相应的复利终值系数，然后乘以现值，从而求得复利终值。

【做中学7-5】某企业某年将5 000元存入银行，年复利率为6%，准备5年后购置一台设备。

请问：第5年年末这笔钱变为多少？

解：S = 5 000 ×（S/P，6%，5）

查表可知，（S/P，6%，5）= 1.3382

所以，S = 5 000 × 1.3382 = 6 691（元）

（2）现值，又称当前值，是指将若干年后的一笔钱，根据一定的利率折算成现在的价值。这个折算过程称为贴现或折现，所采用的利率称为贴现率或折现率。

根据终值的计算公式可以推导出现值的计算公式如下：

$$P = \frac{S}{(1+i)^n} = S \times (1+i)^{-n}$$

式中：$(1+i)^{-n}$是一元的现值，通常称为复利现值系数，记作（P/S，i，n）。在实际工作中，复利现值系数可查表（见附表二）得到。

【做中学7-6】某企业要在第5年年末买一台价格为100 000元的设备，银行的复利率为8%。

请问：该企业现在需一次存入多少钱？

解：P = 100 000 ×（P/S，8%，5）

查表可知，（P/S，8%，5）= 0.6806

所以，P = 100 000 × 0.6806 = 68 060（元）

3. 年金

每间隔相等的时间，收入（支出）一系列等额的款项，称为年金。如每月等额计提的折旧，每期等额收取或支付的租金、利息等都是年金。

年金根据每次收付的时点不同，分为后付年金、先付年金、递延年金和永续年金4种形式。

（1）后付年金。

后付年金，是指每期期末发生的年金。投资中常见的是后付年金，所以又称其为普通年金。

①后付年金终值。设A为年金，S_A为年金终值，则：

$$S_A = A(1+i)^0 + A(1+i)^1 + A(1+i)^2 + \cdots + A(1+i)^{n-2} + A(1+i)^{n-1}$$

$$= A\sum_{t=1}^{n}(1+i)^{n-1} = A\frac{(1+i)^n - 1}{i}$$

显然，上式为等比数列，可根据等比数列求和公式计算得到。

通常将1元的后付年金终值（$\frac{(1+i)^n - 1}{i}$），称为年金终值系数，记作（S/A，i，n）。在实际工作中，普通年金终值系数可查表（见附表三）得到。因此，每年等额的存入（付出）A的后付年金终值可表述为：S_A = A（S/A，i，n）。

【做中学7-7】每年年末存入银行1 000元，年利率为8%。

请问：5年后可获本利和多少？

解：$S_A = A(S/A, i, n) = 1\,000 \times (S/A, 8\%, 5) = 1\,000 \times 5.8666 = 5\,866.60$（元）

②后付年金现值。设A为年金，P_A为年金现值，则：

$$P_A = A(1+i)^{-1} + A(1+i)^{-2} + \cdots + A(1+i)^{-(n-1)} + A(1+i)^{-n}$$
$$= A\frac{1-(1+i)^{-n}}{i}$$

通常将1元的后付年金现值（$\frac{1-(1+i)^{-n}}{i}$），称为年金现值系数，记作（P/A，i，n）。在实际工作中，年金现值系数可查表（见附表四）得到。因此，每年等额的存入（付出）A的后付年金现值可表述为：$P_A = A(P/A, i, n)$。

【做中学7-8】某企业打算连续5年在每年年末取出20 000元，年利率为10%。

请问：现在应一次性存入银行多少钱？

解：$P_A = A(P/A, i, n) = 20\,000 \times (P/A, 10\%, 5)$

$= 20\,000 \times 3.7908 = 75\,816$（元）

（2）先付年金。

先付年金，又称即付年金，是每期期初收付的年金。

①先付年金终值。先付年金终值的计算公式如下：

$$S_A = A(1+i)^1 + A(1+i)^2 + \cdots + A(1+i)^{n-1} + A(1+i)^n$$
$$= A\left[\frac{(1+i)^{n+1}-1}{i} - 1\right]$$

观察上式可发现，1元的先付年金终值即先付年金终值系数（$\frac{(1+i)^{n+1}-1}{i} - 1$），与普通年金终值系数（$\frac{(1+i)^n-1}{i}$）相比，期数加1，系数减1，可记作［（S/A，i，n+1）－1］，可利用普通年金终值系数表查得（n+1）期的值，减去1后得到先付年金终值系数。

【做中学7-9】某企业连续5年于每年年初存入银行5 000元，年利率为8%。

请问：到第5年年末可获本利和多少？

解：$S_A=5\,000 \times [(S/A, 8\%, 5+1) - 1] = 5\,000 \times (7.3359 - 1) = 31\,679.50$（元）

②先付年金现值。先付年金现值的计算公式如下：

$$P_A = A + A(1+i)^{-1} + A(1+i)^{-2} + \cdots + A(1+i)^{-(n-1)}$$
$$= A\left[\frac{1-(1+i)^{-(n-1)}}{i} + 1\right]$$

观察上式可发现，1元的先付年金现值即先付年金现值系数（$\frac{1-(1+i)^{-(n-1)}}{i}+1$），与普通年金现值系数（$\frac{1-(1+i)^{-n}}{i}$）相比，期数减1，系数加1，可记作［（P/A，i，n−1）＋1］，可利用普通年金现值系数表查得（n−1）期的值，加1后得到先付年金现值系数。

【做中学7-10】5年分期付款购物，每年年初付出500元，年利率为10%。

请问：分期付款相当于一次性付款的买价是多少？

解：$P_A=500\times[(P/A,10\%,5-1)+1]=500\times(3.1699+1)=2\,084.95$（元）

（3）递延年金。

递延年金，是指收入或支出都在第一期期末以后的某一时间的年金。显然，凡不是第一年年末开始的年金都是递延年金。递延年金的终值大小与递延期无关，因此计算方法与普通年金终值相同。递延年金的现值计算有两种方法。

第一种方法，把递延年金看作n期（有收付款项的期数）的普通年金，求出递延期期末的现值，然后将此现值调整到第一期期初。

【做中学7-11】某企业年初存入银行一笔钱，从第4年年末起每年取10 000元，至第8年年末取完，年利率为10%。

请问：现在一次性应存入多少元？

解：$P_A=10\,000\times(P/A,10\%,5)\times(P/S,10\%,3)$

$=10\,000\times3.7908\times0.7513=28\,480.28$（元）

第二种方法，假设递延期也存在收付款项，先求出所有期数年金现值，然后扣除递延期实际并未发生的年金现值，即得到递延年金现值。

根据【做中学7-11】的资料可得：

$P_A=10\,000\times[(P/A,10\%,8)-(P/A,10\%,3)]$

$=10\,000\times(5.3349-2.4869)=28\,480$（元）

需要说明的是，上述两种方法的计算结果有差异，是由货币时间价值系数表中系数四舍五入造成的，并不影响两种方法的正确性。

（4）永续年金。

永续年金，又称“终身年金”，是指无限期收入或支付的年金。永续年金没有终止的时间，因此不存在终值。永续年金现值的计算公式可以通过普通年金现值的计算公式推导得出：

$$P_A=A\frac{1-(1+i)^{-n}}{i}$$

当$n\to+\infty$时，$(1+i)^{-n}$的极限值为0，因此，永续年金的现值为：

$$P_A=A\frac{1}{i}$$

在实际经济生活中，并不存在无限期永远收付的永续年金，但是可以将利率较高、持续期限较长的年金视为永续年金。

四、资本成本

资本成本，是指企业取得和使用长期资金而发生的各种费用，它是衡量企业投资是否可行的重要因素之一。货币时间价值是资本成本的主要内容。由于企业取得或使用各笔长期资本的条件、数额不尽相同，为便于分析比较，资本成本通常以相对数表示。

投资于任何项目，如果预期的投资收益率超过资本成本，都将有利可图，该投资方案在经济上都是可行的；如果预期的投资收益率低于资本成本，都将发生损失，这样的投资方案都不可行。因此，资本成本是企业用以确定投资方案是否采用的“取舍率”，也是企业选择资金来源、评价企业资本使用效果的最低尺度。

【请思考】如何理解长期投资决策中货币时间价值的影响？

任务三　长期投资决策的基本方法

一个项目是否可行，应从技术上的先进性与经济上的合理性两个方面综合考虑。经济上的合理性标准为经济效益，即在计算出投资项目的现金流量并确定了资本成本之后，通过计算有关指标，据以评价项目或方案的经济效益，决定项目或方案的取舍。评价投资效果的方法，按其是否考虑货币时间价值可分为静态评价方法（非贴现评价方法）和动态评价方法（贴现评价方法）。

静态评价方法不考虑货币时间价值对投资过程及结果的影响，直接按投资方案各年形成的现金流量进行计算评价。它主要包括投资回收期法和年平均投资报酬率法。

动态评价方法考虑货币时间价值对投资过程及结果的影响，即采用复利计算方式，按某一资本成本，将未来的预期报酬统一折算为某一时点的价值。该方法的优点在于把不同时期的现金流量折算到可比的基础上，但计算过程复杂。它主要包括净现值法、现值指数法和内含报酬率法。

一、静态评价方法

微课

长期投资决策静态分析指标

（一）投资回收期法

投资回收期，简称回收期，是指以投资项目经营期现金净流量抵补原始投资所需要的时间。它的计算可分为两种情况。

1. 年现金净流量相等

在年现金净流量相等的情况下，投资回收期的计算公式为：

$$投资回收期 = \frac{投资总额}{年现金净流量}$$

【做中学7-12】某企业购入设备一台，价值120 000元，年现金净流量为50 000元，可用5年。

要求：计算投资回收期。

解：$投资回收期 = \frac{投资总额}{年现金净流量} = \frac{120\,000}{50\,000} = 2.4(年)$

2. 年现金净流量不等

在年现金净流量不等的情况下，通常采用逐年扣减法计算。

【做中学7-13】沿用【做中学7-12】的资料，年现金净流量分别为40 000元、50 000元、60 000元、70 000元、80 000元，见表7-1。

表7-1　　投资方案现金净流量资料　　单位：元

年　份	年现金净流量	累计现金净流量
0	-120 000	-120 000
1	40 000	-80 000
2	50 000	-30 000
3	60 000	30 000
4	70 000	100 000
5	80 000	180 000

要求：计算投资回收期。

解：从表7-1可知，到第2年年末尚有30 000元投资没有回收，而第3年的现金净流量为60 000元，显然，不到3年就能回收全部投资。

$$投资回收期 = 2 + \frac{30\ 000}{60\ 000} = 2.5\ （年）$$

【注意】投资回收期是一个很重要的指标，如果投资回收期过长，投资者就要慎重考虑。因为时间越长，市场变化就越大，风险也就越大。通常以项目可用年限的一半作为评价投资回收期的依据。例如，在【做中学7-12】中，投资回收期2.4年小于项目可用年限的一半2.5年，则认为项目是可行的。

投资回收期有个很大的缺点，它没有考虑投资回收后项目还能做出多少贡献，因而不能单凭投资回收期来评价投资的效益。如果甲、乙两项目初始投资额均为24 000元，投资回收期都是2年，甲方案投资回收期后还可继续使用1年，乙方案还可继续使用2年，年投资回收额见表7-2。

表7-2　　甲、乙方案投资回收额比较表　　单位：元

年份	甲方案	乙方案
第一年	12 000	12 000
第二年	12 000	12 000
第三年	12 000	12 000
第四年		12 000
合计	36 000	48 000

从表7-2可知，甲、乙方案的投资回收期是一样的，均为2年。但甲、乙两方案投资回收后所做出的贡献是不一样的，甲方案只能提供12 000元的现金流入量，而乙方案还能提供24 000元的现金流入量。

（二）年平均投资报酬率法

年平均投资报酬率，是指投资方案寿命期内平均的年投资报酬率。其计算公式为：

$$年平均投资报酬率=\frac{年平均现金净流量(净利)}{初始投资额}\times 100\%$$

年平均投资报酬率法就是根据各方案的年平均投资报酬率的大小，评价和选取最优方案的方法。其标准是选取年平均投资报酬率较高的方案。

【做中学7-14】某公司要投资某项目，初始投资为20 000元，使用期限为4年，年现金净流量分别是5 000元、6 000元、7 000元、8 000元。

要求：计算该项目的年平均投资报酬率。

解：$$年平均投资报酬率=\frac{(5\,000+6\,000+7\,000+8\,000)\div 4}{20\,000}\times 100\%=32.5\%$$

年平均投资报酬率法虽然计算简单，易于理解，但有两大缺点：一是只考虑固定资产投资，未考虑流动资产投资；二是没考虑货币时间价值，而是把不同时期的现金流量看成具有同等的价值，因而容易导致决策失误。目前，这种方法在实际工作中的运用已经越来越少。

二、动态评价方法

微课

长期投资决策动态分析指标

在动态评价方法下，投资决策的方法主要有净现值法、现值指数法和内含报酬率法三种。

（一）净现值法

1.净现值的定义

净现值（NPV），是指将各年的现金净流量按照要求的报酬率或资本成本折算为现值的合计。

企业投资于任何一个项目，总希望未来获得的报酬高于原投资额，因为只有这样，企业才有盈利。但由于未来获得的报酬所发生的时间不同，且投资额并非都是一次性投入的。根据货币时间价值，把不同时间发生的投资额按相同的资本成本折算成现值（若为期初一次性投入，则不必折算），以便在同一时点上进行对比。综上所述，这种把一个投资项目在整个投资周期内的未来报酬的总现值与投资总额的总现值进行比较，计算出净现值并据以进行决策的方法，就称为净现值法。净现值的计算公式为：

$$净现值=投资项目未来报酬的总现值-该项目投资总额的总现值$$

2.净现值法对投资方案的评价标准

净现值表明投资项目在整个寿命期内考虑了货币时间价值后，以净现值表现的净收益。净现值越大，说明投资项目的经济效益越好。净现值法对投资方案的评价标准有以下几种：

（1）净现值为正数，说明投资项目的总报酬大于总支出，则投资方案可行。

（2）净现值为负数，说明投资项目的总报酬小于总支出，则投资方案不可行。

（3）若几个方案的净现值均为正，且只能选取一个投资方案，则取净现值最大的方案。

3.净现值的计算

净现值的计算具体分以下两种情况：

（1）年现金净流量相等。

$$净现值 = 年现金净流量 \times 年金现值系数 - 投资现值$$

【做中学7-15】某企业购入设备一台，价值25 000元，经营期为5年，年现金净流量为8 000元。

要求：计算贴现率为10%时的净现值。

解：净现值 = 8 000 ×（P/A，10%，5）- 25 000 = 8 000 × 3.791 - 25 000 = 5 328（元）

（2）年现金净流量不相等。

$$净现值 = \sum（各年现金净流量 \times 各年现值系数）- 投资现值$$

【做中学7-16】沿用【做中学7-15】的资料，各年的现金净流量分别为5 000元、6 000元、8 000元、10 000元、12 000元，其余资料不变。

要求：计算净现值。

解：净现值 = 5 000 ×（P/S，10%，1）+ 6 000 ×（P/S，10%，2）+ 8 000 ×（P/S，10%，3）+10 000 ×（P/S，10%，4）+ 12 000 ×（P/S，10%，5）- 25 000

= 5 000 × 0.9091 + 6 000 × 0.8264 + 8 000 × 0.7513 + 10 000 × 0.6830 + 12 000×0.6209 - 25 000

= 4 795.10（元）

4. 净现值法的优缺点

净现值法的优点在于：它充分考虑了货币时间价值这一因素的影响，将未来发生的投资报酬及分期投资的金额，统一在同一时间的货币量上进行对比，使所得所耗显而易见，各投资方案的经济效益的优劣一目了然。净现值法的不足之处在于：当几个方案的原始投资额不同时，净现值这个指标实际上就没有可比性了，因为投资额很大、净现值也大的方案不一定是最优方案。也就是说，净现值不能体现各投资方案能够达到的盈利水平，因此，衡量方案的优劣不能单纯以净现值的多少来判断，还要运用现值指数法来评价分析。

（二）现值指数法

1. 现值指数的定义

现值指数（PVI），是指投资方案的未来报酬的总现值与原始投资额总现值之间的比率。现值指数法，是用现值指数的大小作为取舍投资方案标准的一种方法。其计算公式为：

$$现值指数 = \frac{现金流入现值}{投资现值} = 净现值指数 + 1$$

$$净现值指数 = \frac{净现值}{投资现值}$$

【做中学7-17】沿用【做中学7-16】的资料。

要求：计算净现值指数和现值指数。

解：$净现值指数 = \frac{净现值}{投资现值} = \frac{4\ 795.10}{25\ 000} = 19.18\%$

$现值指数 = \frac{现金流入现值}{投资现值} = \frac{29\ 795.10}{25\ 000} = 119.18\%$

或 现值指数 = 19.18% + 1 = 119.18%

该指标的经济意义在于每元的现在投资能够获得的未来报酬的现值，它使所有方案都以1元的原始投资额作为对比的基础，使不同投资额的不同方案有了可比性。

2. 现值指数法对投资方案的评价标准

现值指数法对投资方案的评价标准有以下几种：

（1）现值指数大于1，说明该投资方案未来投资报酬率大于所用的资本成本，投资方案可行。

（2）现值指数小于1，说明该投资方案未来投资报酬率小于所用的资本成本，投资方案不可行。

（3）现值指数等于1，说明该投资方案未来投资报酬率等于所用的资本成本。

（4）若几个投资方案的现值指数均大于1，而只能选取一个投资方案，运用现值指数法，虽然能够知道投资方案的报酬率是高于还是低于所用的资本成本，但是不能确定各方案本身能达到多大的报酬率，使管理人员不能明确肯定地指出每个方案的投资利润率能达到多少，看不出哪个方案投资额最少、报酬最大。

基于上述原因，在进行长期投资方案经济效益的评价时，还应采用内含报酬率法。

（三）内含报酬率法

1. 内含报酬率的定义

内含报酬率，又称内部报酬率、内部收益率，是指未来现金流入量现值等于未来现金流出量现值的贴现率，或者说是使得净现值等于零的贴现率。内含报酬率表明一个项目对利率的最大承受能力，内含报酬率大于设定的贴现率是项目可行的必要条件。

2. 内含报酬率法对投资方案的评价标准

内含报酬率法对投资方案的评价标准有以下几种：

（1）内含报酬率大于预定投资报酬率，投资方案可行。

（2）内含报酬率小于预定投资报酬率，投资方案不可行。

（3）若几个投资方案的内含报酬率均大于预定投资报酬率，则以大取之。

3. 内含报酬率的计算

内含报酬率法在具体应用时应区分以下两种情况：

（1）年现金净流量相等。

在年现金净流量相等的情况下，内含报酬率可采用插入法计算，其步骤和思路与求投资回收期相似，但含义有所不同。

① 求出使净现值为零的年金现值系数。

② 查表确定内含报酬率的范围，这里是已知年金现值系数与n，求i。

③ 用插入法求出内含报酬率。

$$\text{内含报酬率} = \text{利率下限} + \frac{\begin{matrix}\text{利率下限的}\\\text{年金现值系数}\end{matrix} - \begin{matrix}\text{净现值为零的}\\\text{年金现值系数}\end{matrix}}{\begin{matrix}\text{利率下限的}\\\text{年金现值系数}\end{matrix} - \begin{matrix}\text{利率上限的}\\\text{年金现值系数}\end{matrix}} \times (\text{利率上限} - \text{利率下限})$$

【做中学7-18】某企业购入设备一台，价值10万元，可以使用5年，每年的现金净流量为4万元。假设贴现率为10%。

要求：计算内含报酬率。

解：$(P/A，i，5) = \frac{100\,000}{40\,000} = 2.5$

查表可知，(P/A，25%，5) = 2.689，(P/A，30%，5) = 2.436。

因此，内含报酬率在25%～30%之间，将上述资料代入公式得：

$$内含报酬率 = 25\% + \frac{2.689 - 2.5}{2.689 - 2.436} \times (30\% - 25\%) = 28.74\%$$

【提示】内含报酬率与投资回收期的计算形式似乎相同，但必须注意以下两点：一是分子不同。投资回收期是“中数”减“小数”，而内含报酬率是“大数”减“中数”。其原因在于：投资回收期是对指数方程求解，而指数函数是个单调递增函数，因此低年限的年金现值系数最小；内含报酬率是对高次方程求解，而且是负指数的高次幂函数，是一个单调递减函数，因此利率下限的年金现值系数最大。实际上，分子都是净现值为零的年金现值系数与“下限”年金现值系数差额的绝对值。二是计算内含报酬率时，尾数的比值中，还应乘上两个相邻利率的差额，而计算投资回收期时没有乘此差额。其原因在于：在计算投资回收期时，相邻两个年限的差额总是等于1，故可省略。

（2）年现金净流量不相等。

在年现金净流量不相等的情况下，内含报酬率可采用逐步测试的方法，其思路是找到两个利率，使得用它们所计算的净现值一个为正数，另一个为负数，以形成一个区间。由于内含报酬率所对应的净现值为零，因此内含报酬率一定位于这两个利率之间。由于逐步测试法是一种近似方法，因此这两个利率不能相差太大，否则误差太大。在实际工作中，可视具体情况而定。由于利率不一定能一次找准，可能要找多次，因此被称为逐步测试法。

【做中学7-19】沿用【做中学7-16】的资料。

要求：计算内含报酬率。

解：先假设i = 16%进行测试。

$$\begin{aligned}内含报酬率 &= 5\,000 \times (P/S,16\%,1) + 6\,000 \times (P/S,16\%,2) + 8\,000 \times (P/S,16\%,3) + \\ &\quad 10\,000 \times (P/S,16\%,4) + 12\,000 \times (P/S,16\%,5) - 25\,000 \\ &= 5\,000 \times 0.8621 + 6\,000 \times 0.7432 + 8\,000 \times 0.6407 + 10\,000 \times 0.5523 + \\ &\quad 12\,000 \times 0.4761 - 25\,000 = 131.50（元）\end{aligned}$$

由于按16%计算的净现值是正数，因此再找一个更大的利率，取i = 18%，进行测试。

$$\begin{aligned}内含报酬率 &= 5\,000 \times (P/S,18\%,1) + 6\,000 \times (P/S,18\%,2) + 8\,000 \times (P/S,18\%,3) + \\ &\quad 10\,000 \times (P/S,18\%,4) + 12\,000 \times (P/S,18\%,5) - 25\,000 \\ &= 5\,000 \times 0.8475 + 6\,000 \times 0.7182 + 8\,000 \times 0.6086 + 10\,000 \times 0.5158 + \\ &\quad 12\,000 \times 0.4371 - 25\,000 = -1\,181.30（元）\end{aligned}$$

现已确定内含报酬率在16%～18%之间，可用插入法求出具体数值。

$$内含报酬率 = 16\% + \frac{131.50-0}{131.50-(-1\,181.30)} \times (18\%-16\%)$$

$$= 16.20\%$$

（四）动态投资回收期法

投资回收期可以用静态法来确定，也可用动态法来确定。以动态法确定投资回收期，其思路与静态法相似，但要考虑货币时间价值因素，即以贴现后的年现金净流量为基础计算。项目的可回收年限大于动态投资回收期是项目可行的必要条件。

1. 年现金净流量相等时

（1）公式法。设投资额为P，年现金净流量为A，贴现率为i，投资回收期为n，根据投资回收期的含义可得下式：

$$P = A\left[\frac{1-(1+i)^{-n}}{i}\right]$$

上式的含义是，当n为多少时，贴现后的现金净流量正好等于投资额，即投资额正好回收。上式是一个指数方程，可用对数来求解，整理可得：

$$n = -\frac{\ln(1-\frac{Pi}{A})}{\ln(1+i)}$$

表述为：

$$动态投资回收期 = -\frac{\ln(1-\frac{投资额 \times 贴现率}{年现金净流量})}{\ln(1+贴现率)}$$

【做中学7-20】沿用【做中学7-18】的资料。

要求：计算动态投资回收期。

$$解：动态投资回收期 = -\frac{\ln(1-\frac{100\,000 \times 10\%}{40\,000})}{\ln(1+10\%)} = 3.02（年）$$

（2）插入法。插入法可分3个步骤进行计算：

①求出使得投资额正好回收，即净现值为零的年金现值系数。

由于净现值 = 年现金净流量 × 年金现值系数 − 投资额，令净现值 = 0，则：

$$年现金净流量 \times 年金现值系数 - 投资额 = 0$$

所以：

$$使得净现值为零的年金现值系数 = \frac{投资额}{年现金净流量}$$

②查表确定动态投资回收期的范围。这时已求出投资额正好回收的年金现值系数，而年金现值系数是由n与i两个因素确定的，因此可根据已知的i（贴现率）查表求出n。但是n在年金现值系数表中都是以年为单位的，动态投资回收期正好是整数年限的可能性很小，所以只能先确定它的范围，即动态投资回收期在哪个相邻两年之间。

③用插入法求出动态投资回收期。

$$动态投资回收期 = 低年限 + \frac{\text{净现值为零的年金现值系数} - \text{低年限的年金现值系数}}{\text{高年限的年金现值系数} - \text{低年限的年金现值系数}} \times（高年限 - 低年限）$$

【做中学7-21】沿用【做中学7-18】的资料。

要求：用插入法计算动态投资回收期。

解：①使得净现值为零的年金现值系数 $= \frac{100\ 000}{40\ 000} = 2.5$

②查表可知：

（P/A，10%，3）= 2.4869

（P/A，10%，4）= 3.1699

即动态投资回收期在3～4年之间，将数据代入公式得：

动态投资回收期 $= 3 + \frac{2.5 - 2.4869}{3.1699 - 2.4869} = 3.02$（年）

以上两种方法中，公式法计算比较精确，插入法实际上是在求指数方程的近似解，而管理会计核算不要求绝对精确，因此一般采用插入法较多。

2. 年现金净流量不等时

（1）逐步扣减法。

逐步扣减法通常列表计算。

【做中学7-22】沿用【做中学7-16】的资料。

要求：按逐步扣减法计算动态投资回收期。

解：按逐步扣减法计算动态投资回收期，结果见表7-3。

表7-3　　按逐步扣减法计算动态投资回收期

年份 （1）	年初投资未回收额（元） （2）	复利因素 （3）	年现金净流量（元） （4）	年末投资未回收额（元） （5）=（2）×（3）-（4）
第一年	25 000	1 + 10%	5 000	22 500
第二年	22 500	1 + 10%	6 000	18 750
第三年	18 750	1 + 10%	8 000	12 625
第四年	12 625	1 + 10%	10 000	3 887.50

可见，第四年年末即第五年年初的投资未回收额已小于第五年的现金净流量，即不到5年就可收回全部投资。然后，求出回收期的尾数。

回收期的尾数 $= \frac{3\ 887.50 \times (1 + 10\%)}{12\ 000} = 0.36$（年）

所以，动态投资回收期为4.36年。

（2）累计现值法。

【做中学7-23】沿用【做中学7-16】的资料。

要求：按累计现值法计算动态投资回收期。

解：按累计现值法计算动态投资回收期，结果见表7–4。

表7–4 按累计现值法计算动态投资回收期

年份	年现金净流量（元）	现值系数	现值（元）	累计现值（元）
第一年	5 000	0.9091	4 545.50	4 545.50
第二年	6 000	0.8264	4 958.40	9 503.90
第三年	8 000	0.7513	6 010.40	15 514.30
第四年	10 000	0.6830	6 830.00	22 344.30
第五年	12 000	0.6209	7 450.80	29 795.10

从表7–4可知，4年的累计现值是22 344.30元，5年的累计现值为29 795.10元，而原始投资额是25 000元，显然动态投资回收期在4～5年之间。

$$动态投资回收期 = 4 + \frac{25\,000 - 22\,344.30}{29\,795.10 - 22\,344.30} = 4.36（年）$$

【请思考】在生活中，如何计算你的银行存款？如何进行投资核算？

任务四 长期投资决策的应用

计算评价指标的目的，是为长期投资决策提供定量依据，进行项目的优选。由于评价指标的运用范围不同、评价指标的自身特征不同以及评价指标之间的关系比较复杂，因此，必须根据具体运用范围确定如何运用评价指标。

一、单一独立投资项目的决策

微课

决策评价指标在独立投资方案中的应用

在只有一个投资项目可供选择的条件下，主要根据净现值、内含报酬率来判断项目的可行性。如果净现值大于零，内含报酬率大于设定的贴现率，则项目是可行的；反之，应拒绝这一投资项目。投资回收期与年平均投资报酬率可作为辅助指标，其结果可用于参考。例如，投资回收期较长，则表明项目存在一定的风险。

【做中学7–24】某企业购入机器一台，价值24 000元，可用5年。每年的销售收入为48 000元，付现成本为38 000元。假定贴现率为10%。

要求：计算该项目的净现值、净现值指数、现值指数、内含报酬率、动态投资回收期，并判断该项目是否可行。

解：经营周期内每年的现金净流量 = 48 000 − 38 000 = 10 000（元）

投资项目的现金净流量现值 = 10 000 ×（P/A，10%，5）− 24 000

= 10 000 × 3.7908 − 24 000

= 13 908（元）

$$净现值指数=\frac{13\ 908}{24\ 000}\times100\%=57.95\%$$

现值指数 = 57.95% + 1 = 157.95%

$$年金现值系数（净现值为零）=\frac{24\ 000}{10\ 000}=2.4$$

查表可得：

（P/A，10%，2）= 1.7355

（P/A，10%，3）= 2.4869

（P/A，30%，5）= 2.4356

（P/A，35%，5）= 2.2190

$$动态投资回收期=2+\frac{2.4-1.7355}{2.4869-1.7355}=2.88（年）$$

$$内含报酬率=30\%+\frac{2.4356-2.4}{2.4356-2.2190}\times（35\%-30\%）=30.82\%$$

由于净现值大于零，内含报酬率大于设定的贴现率10%，因此该项目是可行的，并且风险也不大。

【做中学7-25】某项目投资70 000元，1年后建成。自第二年起每年有销售收入100 000元，每年的料、工、费付现成本为65 000元，项目建成后可用5年，贴现率为10%。

要求：计算该项目的净现值、动态投资回收期。

解：经营周期内每年的现金净流量 = 100 000 − 65 000 = 35 000（元）

该项目的净现值 = 35 000 ×［（P/A，10%，6）−（P/A，10%，1）］− 70 000

　　　　　　　= 35 000 ×（4.3553 − 0.9091）− 70 000 = 50 617（元）

动态投资回收期的计算过程见表7-5。

表7-5　动态投资回收期计算表

年份 (1)	年初投资未回收额（元） (2)	复利因素 (3)	年现金净流量（元） (4)	年末投资未回收额（元） (5) = (2) × (3) − (4)
第一年	70 000	1 + 10%	0	77 000
第二年	77 000	1 + 10%	35 000	49 700
第三年	49 700	1 + 10%	35 000	19 670

$$\begin{array}{l}动态投资回收期\\（含1年建设期）\end{array}=3+\frac{19\ 670\times(1+10\%)}{35\ 000}=3.62（年）$$

本题的动态投资回收期也可按年现金净流量相等的方法计算。

先将投资折算至第二年年初 = 70 000 ×（1 + 10%）= 77 000（元）

$$年金现值系数（净现值为零）=\frac{320\ 000-20\ 000}{10}=2.2$$

查表并用插入法计算，得：

$$动态投资回收期=2+\frac{2.2-1.7355}{2.4869-1.7355}=2.62（年）$$

再加上1年建设期，即为3.62年。

【做中学7-26】沿用【做中学7-25】的资料，假设投资不是一次性发生的，第一年年初发生40 000元，第二年年初发生30 000元，其余资料不变。

要求：计算净现值与动态投资回收期。

解：由于本题的投资不是全部发生在第一年年初，因此投资额也存在贴现问题。

该项目的净现值＝35 000×（P/A，10%，5）×（P/S，10%，1）－［40 000＋30 000×（P/ S，10%，1）］

＝35 000×3.7908×0.9091－（40 000＋30 000×0.9091）

＝53 344.57（元）

动态投资回收期的计算过程见表7-6。

表7-6 动态投资回收期计算表

年 份 （1）	年初投资未回收额（元） （2）	复利因素 （3）	年现金净流量（元） （4）	年末投资未回收额（元） （5）＝（2）×（3）－（4）
第一年	40 000	1＋10%	0	44 000
第二年	74 000①	1＋10%	35 000	46 400
第三年	46 400	1＋10%	35 000	16 040

①：74 000＝44 000＋30 000。

$$动态投资回收期=3+\frac{16\,040\times(1+10\%)}{35\,000}=3.5（年）$$

【做中学7-27】某企业拟投资320 000元购置设备一台，可用10年，期满后残值为20 000元。使用该设备，每年可增加销售收入250 000元，每年付现成本将增加178 000元。假定采用直线法计提折旧，贴现率为12%，所得税税率为25%。

要求：计算该项目的净现值。

解：项目建设期现金净流量＝－320 000元。

项目经营期各年的年现金净流量：

$$第1\sim9年的年现金净流量=\left[250\,000-\left(178\,000+\frac{320\,000-20\,000}{10}\right)\right]\times(1-25\%)+\frac{320\,000-20\,000}{10}$$

＝31 500＋30 000＝61 500（元）

第10年的现金净流量＝61 500＋20 000＝81 500（元）

该投资项目净现值＝61 500×（P/A，12%，9）＋81 500×（P/S，12%，10）－320 000

＝61 500×5.3282＋81 500×0.3220－320 000

＝33 927.30（元）

二、多个互斥投资项目的决策

有时，在决定投资一个项目时，可能有许多方案可供选择，而最终入选的只能是一个方案，因此各方案之间是相互排斥的。在这种情况下，即使方案的净现值大于零，内含报酬率大于设定的贴现率，方案也不一定能中选。因为满足上述条件的方案可能不止一个，要根据各个方案的使用年限、投资额相等与否等信息，采用不同的方法做出选择。

微课

决策评价指标在互斥投资方案中的应用

（一）使用年限相等

在使用年限相等的情况下，还应根据投资额是否相等而采用不同的方法进行判断。

1. 投资额相等时

在对使用年限相等并且投资额相等的互斥方案进行评价时，可计算净现值或内含报酬率，哪个方案的净现值或内含报酬率高，哪个方案中选。

【做中学7–28】某企业面临着两个投资方案，投资额均为45 000元，都能使用5年。A方案每年的现金净流量为15 000元，B方案每年的现金净流量分别为12 000元、14 000元、16 000元、18 000元与20 000元。由于资金有限，只能两者取一。

请问：当贴现率为12%时，应选择哪个投资方案？

解：A投资方案现金净流量的现值 = 15 000 ×（P/A，12%，5）− 45 000

= 15 000 × 3.6048 − 45 000 = 9 072（元）

B投资方案现金净流量的现值 = 12 000 ×（P/S，12%，1）+ 14 000 ×（P/S，12%，2）+ 16 000 ×（P/S，12%，3）+ 18 000 ×（P/S，12%，4）+ 20 000 ×（P/S，12%，5）− 45 000

= 12 000 × 0.8929 + 14 000 × 0.7972 + 16 000 × 0.7118 + 18 000 × 0.6355+ 20 000 × 0.5674 − 45 000

= 11 051.40（元）

由于B方案的净现值大于A方案的净现值，因此应投资B方案。

2. 投资额不相等时

当多个互斥方案的投资额不相等时，仅凭净现值或内含报酬率很难区分方案的优劣，通常采用差量投资净现值或差量投资内含报酬率来评判方案的好坏。

【做中学7–29】某企业决定投资一个项目，可供选择的方案有A、B两个。A方案的投资额为70 000元，每年的现金净流量分别为21 000元、25 000元、35 000元和30 000元；B方案的投资额为50 000元，每年的现金净流量分别为20 000元、20 000元、20 000元和18 000元。

请问：当贴现率为10%时，应选择哪个方案？

解：由于本题中两个方案的投资额不同，因此应该采用差量投资净现值来做出选择。要计算差量投资净现值，首先要计算差量现金净流量，通常以投资额大的方案减去投资额小的方案。在本题中是“A方案 − B方案”。

项目投资期A、B方案差量现金净流量 = - 70 000 - （-50 000） = - 20 000（元）

项目经营期内各年A、B方案差量现金净流量：

第一年差量现金净流量 = 21 000 - 20 000 = 1 000（元）

第二年差量现金净流量 = 25 000 - 20 000 = 5 000（元）

第三年差量现金净流量 = 35 000 - 20 000 = 15 000（元）

第四年差量现金净流量 = 30 000 - 18 000 = 12 000（元）

差量现金净流量的现值 = 1 000 ×（P/S，10%，1）+ 5 000 ×（P/S，10%，2）+ 15 000 ×（P/S，10%，3）+ 12 000 ×（P/S，10%，4）- 20 000

= 1 000 × 0.9091 + 5 000 × 0.8264 + 15 000 × 0.7513 + 12 000 × 0.6830 - 20 000

= 4 506.60（元）

本题表明，A方案比B方案多投资20 000元，在以后的4年中，分别多流入了1 000元、5 000元、15 000元和12 000元。这4年的差量现金净流量的现值考虑了货币时间价值，抵补了投资差额后还净赚4 506.60元，即差量投资净现值大于零，因此A方案优于B方案。

（二）使用年限不等

在使用年限不等的情况下，不能简单地根据净现值或内含报酬率来评价项目，通常采用年回收额法，即某一方案的年回收额等于该方案的净现值除以n年的年金现值系数，其实质是将净现值总额分摊到每一年，然后各方案均以年为单位进行比较，哪个方案年回收额大即年均净现值大，则可认为哪个方案好。

【做中学7-30】某企业面临着3个投资机会，由于资金有限，只能从中选择一个，贴现率为10%。投资方案各年现金净流量资料见表7-7。

表7-7 投资方案各年现金净流量资料 单位：元

方案	0	1	2	3	4
A	-40 000	21 000	21 000	21 000	—
B	-50 000	30 000	40 000		—
C	-60 000	10 000	20 000	30 000	40 000

要求：分别计算各方案的年回收额，并做出选择。

解：（1）计算各方案的净现值。

A方案净现值 = 21 000 ×（P/A，10%，3）- 40 000

= 21 000 × 2.4869 - 40 000

= 12 224.90（元）

B方案净现值 = 30 000 ×（P/S，10%，1）+ 40 000 ×（P/S，10%，2）- 50 000

= 30 000 × 0.9091 + 40 000 × 0.8264 - 50 000

= 10 329（元）

$$C方案净现值 = 10\,000 \times (P/S,10\%,1) + 20\,000 \times (P/S,10\%,2) + 30\,000 \times (P/S,10\%,3) + 40\,000 \times (P/S,10\%,4) - 60\,000$$

$$= 10\,000 \times 0.9091 + 20\,000 \times 0.8264 + 30\,000 \times 0.7513 + 40\,000 \times 0.6830 - 60\,000$$

$$= 15\,478\text{（元）}$$

（2）计算各方案的年回收额。

$$A方案年回收额 = \frac{12\,224.90}{(P/A,10\%,3)} = \frac{12\,224.90}{2.4869} = 4\,916\text{（元）}$$

$$B方案年回收额 = \frac{10\,329}{(P/A,10\%,2)} = \frac{10\,329}{1.7355} = 5\,952\text{（元）}$$

$$C方案年回收额 = \frac{15\,478}{(P/A,10\%,4)} = \frac{15\,478}{3.1699} = 4\,883\text{（元）}$$

根据上述计算结果可知，C方案的净现值总额最大，但该方案的使用年限最长，因此并不能说明问题。B方案的年回收额即年均净现值最大，因此可认为B方案为最优方案。

三、固定资产更新的决策

（一）固定资产更新决策应明确的问题

固定资产更新是一种长期投资，前述评价长期投资方案的方法都可以采用，但根据其特点还应明确以下几个问题：

1.固定资产的经济寿命是其更新周期

固定资产的经济寿命是相对于自然寿命而言的。固定资产的自然寿命是由其物理性质决定的，是指一项固定资产从投入使用到完全报废为止的整个期间。固定资产的经济寿命是由其使用的经济效益决定的，是指固定资产的年均成本最低的使用年限。

固定资产的年均成本由资产成本和劣势成本组成。资产成本是指用于固定资产投资的成本。在不考虑货币时间价值的情况下，资产成本就是各年的固定资产折旧，它随固定资产使用年限的延长而降低。劣势成本由两部分组成：一是固定资产本身的有形及无形损耗，以及由此引起的材料、能源、产品的损失；二是逐年增加的维修费。固定资产的劣势成本随固定资产使用年限的延长而逐年增加。

由于构成年均成本的资产成本和劣势成本随固定资产使用年限的延长呈反方向变动，因此，固定资产的年均成本在其自然寿命的初期是递减的，在自然寿命的某一时点上，年均成本达到最低，从开始使用到这一时点的期限，就是固定资产的经济寿命，超过这一时点后，年均成本便开始逐年增加，继续使用该项固定资产，从经济上讲已不合算，应当更新。

2.现有固定资产的原始成本为沉没成本，决策时不应考虑

在进行固定资产更新决策时，决策的时点是现有固定资产同可能取代它的新固定资产进行比较的共同起点，在此基础上着重考虑它们未来的有关数据，现有固定资产的现实实际价值（非现实账面价值）是决策的相关成本，其原始成本是沉没成本，与决策无

关，不应考虑。

3.不同寿命期固定资产更新决策的可比性

在进行固定资产更新决策时，当旧的固定资产和可以取代它的新固定资产的寿命期不相等时，一般需要通过计算对比年均成本进行决策。但在对旧的固定资产是继续使用一段时间更新，还是现在立即更新进行决策时，会出现在一个时期内有数种年均成本的情况，这时，就必须选择一个能够说明问题的“比较期”。根据年均成本计算相同比较期的可比使用成本现值，然后进行对比分析并做出决策。

（二）固定资产更新决策的应用

【做中学7-31】某企业流水线上有一台旧设备，工程技术人员提出更新要求，企业旧设备和更新设备有关资料见表7-8。

表7-8 企业旧设备和更新设备有关资料 金额单位：元

指　标	旧设备	新设备
原值	22 000	30 000
预计使用年限（年）	8	8
已经使用年限（年）	3	0
最终残值	2 000	3 000
变现价值	7 000	30 000
年营运成本	12 000	8 000

请问：当贴现率为10%时，是否需要更新？

解：本题由于没有适当的现金流入，因此不便于计算净现值。当收入相同时，通常可以比较成本，但是由于使用年限不同，因此比较总成本又无意义，唯一的分析方法是比较继续使用旧设备与更新设备的年均成本。具体步骤如下：

（1）计算各方案的总成本现值。因为要计算年均成本就要计算总成本，而各项成本不是发生在同一时点上的，不能简单地加计起来，必须将它们折算到同一时点上，习惯上折算到第一年年初，即计算现值，然后相加。

（2）分摊到每一年，只需将总成本现值除以n年的年金现值系数就可得到，其原理与计算年回收额相同。

$$\text{继续使用旧设备的年均成本}=\frac{7\,000+12\,000\times(P/A,\ 10\%,\ 5)-2\,000\times(P/S,\ 10\%,\ 5)}{(P/A,\ 10\%,\ 5)}$$

$$=\frac{7\,000+12\,000\times3.7908-2\,000\times0.6209}{3.7908}=13\,519\text{（元）}$$

$$\text{更新设备的年均成本}=\frac{30\,000+8\,000\times(P/A,\ 10\%,\ 8)-3\,000\times(P/S,\ 10\%,\ 8)}{(P/A,\ 10\%,\ 8)}$$

$$=\frac{30\,000+8\,000\times5.3349-3\,000\times0.4665}{5.3349}=13\,361\text{（元）}$$

由于更新设备的年均成本低于继续使用旧设备的年均成本，因此应该更新。

在上述计算中，旧设备的原值与净值是沉没成本，与决策无关，应考虑其变现价值。变现价值为机会成本，即相关成本。

上述年均成本的计算还可用于判断固定资产的最佳更新期。例如，某设备可用10年，求其最佳更新期。只要分别计算出只使用1年、只使用2年……一直到使用满10年的10个方案的年均成本，哪一个方案的年均成本最低，该年即为最佳更新期。

【做中学7-32】某公司拟更新一台旧设备以提高效率、降低营运成本。旧设备原值为85 000元，净值为55 000元，年折旧额为10 000元，已用3年，尚可使用5年，5年后的残值为5 000元。旧设备的变现价值为35 000元。使用旧设备每年可实现收入80 000元，年营运成本为60 000元。新设备的购置价格为126 000元，可使用6年，报废时残值为6 000元，年折旧为20 000元。使用新设备每年可增加收入12 000元，同时降低营运成本17 000元。假定贴现率为10%，所得税税率为25%。

要求：请做出设备是否需要更新的决策。

解：在本题中，由于使用年限不一样，因此要分别计算继续使用旧设备和更新设备的年回收额。

第一步，分别计算两个方案各年的税后现金净流量。

继续使用旧设备的税后现金净流量为：

项目建设期现金净流量 = - 35 000元

项目经营期各期现金净流量：

第1～4年各期现金净流量 = [80 000 - (60 000 + 10 000)] × (1 - 25%) + 10 000
= 17 500（元）

第5年现金净流量 = 17 500 + 5 000 = 22 500（元）

采用新设备的税后现金净流量为：

项目建设期现金净流量 = - 126 000 + (55 000 - 35 000) × 25% = -121 000（元）

其中，5 000元（(55 000 - 35 000) × 25%）为资产处置损益抵税，由于旧设备的净值为55 000元，而其变现价值为35 000元，因此，如果更新，将发生20 000元的资产处置损益，减少税前利润20 000元，从而可以少缴所得税5 000元，现金流出的减少视同现金流入，因此在采用新设备的第0年加上5 000元，或者将其作为继续使用旧设备的机会成本来处理。

项目经营期各期现金净流量：

第1～5年各期现金净流量 = [(80 000 + 12 000) - (60 000 - 17 000 + 20 000)] ×
(1 - 25%) + 20 000
= 21 750 + 20 000 = 41 750（元）

第6年现金净流量 = 41 750 + 6 000 = 47 750（元）

第二步，算出两个方案的净现值。

继续使用旧设备的净现值 = 17 500 × (P/A, 10%, 4) + 22 500 × (P/S, 10%, 5) - 35 000
= 17 500 × 3.1699 + 22 500 × 0.6209 - 35 000 = 34 443.50（元）

$$采用新设备的净现值 = 41\,750 \times (P/A, 10\%, 5) + 47\,750 \times (P/S, 10\%, 6) - 121\,000$$
$$= 41\,750 \times 3.7908 + 47\,750 \times 0.5645 - 121\,000 = 64\,220.78（元）$$

第三步，算出年均净现值，即年回收额。

$$继续使用旧设备的年回收额 = \frac{34\,443.50}{(P/A, 10\%, 5)} = \frac{34\,443.50}{3.7908} = 9\,086.08（元）$$

$$采用新设备的年回收额 = \frac{64\,220.78}{(P/A, 10\%, 6)} = \frac{64\,220.78}{4.3553} = 14\,745.43（元）$$

可见，采用新设备的年回收额高于继续使用旧设备的年回收额，因此应该更新。

四、情景分析

情景分析，是指在对企业经营管理中未来可能出现的相关事件情景进行假设的基础上，结合企业管理要求，通过采取模拟等技术，分析相关方案发生的可能性、相应后果和影响，以做出最佳决策的方法。情景分析一般适用于企业的投融资等长期决策，也可用于战略目标制定、风险评估等。

（一）应用环境

企业应用情景分析工具方法，应重点考虑对决策事项有重大影响的事件情景，确保事件情景与分析方案、决策事项相关联，并将情景分析建立在合理的假设基础上。

企业应用情景分析工具方法，应确保与决策事项有关的参数、边界条件等的完整性及可获取性，尤其应确保宏观环境的可测性，如产业政策、行业状况等。

（二）应用程序

企业应用情景分析工具方法，一般应按照决策事项确认、影响因素确认、情景设定、情景分析和实施后果分析等程序进行。

企业应用情景分析工具方法，应根据决策目标和决策需求确定决策事项。同时，决策事项应具有多种可量化的影响因素，不同的实现路径会对决策事项形成不同的实质性影响。

企业应用情景分析工具方法，应对影响决策事项的因素进行全面分析，并根据重要性原则明确影响决策事项的主要因素，以此作为设定情景的主要内外部影响因素。通常情况下，可以采取德尔菲法、敏感性分析等方法。

（1）在进行投融资决策时，通常应考虑投资额、资本成本等影响因素；

（2）在进行战略目标制定时，通常应考虑消费者信心指数、市场占有率等影响因素；

（3）在进行风险评估时，通常应以产生最大损失的因素为主，如利率、汇率等影响因素。

（三）情景设定的实质性影响

情景的设定应与决策事项密切相关，会对决策事项产生实质性影响。通常情况下，企业需要设定不同的情景，这些情景应能提供有意义的测试环境，以便后续制订多个可选择方案。

（1）根据历史情况设定情景时，通常可以选取历史极值（最优、最差或基准）作为情景，或者以历史特殊事件作为情景，如重复进行的标准历史事件；

（2）根据假设设定情景时，通常使用人为假设、专家认定或者数据模拟来设定情景。

企业应在情景设定的基础上，建立影响因素与决策目标之间的逻辑关系。通过搜集相关数据，对不同情景下决策事项的总体发展状况进行分析，或对不同情景下决策事项可能产生的经济后果进行测算，制定出各种情景下的对策和实施方案。

企业应用情景分析工具方法，应书面记录决策事项、影响因素、情景设定、情景分析结果、应对措施设置等，详细说明情景设定的基本原则及理由，以不断完善情景分析。

（四）情景分析的优点与缺点

情景分析的主要优点：注重情景发展的多种可能性，降低决策失误对企业造成的影响，对决策事项的可参考性更强。

情景分析的主要缺点：情景假设的主观性较强，对情景数据的准确性、逻辑性及因果关系的建立要求较高。

五、敏感性分析

（一）敏感性分析的意义

敏感性分析就是在影响项目效益的诸多因素中，测定其中一个或几个因素变化对项目的影响。通过敏感性分析，人们可以预见到预计参数值在多少范围内变动，不会影响原定决策的有效性；超过一定界限，原来的选择就不得不进行修正了。例如，原来认为可行的方案会变成不可行，原来认为最优的方案可能变成不是最优的了。这样就避免了对原来的分析评价作绝对化的理解，有利于事先考虑好较为灵活的对策和措施，在工作中争取主动，以防止决策上的失误给企业生产经营带来不应有的损失。

（二）敏感性分析举例

【做中学7-33】假设某设备需投资15 000元，可回收年限为5年，贴现率为10%，年现金净流量为5 000元。

要求：（1）确定年现金净流量的下限；（2）确定可回收年限的下限；（3）确定贴现率的上限。

解：（1）年现金净流量的下限实际上就是使得净现值为零的年现金净流量。

设年现金净流量的下限为x，则：

$x \times (P/A, 10\%, 5) - 15\,000 = 0$

$x \times 3.7908 - 15\,000 = 0$

$x = 3\,957$（元）

即只要年现金净流量大于3 957元，就不会影响原方案的可行性。

（2）实际上，确定可回收年限的下限就是求动态投资回收期。

使得净现值为零的年金现值系数 $= \dfrac{15\,000}{5\,000} = 3$

查表并利用插入法可得：

$$动态投资回收期 = 3 + \frac{3 - 2.4869}{3.1699 - 2.4869} = 3.75（年）$$

即只要项目的可回收年限大于3.75年，就不会影响原方案的可行性。

（3）实际上，确定贴现率的上限就是求内含报酬率。

查表并利用插入法可得：

$$内含报酬率 = 18\% + \frac{3.1272 - 3}{3.1272 - 2.9906} \times（20\% - 18\%）= 19.86\%$$

即只要项目的贴现率小于19.86%，就不会影响原方案的可行性。

这里，对各因素的分析较粗，在实际工作中还可以进一步细分。例如，将年现金净流量进一步分解为售价、销售量、固定成本、变动成本来考察。

【请思考】举例说明如何进行长期投资决策分析。

【学思践悟】

中国“一带一路”海外投资决策

2023年10月17日，中印尼合作建设的雅万高铁正式开通运营，这标志着印尼迈入高铁时代。这是中印尼共建“一带一路”取得的重大标志性成果。

2015年10月16日，中国铁路总公司牵头组成的中国企业联合体，与印度尼西亚维卡公司牵头的印度尼西亚国企联合体正式签署了组建中印尼合资公司协议，该合资公司将负责印度尼西亚雅加达至万隆高速铁路项目的建设和运营，将全部采用中国装备。

中印尼双方联合编制的研究报告显示，线路总长约150千米，将采用中国技术、中国标准和中国装备，设计时速为每小时250~300千米。

2013年中国“高铁外交”开始风靡全球，印度尼西亚向中国抛出橄榄枝。2014年11月北京APEC会议期间，习近平主席会见了印度尼西亚总统佐科，谈的重点问题就是基础设施建设，稍后佐科试乘了中国的京津高铁，对中国高铁赞誉有加。

2015年3月26日，印度尼西亚总统佐科访华，双方签订《中印尼雅加达-万隆高铁合作谅解备忘录》；2015年4月22日，习近平主席又访问印度尼西亚，双方签订了《关于开展雅加达-万隆高速铁路项目的框架安排》。雅万高铁是印度尼西亚750千米高速铁路的前期项目，印度尼西亚是中国“一带一路”倡议的重要沿线国家，其高铁项目对于东南亚国家高铁建设以及泛亚铁路的建设都有不可忽略的重要影响。

中国在高铁建设上具有丰富经验，特别是建成世界上唯一一条热带高铁——海南东环铁路。热带的海风、地质状况，跟温带不一样，这一经验对于同处热带的印度尼西亚非常重要。

放眼全球，中国正在构建上下游协同的产能合作链条，注重技术交流，做好后期维护服务，做到装备走出去与配套服务共推进，产能合作和技术升级双丰收。只有掌握系统集成和关键核心技术，提升关键零部件制度化水平，才能打造具有国际竞争优势的轨道交通装备产业。

资料来源：中国铁路微信公众号．中印尼合作建设的雅万高铁10月17日正式开通运营［EB/OL］．［2023-10-17］．https：//cn.chinadaily.com.cn/a/202310/18/WS652f0b5aa310d5acd876a73f.html.（内容有改动）

项目小结

本项目主要知识点归纳总结见表7-9。

表7-9　本项目主要知识点归纳总结

任　务	主要知识点
长期投资决策认知	1.长期投资主要是指固定资产增加、扩建、改造等方面的资金投入；有时也指购买长期债券、股票等证券方面的资金投入 2.财务上与经济上的可行性分析，实际上就是长期投资决策分析 3.长期投资决策的程序：（1）项目规划；（2）编制项目建议书；（3）编制可行性研究报告及设计任务书；（4）确立项目
影响长期投资决策的重要因素	1.基本因素：投资总额、现金流量、货币时间价值和资本成本 2.所谓货币时间价值，是指不同时点上的货币具有不同的价值。货币时间价值有两方面的影响因素：一是利息因素；二是通货膨胀因素
长期投资决策的基本方法	1.评价投资效果的方法，按其是否考虑货币时间价值可分为静态评价方法（非贴现评价方法）和动态评价方法（贴现评价方法） 2.静态评价方法不考虑货币时间价值对投资过程及结果的影响，直接按投资方案各年形成的现金流量进行计算评价，包括投资回收期法和年平均投资报酬率法。动态评价方法考虑货币时间价值对投资过程及结果的影响，按某一资本成本，将未来的预期报酬统一折算为某一时点的价值，再进行对比评价
长期投资决策的应用	1.单一独立投资项目的决策 2.多个互斥投资项目的决策 3.固定资产更新的决策 4.情景分析 5.敏感性分析

项目八

全面预算

学习目标

知识目标

1. 了解全面预算的定义、分类。
2. 理解预算的作用、编制原则。

技能目标

1. 掌握全面预算的种类及编制要求。
2. 熟练运用弹性预算和零基预算的编制原理进行预算编制。

态度目标

1. 培养企业管理全面预算的编制方法。
2. 培养销售预算、生产预算具体运用的方法。
3. 培养经营预算、财务预算和资本支出预算分析论证的态度。

素养目标

培养学生的社会责任和家国情怀。企业转型升级，需要全面预算规划，实现商业价值、管理价值的创新及全球化运作。

工作情境与工作任务

为了实现企业的经营目标，保证企业最优决策方案的贯彻执行，企业需要从战略角度统筹安排各种资源。经营活动不仅取决于经营过程产出方面的产品和收入，还取决于经营过程投入方面使用的资源和发生的成本。企业为了提高资源的使用效率，实现预定的各项目标，就必须编制科学、合理的全面预算。由于企业的生产特点有所不同，管理上的要求亦不尽相同，那么，应该怎样编制全面预算呢？

任务一　全面预算认知

一、预算及全面预算的概念

微课

全面预算认知

微课

全面预算编制概述

所谓预算，就是以货币作为计量手段，将决策目标所涉及经济资源的配置，以计划的形式具体地、系统地反映出来的过程。简而言之，预算就是决策目标的具体化。而利用预算对企业未来行动和业绩实施控制，则被称为预算控制。一家企业，无论是长期决策还是短期决策，为了实现既定目标，必须研究相应的途径和方法，同时要求企业所有的部门相互配合、协调行动，通过编制预算对企业未来的经济活动进行计划、协调和控制，实行全面预算管理。

全面预算，是指企业为实现未来一定时期的经营目标，以货币及其他数量形式反映的各项目标行动计划与相应措施的数量说明。全面预算是由一系列单项预算组成的有机整体，由一整套预计的财务报表和其他附表构成，用来反映企业计划期内预期的经营活动及其成果。全面预算不仅为企业确定了明确的目标，同时提供了评价企业经营活动各项工作成果的基本尺度。

二、全面预算的分类

一般而言，全面预算按其内容可以分为经营预算、财务预算和资本支出预算。

（一）经营预算

经营预算，也称业务预算，是指与企业日常业务直接相关的一系列预算，是全面预算的基础。经营预算主要包括销售预算、生产预算、采购预算、费用预算、人力资源预算等，其中销售预算是编制经营预算的起点。

（二）财务预算

财务预算是经营预算中能够以货币表示的部分，是企业在预算期内反映有关现金收支、财务成果和财务状况的预算，主要包括现金收支预算、预计利润表、预计资产负债表等。财务预算是全面预算体系中的最后环节，它可以从价值方面总括地反映经营预算的结果，所以被称为总预算，其他预算被称为分预算或辅助预算。

（三）资本支出预算

资本支出预算，也称专门预算，是指企业不经常发生的一次性业务的预算，是主要针对企业长期投资决策编制的预算。如厂房扩建预算、购置固定资产预算等特种业务预算都属于资本支出预算。

各种预算在全面预算体系中的关系如图 8-1 所示。

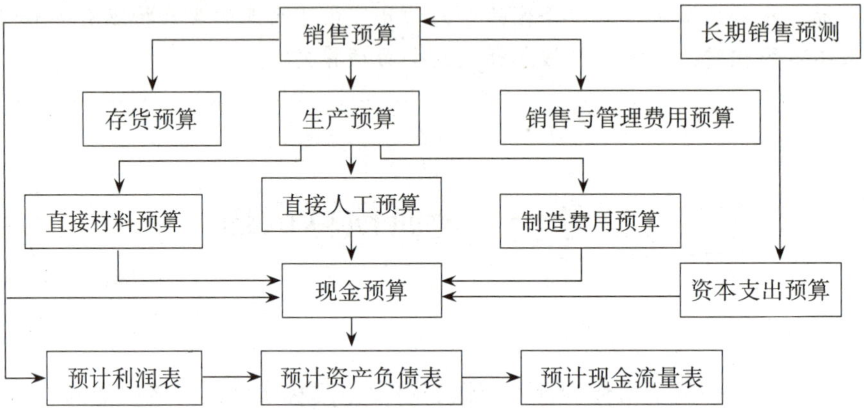

图8-1 各种预算在全面预算体系中的关系

在图 8-1 中，我们不难发现，企业的全面预算是以销售预算为起点并延伸到生产、成本、费用和资金收支等方面，最后以编制预计财务报表为总结的一种预算体系。虽然经营预算、财务预算和资本支出预算在全面预算的编制中各有侧重，但它们是密不可分、互为条件的。经营预算和资本支出预算是财务预算的基础，财务预算是经营预算和资本支出预算的现金流量总结。其中，销售预算起着主导性的作用，它直接关系并决定着预算期内的生产预算、费用预算、现金预算和各种预计财务报表上的有关金额。生产预算为直接材料、直接人工、制造费用和现金预算以及各种预计财务报表提供了基础。由于各种预计财务报表只有等其他预算提供数据后才能完成，所以各种预计财务报表最后才编制。

【提示】实施全面预算管理的条件：(1) 公司高层领导的支持与参与，建立健全全面预算管理的组织制度。(2) 预算指标必须有效，即目标具体、可度量、可实现、具有现实意义、具体的完成时限。(3) 基础数据相对准确和完整，具有先进、科学的信息保障系统。

三、全面预算的作用

（一）约束作用

全面预算可以使目标明确，起约束作用。无论是企业的长期还是短期经营目标，一经确定，各部门就需要协同配合，共同保证经营目标的实现。而全面预算恰恰是借助货币计量等手段将决策目标具体化，这样就能够使各部门的人员清楚了解自己的地位、作用和职责，从而保证企业一定时期的经营活动不至于脱离计划，为决策目标的实现保驾护航。

（二）协调作用

全面预算可以协调各部门工作。通过编制全面预算，能够将企业多部门的工作纳入到一个整体的、预定的轨道上来，使得相关企业各部门为了一个目标密切配合、协同作战，减少和消除可能出现的矛盾和冲突，使它们成为一个为完成其经营目标而有序运转的有机整体。

（三）控制作用

全面预算具有控制经济活动的职能。企业财务管理的过程是一个由预测、决策、预算到控制实施的有机结合。全面预算的编制为各项经营活动的控制提供了数量标准。在实际执行预算的过程中，要不断通过对比、分析，及时发现各部门的实际与预算的差异程度和原因，从而采取措施，挖掘潜力，保证预算目标的实现，同时为下期的财务预算提供重要的参考资料。

（四）评价作用

全面预算可以用来评价经营业绩，可激励并鞭策其进步。全面预算是一种基于真实的历史数据和利用科学方法对未来所作的科学测算。它不仅为企业的日常经营活动提供了行动指南，也是考核评价企业各部门工作业绩的标准。在评价各部门工作业绩时，要以预算为依据，通过对比、分析，落实经济责任，奖惩分明，促使企业各部门为实现整体目标而努力。

四、全面预算的编制原则

（一）战略导向原则

预算管理应围绕企业的战略目标和业务计划有序开展，引导各预算责任主体聚焦战略、专注执行、达成绩效。

（二）过程控制原则

预算管理应通过及时监控、分析等把握预算目标的实现进度并实施有效评价，为企业经营决策提供有效支撑。

（三）融合性原则

预算管理应以业务为先导、以财务为协同，将预算管理嵌入企业经营管理活动的各个领域、层次、环节。

（四）平衡管理原则

预算管理应平衡长期目标与短期目标、整体利益与局部利益、收入与支出、结果与动因等关系，促进企业可持续发展。

（五）权变性原则

预算管理应刚性与柔性相结合，强调预算对经营管理的刚性约束，又可根据内外环境的重大变化调整预算，并针对例外事项进行特殊处理。

总之，预算资料要准确、可靠。计划期全面预算的编制往往需要收集前期的生产、销售、存货、费用等多方面的资料，通过分析掌握其基本的变动趋势，结合科学方法预测提出计划期目标预算水平。需要注意的是，对前期资料的吸收，务求剔除偶然和不合理因素，这样才能提高计划期预算的编制水平，为企业经营目标的实现奠定良好的基础。

预算要全面、完整。全面预算的编制应站在整个企业的立场，对所有影响经营目标实现的业务、事项都要以货币或其他计量手段进行具体反映，对于各部门出现的特殊甚至矛盾的情况，要经过综合分析、反复论证，确保各项预算指标之间的相互衔接、钩稽严密，保证整个预算的综合平衡。

预算数据既要积极可靠，又要留有余地。预算既是对未来目标的数据测算，也是对企业现有人力、物力、财力水平的整合运用，因此既要考虑客观环境和经济资源的最大可能，又不能人为超越现有水平，这就要求企业必须在内外部现实条件的基础上，制定出既高效又可以达到的合理预算水平。好的预算是一个能起到激励作用的标准。同时，预算只是企业各部门未来行动的指南，标准不是绝对的，在实际执行过程中，不确定因素会有很大影响，因此，在预算编制时必须留有余地，使各项预算指标具有一定的弹性，以应付实际情况的变化。

【请思考】如何理解全面预算体系中各种预算的关系？

任务二　全面预算的编制方法

微课

全面预算的编制方法（一）

我们知道全面预算是由一系列单项预算组成的有机整体，按其内容可以分为经营预算、财务预算和资本支出预算。经营目标一经确定，企业就要根据各预算之间的约束关系，按照一定的程序，采用一定的方法编制全面预算。

一、销售预算的编制

微课

全面预算的编制方法（二）

在以销定产的经济环境下，销售预算是全面预算的起点，其他预算是以销售预算为前提和基础编制的。没有合理的销售预算，其他如生产安排、存货预算都会与实际经济环境脱节。销售预算是根据年度目标利润所规定的销售量和销售单价编制的。

在销售预算中，销售量可以按预测销售量来确定；单价可采用企业根据定价目标所预测的销售单价，也可以根据历史销售单价适当调整；预计销售收入则是销售量与所采用的销售单价的乘积。其计算公式如下：

某种产品预计销售收入 = 该种产品预计销售量 × 预计销售单价

全部产品的销售收入总额 = $\sum$某种产品预计销售收入

【做中学8-1】假设W公司生产经营甲、乙两种产品，甲产品预计单位售价为20元，乙产品预计单位售价为25元，2024年度销售量预算见表8-1。

表8-1　W公司2024年度产品销售量预算表　单位：件

产品名称	第一季度	第二季度	第三季度	第四季度	合计
甲产品	700	800	900	1 000	3 400
乙产品	1 200	1 300	1 400	1 500	5 400

要求：编制W公司2024年度销售预算。

解：W公司2024年度销售预算见表8-2。

表8-2 W公司2024年度销售预算表 金额单位：元

季度	产品名称	预计销售量（件）	预计单价	预计销售收入
第一季度	甲产品	700	20	14 000
	乙产品	1 200	25	30 000
	小计	—	—	44 000
第二季度	甲产品	800	20	16 000
	乙产品	1 300	25	32 500
	小计	—	—	48 500
第三季度	甲产品	900	20	18 000
	乙产品	1 400	25	35 000
	小计	—	—	53 000
第四季度	甲产品	1 000	20	20 000
	乙产品	1 500	25	37 500
	小计	—	—	57 500
全年合计	甲产品	3 400	20	68 000
	乙产品	5 400	25	135 000
	小计	—	—	203 000

应当指出的是，在实际工作中，许多产品的销售是通过赊销的方式实现的，这样销售收入就形成了应收账款和现金两部分内容，为了编制财务预算，还应在编制销售预算的同时，编制与销售收入有关的现金收入预算表。

某期预计现金收入 = 该期预计现销收入 + 该期回收以前期间的应收账款

某期预计现销收入 = 该期预计销售收入 × 该期预计现销率

某期回收以前期间的应收账款 = 本期期初的应收账款 × 该期预计应收账款回收率

【做中学8-2】沿用【做中学8-1】的资料。W公司销售收入的40%是现销，60%为赊销，在下季度收回，第一季度初的赊销额为上年第四季度的赊销额15 000元。

要求：编制W公司2024年度现金收入预算。

解：W公司2024年度现金收入预算见表8-3。

表8-3 W公司2024年度现金收入预算表 单位：元

项　目	本期发生额	现金收入			
		第一季度	第二季度	第三季度	第四季度
期初数	15 000	15 000			
第一季度	44 000	17 600	26 400		
第二季度	48 500		19 400	29 100	
第三季度	53 000			21 200	31 800
第四季度	57 500				23 000
期末数	（34 500）				
合计	183 500	32 600	45 800	50 300	54 800

二、生产预算的编制

生产预算是在销售预算的基础上编制的，由于企业的生产和销售不能做到“同步同量”，因此本期预计的生产数量除了满足本期预计销售外，还应考虑期初和期末的存货水平。

我们知道：

预计期初存货量 + 某种产品预计生产量 = 预计销售量 + 预计期末存货量

由此可知：

某种产品预计生产量 = 预计销售量 + 预计期末存货量 − 预计期初存货量

上式中，预计销售量来源于销售预算；预计期末存货量应根据长期销售预测来定，实践中一般是按事先估计的期末存货量占下期销售量的比例进行估计的；预计期初存货量等于上期期末存货量。

【做中学8-3】沿用【做中学8-1】的资料，假设W公司各季度的期末存货按下一季度销售量的20%计算，各季度预计期初存货与上季度期末存货相等，年初甲产品存货为110件，单位成本为14.50元；乙产品存货为250件，单位成本为16.50元。年末甲产品存货为230件，乙产品存货为320件。

要求：编制W公司2024年度的生产预算。

解：W公司2024年度生产预算见表8-4。

表8-4　W公司2024年度生产预算表　单位：件

产品名称	项　目	第一季度	第二季度	第三季度	第四季度	全年合计
甲产品	预计销售量	700	800	900	1 000	3 400
	加：预计期末存货	160	180	200	230	230
	减：预计期初存货	110	160	180	200	110
	预计生产量	750	820	920	1 030	3 520
乙产品	预计销售量	1 200	1 300	1 400	1 500	5 400
	加：预计期末存货	260	280	300	320	320
	减：预计期初存货	250	260	280	300	250
	预计生产量	1 210	1 320	1 420	1 520	5 470

三、直接材料预算的编制

直接材料预算以生产预算中所确定的预计生产量，结合预计期初和期末库存材料水平编制而成。预计直接材料的采购量与需要量以及期初、期末库存材料之间的关系可以用下式来表达：

预计材料采购量 = 预计生产量 × 单位产品消耗量 + 期末库存材料量 − 期初库存材料量

【做中学8-4】沿用【做中学8-3】的资料，假设W公司生产甲、乙两种产品需要同一种材料，单位甲产品材料耗用量为6千克，单位乙产品材料耗用量为8千克，该材料的成本为每千克1元，上年年末该种材料库存为4 500千克。各季度的期末材料库存按下一季度生产需要量的30%计算，各季度预计期初材料库存与上季度期末材料库存相等，年末预计材料库存为5 600千克。

要求：编制W公司2024年度直接材料预算。

解：W公司2024年度直接材料预算见表8-5。同时假定W公司各季度采购货款中，有60%为本期现付，40%为赊购，在下季度付清，上年年末的应付账款余额为7 800元，则W公司2024年度现金支出预算见表8-6。

表8-5　W公司2024年度直接材料预算表

产品名称	项　目	第一季度	第二季度	第三季度	第四季度	全年合计
甲产品	预计生产量（件）	750	820	920	1 030	3 520
	单位耗用量（千克）	6	6	6	6	6
	材料耗用总量（千克）	4 500	4 920	5 520	6 180	21 120
乙产品	预计生产量（件）	1 210	1 320	1 420	1 520	5 470
	单位耗用量（千克）	8	8	8	8	8
	材料耗用总量（千克）	9 680	10 560	11 360	12 160	43 760
生产需用总量（千克）		14 180	15 480	16 880	18 340	64 880
加：预计期末库存量（千克）		4 644	5 064	5 502	5 600	5 600
减：预计期初库存量（千克）		4 500	4 644	5 064	5 502	4 500
预计采购量（千克）		14 324	15 900	17 318	18 438	65 980
材料单位成本（元）		1	1	1	1	1
采购总额（元）		14 324	15 900	17 318	18 438	65 980

表8-6　W公司2024年度现金支出预算表　单位：元

项　目	本期发生额	现金支出			
		第一季度	第二季度	第三季度	第四季度
期初数	7 800	7 800			
第一季度	14 324	8 594.40	5 729.60		
第二季度	15 900		9 540	6 360	
第三季度	17 318			10 390.80	6 927.20
第四季度	18 438				11 062.80
期末数	（7 375.20）				
合　计	66 404.80	16 394.40	15 269.60	16 750.80	17 990

四、直接人工预算的编制

直接人工预算也是以生产预算为基础编制的，其编制的主要依据有预计生产量、单位产品直接工时和预计的平均工资率。其基本计算公式如下：

某种产品直接人工工时总数 = 单位产品工时定额 × 预计该产品生产量

预计某种产品耗用直接工资 = 该种产品直接人工工时总数 × 单位工时工资率

【做中学8-5】沿用【做中学8-4】的资料。假设该公司只有一个工种，生产甲、乙两种产品所需的单位产品直接人工工时都是1小时，每工时直接人工成本（单位工时工资率）均为7元。

要求：编制W公司2024年度直接人工预算。

解：根据上述资料编制的直接人工预算见表8-7。由于各期直接人工成本，即直接工资一般均由现金开支，因此无须单独编制与此相关的现金支出预算表。

表8-7　W公司2024年度直接人工预算表

产品名称	项　目	第一季度	第二季度	第三季度	第四季度	合计
甲产品	预计生产量（件）	750	820	920	1 030	3 520
	单位产品工时（小时）	1	1	1	1	1
	直接人工工时合计（小时）	750	820	920	1 030	3 520
乙产品	预计生产量（件）	1 210	1 320	1 420	1 520	5 470
	单位产品工时（小时）	1	1	1	1	1
	直接人工工时合计（小时）	1 210	1 320	1 420	1 520	5 470
合　计	总工时（小时）	1 960	2 140	2 340	2 550	8 990
	小时工资率（元）	7	7	7	7	7
	直接人工总成本（元）	13 720	14 980	16 380	17 850	62 930

五、制造费用预算的编制

制造费用预算多在变动成本法的基础上进行编制，可按变动性制造费用和固定性制造费用两部分内容分别编制。

变动性制造费用一般用单位产品预算分配率乘以预计生产量求得，其中，变动性制造费用预算分配率的计算公式为：

$$\text{变动性制造费用预算分配率} = \frac{\text{变动性制造费用预算总额}}{\text{相关分配标准预算总数}}$$

上式中的分母可选择预计生产量或直接人工工时，多产品生产情况下多选用直接人工工时。

在变动成本法下，固定性制造费用直接列入利润表作为当期利润的一个扣除项目。

【做中学8-6】沿用【做中学8-5】的资料，W公司2024年度制造费用预算见表8-8。

表8-8　W公司2024年度制造费用预算表　金额单位：元

项　目	第一季度（1 960小时）	第二季度（2 140小时）	第三季度（2 340小时）	第四季度（2 550小时）	合计（8 990小时）
间接材料	800	900	800	890	3 390
间接人工	800	900	800	900	3 400
维修费	600	500	600	500	2 200
变动性制造费用合计	2 200	2 300	2 200	2 290	8 990
管理人员工资	2 300	2 300	2 300	2 300	9 200
折旧费	1 000	1 000	1 000	1 000	4 000
保险费	1 200	1 200	1 200	1 200	4 800
其他	300	300	300	300	1 200
固定性制造费用合计	4 800	4 800	4 800	4 800	19 200

$$\text{变动性制造费用预算分配率} = \frac{\text{变动性制造费用预算总额}}{\text{相关分配标准预算总数}} = \frac{8\,990}{8\,990} = 1$$

在制造费用预算中，假设除了折旧项目外，其他均以现金支付，现编制制造费用的现金支出预算表，见表8-9。

表8-9　W公司2024年度制造费用现金支出预算表　单位：元

项目	第一季度	第二季度	第三季度	第四季度	合计
制造费用合计	7 000	7 100	7 000	7 090	28 190
减：折旧费	1 000	1 000	1 000	1 000	4 000
现金支出额	6 000	6 100	6 000	6 090	24 190

六、产品成本预算的编制

产品成本预算就是规划预算期内的产品成本，其内容包括产品生产成本、销售成本和期末存货成本等的预算安排。本预算需要在前述销售预算、生产预算、直接材料预算、直接人工预算和制造费用预算的基础上进行编制。在变动成本法下，产品成本预算的编制也沿用本法，存货在采用先进先出计价时，期末存货成本只负担当期的变动生产成本。

【做中学8-7】沿用【做中学8-6】的资料。

要求：编制W公司2024年度的产品成本预算。

解：W公司2024年度的产品成本预算见表8-10。

表8-10 W公司2024年度产品成本预算表 金额单位：元

产品名称	甲产品	乙产品
直接材料	6	8
直接人工	7	7
变动性制造费用	1	1
单位产品变动生产成本	14	16
期末存货（件）	230	320
期末存货变动生产成本	3 220	5 120

甲产品生产成本总额 = 甲产品产量 × 单位甲产品变动生产成本
= 3 520 × 14 = 49 280（元）

乙产品生产成本总额 = 乙产品产量 × 单位乙产品变动生产成本
= 5 470 × 16 = 87 520（元）

甲产品销售成本 = 期初产品成本 + 本期生产成本 − 期末存货成本
= 110 × 14.50 + 49 280 − 3 220 = 47 655（元）

乙产品销售成本 = 期初产品成本 + 本期生产成本 − 期末存货成本
= 250 × 16.50 + 87 520 − 5 120 = 86 525（元）

七、销售及管理费用预算的编制

销售及管理费用预算的编制基础与制造费用预算相同，也是采用变动成本法。

【做中学8-8】假设W公司经事先核定，销售过程中的变动费用，如销售佣金，按销售收入的1%计算，销售运杂费按销售收入的0.5%计算；销售过程中的固定费用包括管理人员工资、办公费和其他有关支出。

要求：根据上述有关资料编制W公司2024年销售及管理费用预算。

解：编制的销售及管理费用预算见表8-11。

表8-11 W公司2024年度销售及管理费用预算表 单位：元

项　目	第一季度（44 000元）	第二季度（48 500元）	第三季度（53 000元）	第四季度（57 500元）	合计（203 000元）
销售佣金	440	485	530	575	2 030
运杂费用	220	242.50	265	287.50	1 015
变动费用合计	660	727.50	795	862.50	3 045
管理人员工资	4 700	4 700	4 700	4 700	18 800
办公费	60	60	60	60	240
其他	25	25	25	25	100
固定费用合计	4 785	4 785	4 785	4 785	19 140

八、现金收支预算的编制

（一）编制现金收支预算的依据

现金收支预算也称现金预算，它是以日常业务预算和特种决策预算为基础编制的反映现金收支情况的预算。现金收支预算中的现金收入主要来源于产品销售收入和其他现金收入，现金支出主要有日常业务发生的营业现金支出项目，如直接材料、直接人工、制造费用、管理费用、税款支出及其他现金支出项目。现金收支预算表除了反映上述内容外，还要反映现金收支差额与期末现金余额的资金协调筹措及运用调整项目。一般而言，由于现金的有用性和一定量资金成本存在相互制约关系，因此企业应当在保证各项支出所需资金供应的前提下，注意保持期末现金余额在合理的范围内波动。我们知道，现金储备不足会影响企业业务周转，现金过量又会造成资金闲置浪费，所以，企业要通过有效的现金筹措和运用来尽量抵补现金收支差额，实现期末现金余额的合理波动。期末，现金筹措和运用的措施主要有银行借款、发行债券、发行股票和有价证券的买卖等多种方式。

（二）现金收支预算的编制

【做中学8-9】沿用【做中学8-1】至【做中学8-8】的资料。假设第一季度取得短期银行贷款8 000元，第二季度和第三季度分别偿还借款利息3 000元和5 200元，第四季度以现金购买短期债券8 000元。

要求：编制W公司2024年度现金收支预算。

解：W公司2024年度现金收支预算见表8-12。

表8-12　W公司2024年度现金收支预算表　单位：元

项　目	第一季度	第二季度	第三季度	第四季度	全年
期初余额	1 200	300	120	1 000	1 200
本期收入	32 600	45 800	50 300	54 800	183 500
可运用现金	33 800	46 100	50 420	55 800	184 700
现金支出					
材料采购	16 394.40	15 269.60	16 750.80	17 990	66 404.80
直接人工	13 720	14 980	16 380	17 850	62 930
制造费用	6 000	6 100	6 000	6 090	24 190
销售及管理费用	5 445	5 512.50	5 580	5 647.50	22 185
现金支出合计	41 559.40	41 862.10	44 710.80	47 577.50	175 709.80
现金收支差额	（7 759.40）	4 237.90	5 709.20	8 222.50	8 990.20
资金筹措及运用	8 000	（3 000）	（5 200）	（8 000）	（8 200）
加：短期借款	8 000				8 000
减：支付利息		3 000	5 200		8 200
购买有价证券				8 000	8 000
期末现金余额	240.60	1 237.90	509.20	222.50	790.20

九、预计利润表的编制

预计利润表是以货币形式综合反映预算期内企业经营活动成果水平的财务报表，它是在销售预算、产品成本预算、销售及管理费用预算等的基础上进行编制的。

【做中学8-10】根据W公司的上述相关预算资料，采用变动成本法编制该公司2024年度的预计利润表，见表8-13。

表8-13 W公司2024年度预计利润表 单位：元

项 目	金 额	资料来源
销售收入	203 000	见表8-2
减：变动销售成本	134 180	
边际贡献（生产）	68 820	
减：变动性销售及管理费用	3 045	见表8-11
边际贡献（销售）	65 775	
固定成本：		
制造费用	19 200	见表8-8
销售及管理费用	19 140	见表8-11
利润总额	27 435	
减：所得税费用（25%）	6 858.75	
净利润	20 576.25	

十、预计资产负债表的编制

预计资产负债表反映了企业在该预算期结束时，各有关资产、负债及所有者权益项目的预算执行结果。预计资产负债表除上年期末数为已知的外，其他各项均需根据前述日常业务预算分析填列。

【做中学8-11】根据W公司的上述相关预算资料，另提取盈余公积2 880.68元。

要求：编制W公司2024年预计资产负债表。

解：W公司2024年预计资产负债表见表8-14。

表8-14 W公司2024年预计资产负债表 单位：元

资 产	期初数	期末数	负债和所有者权益	期初数	期末数
流动资产：			流动负债：		
库存现金	1 200	790.20	应付账款	7 800	7 375.20
应收账款	15 000	34 500	应付利息		8 200

续表

资 产	期初数	期末数	负债和所有者权益	期初数	期末数
原材料	4 500	5 600	应交税费——应交企业所得税		8 230.50
库存商品	5 720	8 340	流动负债合计	7 800	23 805.70
流动资产合计	26 420	49 230.20	所有者权益:		
固定资产	560 000	560 000	实收资本	500 000	500 000
减:累计折旧	32 000	36 000	留存收益	46 620	49 424.50
固定资产净值	528 000	524 000	所有者权益合计	546 620	549 424.50
资产总计	554 420	573 230.20	负债和所有者权益总计	554 420	573 230.20

【请思考】全面预算的编制是一个环环相扣的过程,假设你是某企业的一名预算编制人员,试说出你的预算编制思路。

任务三 弹性预算与零基预算

在讲述全面预算编制的过程中,生产预算、销售预算等多种预算的编制都是根据预算期一定的业务量水平为基础来确定各费用项目的预计发生额的,这种编制预算的方法称为固定预算或静态预算。很明显,固定预算是以预算期某一特定业务量水平为依据编制的,那么,当实际业务量水平与预算所依据的业务量水平不一致时,预算指标与实际业务量就失去了可比性,因此,按照固定预算方法编制的预算就不利于正确地控制、考核和评价企业预算的执行情况。由此不难看出,固定预算一般只适用于业务量水平较为稳定的企业或非营利组织。

一、弹性预算

所谓弹性预算,是指企业在分析业务量与预算项目之间数量依存关系的基础上,分别确定不同业务量及相应预算项目所消耗资源的预算编制方法。

弹性预算是相对于固定预算的一种编制方法。固定预算,是指以预算期内正常的、最可能实现的某一业务量水平为固定基础,不考虑可能发生的变动的预算编制方法。

企业应用弹性预算工具方法,一般按照以下程序进行:确定弹性预算适用项目,识别相关的业务量并预测业务量在预算期内可能存在的不同水平和弹性幅度;分析预算项目与业务量之间的数量依存关系,确定弹性定额;构建弹性预算模型,形成预算方案;审定预算方案。

企业通常采用公式法或列表法构建具体的弹性预算模型,形成基于不同业务量的多套预算方案。

公式法下弹性预算的基本公式为：

$$预算总额 = 固定基数 + \sum (与业务量相关的弹性定额 \times 预计业务量)$$

应用公式法编制预算时，相关弹性定额可能仅适用于一定业务量范围内。当业务量变动超出该适用范围时，应及时修正、更新弹性定额，或改为列表法编制。

列表法，是指企业通过列表的方式，在业务量范围内依据已划分出的若干不同等级，分别计算并列示该预算项目与业务量相关的不同可能预算方案的方法。

弹性预算适用于企业各项预算的编制，特别是市场、产能等存在较大不确定性，且与业务量之间存在明显的数量依存关系的预算项目。

弹性预算的主要优点：考虑了预算期可能的不同业务量水平，更贴近企业经营管理的实际情况。弹性预算的主要缺点：一是编制工作量大；二是市场及其变动趋势预测的准确性、预算项目与业务量之间依存关系的判断水平等会对弹性预算的合理性造成较大影响。

采用弹性预算来进行各种预算安排，具体可以采用以下两种方法：

（一）根据预算期可达到的一些具体的业务量水平制定一系列固定预算

【做中学8-12】表8-15就是一系列固定的销售费用弹性预算。

表8-15　　销售费用的弹性预算　　金额单位：元

销售收入 销售费用	40 000	45 000	50 000	55 000	60 000	65 000	70 000
变动费用：							
销售佣金	4 000	4 500	5 000	5 500	6 000	6 500	7 000
销售运杂费	200	225	250	275	300	325	350
变动费用合计	4 200	4 725	5 250	5 775	6 300	6 825	7 350
固定费用：							
管理人员工资	4 700	4 700	4 700	4 700	4 700	4 700	4 700
办公费	60	60	60	60	60	60	60
其他	25	25	25	25	25	25	25
固定费用合计	4 785	4 785	4 785	4 785	4 785	4 785	4 785
销售费用总计	8 985	9 510	10 035	10 560	11 085	11 610	12 135

对于这种方法，不难看出，较之固定预算明显增加了弹性区间，但当实际情况的数据发生未列在表内时，就无法获取直接比较信息，仍需要通过估计或计算获取信息。

（二）根据本量利间的依存关系，制定一个可用于任何业务量水平的弹性区间来编制弹性预算

（1）业务量弹性区间（相关范围）的选取。业务量根据编制对象的不同可以是产量、销量、生产工时等多种指标，一般来说，业务量可以选择在正常生产能力的70%～120%之间，或以历史上最高业务量和最低业务量为其上下限。

（2）按照成本性态分析的方法，将成本分为变动成本和固定成本，并确定成本函数 $y = a + bx$ 的形式。

（3）确定计算期内各业务量水平的预算额。在实际工作中，弹性预算主要用于编制弹性成本预算和弹性利润预算。

①弹性成本预算的编制。弹性成本预算可以采用公式法也可以采用列表法进行编制。

a.公式法。

【做中学8-13】ABC公司按公式法编制的制造费用弹性预算见表8-16。其中成本项目已经进行分解。

表8-16 ABC公司制造费用弹性预算（公式法）

直接人工工时：21 000小时～36 000小时 金额单位：元

项 目	a	b	项 目	a	b
管理人员工资	8 000		辅助材料		0.15
保险费	4 500		检验员工资	400	0.25
设备折旧费	3 000		维修费	200	0.10
水电费	620		⋮	⋮	⋮
辅助工人工资		0.40	⋮	⋮	⋮

不难看出，公式法弹性预算的优点在于：在一定业务量的相关范围内，预算的编制不受业务量波动的影响，预算编制的工作量较小；缺点是其不能提供确切数据进行预算控制和考核，且按项目进行成本分解较为麻烦并存在一定误差。在实际工作中，通常将公式法和列表法结合运用来编制弹性预算。

b.列表法。

【做中学8-14】根据【做中学8-13】相关资料，ABC公司按列表法编制的制造费用弹性预算见表8-17。

【做中学8-14】中业务量的间距为10%，实际工作中可以选择更小一些的间距，这样虽然加大了工作量，但与实际业务量的可比性更强。

列表法的优点主要体现在可以从表中直接查到各种业务量下的成本预算额，便于预算控制和考核。但这种方法工作量较大，也不能包括所有业务量下的费用预算。

表8-17　ABC公司制造费用弹性预算（列表法）　金额单位：元

直接人工工时（小时）	21 000	24 000	27 000	30 000	33 000	36 000
生产经营能力程度（%）	70	80	90	100	110	120
变动成本项目	11 550	13 200	14 850	16 500	18 150	19 800
辅助工人工资	8 400	9 600	10 800	12 000	13 200	14 400
辅助材料	3 150	3 600	4 050	4 500	4 950	5 400
混合成本项目	7 950	9 000	10 050	11 100	12 150	13 200
检验员工资	5 650	6 400	7 150	7 900	8 650	9 400
维修费	2 300	2 600	2 900	3 200	3 500	3 800
固定成本项目	16 120	16 120	16 120	16 120	16 120	16 120
管理人员工资	8 000	8 000	8 000	8 000	8 000	8 000
保险费	4 500	4 500	4 500	4 500	4 500	4 500
设备折旧费	3 000	3 000	3 000	3 000	3 000	3 000
水电费	620	620	620	620	620	620
制造费用预算	35 620	38 320	41 020	43 720	46 420	49 120

②弹性利润预算的编制。弹性利润预算是根据成本、业务量和利润之间的依存关系，以销售收入为计量基础，按成本性态进行相应项目的扣减，计算出不同销售收入水平下可实现的利润或发生的亏损的预算编制。

a.公式法。

利润预算 = 预计销售量 ×（预计单价 - 预计单位变动成本）- 固定成本预算总额

【做中学8-15】ABC公司生产销售某种产品，预计单价为250元，预计单位变动成本为140元，固定成本总额为400 000元。

要求：计算预计销售量为8 000件时的税前利润。

解：销售量为8 000件的税前利润 = 8 000 ×（250 - 140）- 400 000 = 480 000（元）

b.列表法。

【做中学8-16】沿用【做中学8-15】的资料。假设ABC公司以销售量8 000件为基础，在90%～120%的范围内使用列表法编制弹性利润预算，见表8-18。

表8-18　ABC公司弹性利润预算（列表法）　金额单位：元

销售量（件）	7 200	8 000	9 600
销售收入	1 800 000	2 000 000	2 400 000
减：变动成本总额	1 008 000	1 120 000	1 344 000
边际贡献	792 000	880 000	1 056 000
减：固定成本总额	400 000	400 000	400 000
税前利润	392 000	480 000	656 000

二、零基预算

传统的预算编制，一般都是以基期成本费用水平为基础，结合预算期业务量水平及有关影响成本费用因素的未来变动情况，通过调整有关原有成本费用项目编制而成的。

零基预算的全称是“以零为基础编制计划和预算的方法”，简称零基预算或零底预算，是指在编制成本费用预算时，不考虑以往会计期间所发生的费用项目或费用金额，而是将所有的预算支出均以零为出发点，一切从实际需要和可能出发，逐项审议预算期内各项费用的内容和开支标准是否合理，在综合平衡的基础上决定现有资源的分配顺序的一种方法。其预算程序有以下几步：

（1）根据年度计划项目确定成本费用的预算项目。一般来说，企业编制零基预算要以预算期内的财务活动、生产设计、产品研制、营销策划、资产维修等项目为对象，安排成本费用的预算项目。

（2）采用成本－效益分析法进行综合比对，排列成本费用项目的先后顺序。

（3）分配资金，落实预算。

零基预算适用于企业各项预算的编制，特别是不经常发生的预算项目或预算编制基础变化较大的预算项目。零基预算的主要优点：一是以零为起点编制预算，不受历史期经济活动中的不合理因素影响，能够灵活应对内外环境的变化，预算编制更贴近预算期企业经济活动需要；二是有助于增加预算编制的透明度，有利于进行预算控制。零基预算的主要缺点：一是预算编制工作量较大、成本较高；二是预算编制的准确性受企业管理水平和相关数据标准的准确性影响较大。

【做中学8-17】某公司经实地调查，确定本期的销售及管理费用采用零基预算法编制。经研究，下一年度该费用项目可用资金为78万元，预算编制步骤如下：

第一步：确定预算年度销售及管理费用预算项目及金额，见表8-19。

表8-19　某公司销售及管理费用初步预算　单位：万元

项　目	金　额
销售人员工资及福利费	12
销售机构经费	10
广告费	50
销售佣金	15
差旅费	3
保险费	2
合　计	92

第二步：经分析研究，预算年度内的费用项目中的销售人员工资及福利费、销售佣金、差旅费和保险费属于约束性费用，必须足额保证，而销售机构经费和广告费属于酌量性费用，可以采用成本－效益分析法来合理确定剩余资金在这两个费用项目间的分

配，见表8-20。

表8-20　某公司成本－效益分析表　单位：万元

成本项目	成本金额	收益金额
销售机构经费	1	3
广告费	1	7

第三步：确定费用项目的预算金额，落实资金分配。

约束性费用项目金额 = 12 + 15 + 3 + 2 = 32（万元）

剩余资金 = 78 － 32 = 46（万元）

根据成本－效益分析法将剩余资金在销售机构经费和广告费项目之间进行分配：

销售机构经费 $= 46 \times \frac{3}{10} = 13.8$（万元）

广告费 = 46 － 13.8 = 32.2（万元）

销售机构经费和广告费的资金缺口应通过提高工作效率、精打细算等措施加以解决。

在实际工作中，费用项目的成本－效益关系不容易确定，采用零基预算方法编制预算时，应根据企业的实际情况来确定预算项目，安排预算资金。

【请思考】预算编制的方法有多种，参考其他资料，你还知道何种方法，请简要加以分析。

【学思践悟】

华为研发预算　引领企业高端发展

2023年8月30日，华为披露2023年半年报，上半年华为实现营业收入3 082.90亿元，上年同期为2 986.80亿元；净利润为465.23亿元，上年同期为146.29亿元。华为持续投入研发，2023年上半年，华为研发投入826.04亿元；上年同期研发投入790.63亿元。

从历史来看，华为非常重视人才的待遇问题。早在2017年，员工平均年薪接近70万元，而且华为实行全员持股，除年薪外，华为员工还有股利分红。更为重要的是，华为一直致力于提升研发水平，每年的研发投入占销售收入的10%以上。华为一直致力提升研发水平、降低销售成本，年报显示，华为2017年持续加大5G、芯片、智能终端等面向未来的研发投入，研发费用率同比上升0.3%；加大消费者业务和企业业务品牌及渠道建设的投入，同时受益于持续变革带来的运营效率提升，销售与管理费用率下降了1.2%；总期间费用率下降1.1%。2017年，华为研发人员约8万名，占公司总人数的45%。研发费用支出为人民币897亿元，约占总收入的14.9%。近十年累计投入的研发费用超过人民币3 940亿元，累计获得专利授权74 307件；其中，90%以上专利为发明专利。华为对未来预算的布局，正如华为总裁任正非所说："我们要逐步摆脱对技术的依赖，对人才的依赖，对资金的依赖，使企业从必然王国走向自由王国。"

资料来源：程洋. 华为2023年上半年净利润465亿元，研发投入826亿元［EB/OL］.［2023-08-30］. https：//new.qq.com/rain/a/20230830A09TVA00.（内容有改动）

项目小结

本项目主要知识点归纳总结见表8-21。

表8-21　本项目主要知识点归纳总结

任　务	主要知识点
全面预算认知	1.预算，是以货币作为计量手段，将决策目标所涉及经济资源的配置，以计划的形式具体地、系统地反映出来的过程 2.全面预算，是指企业为实现未来一定时期的经营目标，以货币及其他数量形式反映的各项目标行动计划与相应措施的数量说明 3.预算的编制原则：（1）预算资料要准确、可靠；（2）预算要全面、完整；（3）预算数据积极可靠，又要留有余地
全面预算的编制方法	全面预算的编制主要包括销售预算、生产预算、直接材料预算、直接人工预算、制造费用预算、产品成本预算、销售及管理费用预算、现金收支预算、预计利润表、预计资产负债表等
弹性预算与零基预算	1.弹性预算，是指为克服固定预算方法的缺点而设计的，以预算期可预见的多种业务量水平为基础，编制能够适应多种情况预算的一种方法 2.零基预算的全称是“以零为基础编制计划和预算的方法”，简称零基预算或零底预算。它是指在编制成本费用预算时，不考虑以往会计期间所发生的费用项目或费用金额，而是将所有的预算支出均以零为出发点，一切从实际需要和可能出发，逐项审议预算期内各项费用的内容和开支标准是否合理，在综合平衡的基础上决定现有资源的分配顺序的一种方法

项目九
标准成本系统

学习目标

知识目标

1. 了解标准成本系统是一种成本控制制度。
2. 理解标准成本的类型。
3. 掌握标准成本的制定。

技能目标

1. 能运用标准成本差异分析方法。
2. 能运用标准成本的账务处理方法。
3. 能运用标准成本法进行成本分析和成本控制。

态度目标

1. 培养成本节约意识，科学地制定标准成本，认真分析成本差异。
2. 培养标准成本控制的职业态度。

素质目标

成本与效率关乎企业的成败。培养学生积极进取精神，不断追求卓越；分析国际差异，有助于企业经营决策。

工作情境与工作任务

标准成本是根据企业现有的生产经营条件，经过周密的调查研究和科学的技术经济分析而确定的单位产品的目标成本。由于根据成本预测确定的目标总成本难以进行日常的成本控制，因此必须将目标总成本进行分解，按产品的成本项目制定出各自的标准成本。怎样理解运用标准成本计价可以简化成本核算工作，有利于企业规划决策、实现成本控制目标、考核工作业绩？

任务一 标准成本认知

一、标准成本系统

标准成本系统，是指通过事前制定标准成本，在实际执行过程中将实际成本与标准成本进行比较分析，找出差异产生的原因，并据以加强成本控制和业绩评价的成本控制系统。

标准成本系统在很大程度上是一种成本控制制度。标准成本的概念起源于美国南北战争之后，基于泰勒的管理过程标准化的思想而建立。1919年，美国全国成本会计师协会成立，对推广标准成本起到了很大的作用。1920—1930年，美国会计学界经过长期争论，才把标准成本纳入会计系统，从此出现了真正的标准成本会计制度，并逐步发展成为包括标准成本的制定、差异的分析、差异的处理等三个组成部分的完整的成本控制系统。

标准成本法，是指企业以预先制定的标准成本为基础，通过比较标准成本与实际成本，计算和分析成本差异、揭示成本差异动因，进而实施成本控制、评价经营业绩的一种成本管理方法。企业应用标准成本法的主要目标，是通过标准成本与实际成本的比较，揭示与分析标准成本与实际成本之间的差异，并按照例外管理的原则，对不利差异予以纠正，以提高工作效率，不断改善产品成本。标准成本法一般适用于产品及其生产条件相对稳定，或生产流程与工艺标准化程度较高的企业。

标准成本，是指在正常的生产技术水平和有效的经营管理条件下，企业经过努力应达到的产品成本水平。

成本差异，是指实际成本与相应标准成本之间的差额。当实际成本高于标准成本时，形成超支差异；当实际成本低于标准成本时，形成节约差异。

标准成本制度与一般的成本计算方法的不同在于：它将日常核算与差异分析相结合；将成本控制与成本计算相结合。这主要体现在：以标准成本为基础，把实际发生的成本与标准成本进行对比，揭示出成本差异，使差异成为向人们发出的一种“信号”。以此为线索，企业可以进一步查明差异形成的原因和责任，并据以采取相应的措施，实现对成本的有效控制。期末，还可以通过一定方法将标准成本和差异重新结合，确定产品的实际成本。由此可见，以标准成本为基础形成的标准成本制度，把成本的事先规划、日常控制和产品实际成本的计算有机结合起来，从而成为加强成本管理，全面提高企业经济效益的重要工具。

二、标准成本的类型

标准成本，是企业完成某项经济活动应该花费的目标成本。企业对标准成本的设定可以有不同的期望，而不同的期望水平导致两种类型的标准成本：理想标准成本和正常标准成本。

（一）理想标准成本

理想标准成本，是指在理想的工作条件下，以生产技术和经营管理处在最佳状态为基础制定的标准成本。这种标准成本是建立在排除机器故障、工作停顿等一切失误、浪费和耽搁的基础上，只有技术最熟练、工作效率最高的工作人员，在最佳状态下、尽最大努力方能实现。理想标准成本不容易达到，在现实经营活动中，往往会有一些不测事件发生，对理想标准成本的应用产生一定的副作用，这种标准成本要求企业内部所有员工在整个经营活动中发挥超常的努力才可能达到，而长期的超常压力可能导致员工对理想标准成本丧失信心，难以实现预期的效果。

（二）正常标准成本

正常标准成本，是指在目前正常的生产条件下，有适当技能和经验的员工，通过正常努力，在多数时间内可实现的水平上所制定的标准成本。它考虑了现实中一些难以避免的机器故障时间以及工人所需的停顿时间等因素。正常的标准成本强调常态，并允许某些偏离，企业通常可以用适当的努力来达到当期可实现的标准成本。

三、标准成本的制定

微课

标准成本的制定

标准成本的基本形式，是以“数量”标准乘以“价格”标准得到有关项目的标准成本。之所以将标准分为数量和价格两个范畴，是因为数量差异和价格差异是由不同性质的原因造成的，并由不同的管理人员负责。

标准成本主要由总经理、生产部门、采购部门、人力资源管理部门和会计部门共同制定。生产部门确定所用的人工、材料和设备的数量和质量；采购部门、人力资源管理部门负责以最低的价格购进所需的符合质量要求的物资，在制定价格标准的过程中，采购部门必须考虑质量、折扣、运费等因素；人力资源管理部门要考虑个人所得税、福利费、住房公积金、企业为员工缴纳的社会保障性费用和聘用人员的资格等因素；会计部门则负责对形成标准成本的各个因素以货币形式进行系统的综合和概括，编制标准成本执行情况报告，并对实际成本与标准成本的差异进行分析和计算。

（一）直接材料标准成本

直接材料标准成本包括3个方面：质量、数量、价格。

制定标准成本首先要明确生产产品需用的直接材料的质量。直接材料的质量通常会连带影响生产过程中所需直接材料的数量、价格及生产时间等。

数量标准是在现有生产技术条件下生产单位产品所需用的材料数量，包括构成产品实体的材料、生产中必要的损耗和不可避免地形成一定废品所需的材料等，这些耗费均应根据设计的要求确定，按产品耗用的各种材料分别计算。单位产品原材料用量标准的制定见表9-1。

表9-1　单位产品原材料用量标准的制定　单位：克

项　目	数　量
单位产品材料用量	2 000
损耗用量	22
废品用量	12
单位产品的标准用量	2 034

价格标准就是事先确定的购买材料应付的标准价格，包括购买价和运杂费等，按材料的类别分别计算。

企业确定直接材料的价格标准要考虑质量、数量，某些时候还要考虑采购时机。在竞争环境下，许多公司与特定供应商建立长期关系就是考虑到价格。这些供应商一般能可靠、及时地交送材料，只有在影响价格的大环境因素发生变化时，价格标准才需要修改。

原材料价格标准的制定见表9-2。

表9-2　原材料价格标准的制定　单位：元/千克

项　目	价　格
单价（一级品，批量3 000千克）	2.25
运费（卡车运输）	0.28
处理费用	0.03
减：折扣	0.23
每千克材料标准单价	2.33

（二）直接人工标准成本

确定直接人工的标准成本，其中数量标准是在现有技术条件下生产单位产品需用的工作时间，包括对产品直接加工所用的工时、必要的间歇和停工事件以及在不可避免的废品上所用的工时，应以事先确定的工艺方案为基础来确定，按产品的加工步骤分别计算，然后按产品汇总。单位产品标准工时的制定见表9-3。

表9-3　单位产品标准工时的制定　单位：小时

项　目	工　时
单位产品基本工时	4.70
允许的停工时间	0.05
必要的停机清理时间	0.30
废品留量	0.20
单位产品标准工时	5.25

价格标准是指工资率标准，若采用计件工资制，就是单位产品应支付的计件单价；若采用计时工资制，则按现行工资制度所定的工资水平计算确定。

（三）制造费用标准成本

制造费用的标准成本，其中数量标准是指在现有生产条件下生产某种产品所需的人工工时，其具体内容与直接人工数量标准类似。价格标准是指制造费用分配率标准，指每标准工时所应负担的制造费用（包括固定性制造费用和变动性制造费用），其大小取决于生产量标准和制造费用预算额。

其中：

$$\text{变动性制造费用标准分配率} = \text{变动性制造费用预算} \div \text{标准总工时}$$

$$\text{变动性制造费用标准成本} = \text{变动性制造费用标准分配率} \times \text{标准工时}$$

$$\text{固定性制造费用标准分配率} = \text{固定性制造费用预算} \div \text{标准总工时}$$

$$\text{固定性制造费用标准成本} = \text{固定性制造费用标准分配率} \times \text{标准工时}$$

（四）单位产品标准成本

当某种产品的直接材料标准成本、直接人工标准成本和制造费用标准成本确定后，就可以汇总计算确定单位产品的标准成本。

$$\begin{matrix}\text{变动成本法下}\\\text{单位产品标准成本}\end{matrix} = \begin{matrix}\text{直接材料}\\\text{标准成本}\end{matrix} + \begin{matrix}\text{直接人工}\\\text{标准成本}\end{matrix} + \begin{matrix}\text{变动性制造费用}\\\text{标准成本}\end{matrix}$$

$$\begin{matrix}\text{完全成本法下}\\\text{单位产品标准成本}\end{matrix} = \begin{matrix}\text{直接材料}\\\text{标准成本}\end{matrix} + \begin{matrix}\text{直接人工}\\\text{标准成本}\end{matrix} + \begin{matrix}\text{变动性制造费用}\\\text{标准成本}\end{matrix} + \begin{matrix}\text{固定性制造费用}\\\text{标准成本}\end{matrix}$$

【请思考】标准成本对实际工作有什么意义？结合实际说明标准成本是如何改进企业的计划与控制职能的。

任务二　标准成本差异计算与分析

所谓成本差异，是指产品实际成本与标准成本的差额。如果实际成本超过标准成本，所形成的差异称为不利差异，通常用字母“U”表示；如果实际成本低于标准成本，所形成的差异称为有利差异，通常用字母“F”表示。

成本差异对于管理者而言，是一个重要的“信号”，可以据此发现问题，具体分析差异形成的原因和责任，进而采取相应的措施，实现对成本的控制，促进成本的降低。

成本差异计算的通用模式如图9-1所示。

（1）	（2）	（3）
实际数量×实际价格	实际数量×标准价格	标准数量×标准价格
AQ × AP	AQ × SP	SQ × SP

价格差异 =（1）-（2）= AQ×（AP - SP）

数量差异 =（2）-（3）=（AQ - SQ）× SP

图9-1　成本差异计算的通用模式

一、直接材料成本差异的计算与分析

（一）直接材料成本差异的计算

直接材料成本差异，包括材料用量差异和材料价格差异，它们的计算公式分别为：

材料用量差异 = 实际数量 × 标准价格 − 标准数量 × 标准价格
= （实际数量 − 标准数量）× 标准价格

材料价格差异 = 实际数量 × 实际价格 − 实际数量 × 标准价格
= 实际数量 ×（实际价格 − 标准价格）

【做中学9-1】恒达公司的有关数据见表9-4。

表9-4 恒达公司的有关数据

项　目	标准成本			实际成本		
	用量	单价（元/千克）	金额（元）	用量	单价（元/千克）	金额（元）
直接材料（千克）	1 200（100件 × 12千克/件）	1.00	1 200	1 250	0.80	1 000
直接人工（小时）	100（100件 × 1小时/件）	6.00	600	110	6.20	682
合　计			1 800			1 682

根据上述公式，结合表9-4中的有关数据，可计算直接材料成本差异如下：

材料用量差异 = 1.00 ×(1 250 − 1 200) = 50（元）

材料价格差异 = 1 250 ×(0.80 − 1.00) = −250（元）

直接材料成本差异合计 = −200元

为了及时获得差异信息，进行有效的成本控制，材料价格差异应在购买原材料时计算，材料用量差异应在材料被领用投入生产时计算。在这种情况下，由于材料的购买数量不等于材料的使用数量，所以材料的总差异就不会等于材料价格差异和材料用量差异之和，但这并不影响我们进行差异分析。

（二）直接材料成本差异的分析

对直接材料成本差异进行分析，第一步是判断这个差异是否重大，如果是非重大差异，就不必再分析下去；如果是重大差异，则必须调查它发生的原因。

直接材料的用量差异表明制造过程中已使用的直接材料数量与原来预计使用材料数量的不同。直接材料用量差异可能缘于直接材料质量标准的差别、生产工人缺乏训练或经验、工作上的粗心大意造成过量耗费或其他因素。

直接材料价格差异可能缘于没有享受采购折扣、材料价格的异常变化、运费的变化、采购项目等级的差异或其他因素。在实际工作中，应谨慎解释价格差异。例如，低成本的材料如果在质量上存在差异，则有利的材料价格差异可能会导致从总体上提高制造成本，如增加废品、加工改制成本和产品售后服务成本等。

在【做中学9-1】中，材料价格差异出现有利差异而材料用量差异出现不利差异，若这项不利差异属于重大差异，则应排除由于材料质量问题导致用量不利差异的原因后，具体分析形成差异的原因，并追究生产部门、设备维修部门等相关部门的责任。

二、直接人工成本差异的计算与分析

（一）直接人工成本差异的计算

直接人工成本差异由直接人工工资率差异和直接人工效率差异构成。其计算公式为：

直接人工工资率差异 = 实际人工小时 × 实际工资率 − 实际人工小时 × 标准工资率
= 实际人工小时 ×（实际工资率 − 标准工资率）

直接人工效率差异 = 实际人工小时 × 标准工资率 − 标准人工小时 × 标准工资率
=（实际人工小时 − 标准人工小时）× 标准工资率

【做中学9-2】现仍以表9-4中的数据为例，计算直接人工成本差异如下：

直接人工工资率差异 = 110 ×(6.20 − 6.00) = 22（元）

直接人工效率差异 = 6.00 ×(110 − 100) = 60（元）

直接人工成本差异合计 = 82元

（二）直接人工成本差异的分析

直接人工工资率差异反映了实际工资率差异与标准成本单中制定的标准工资率之差对经营收益的影响。直接人工工资率差异缘于公司没有按标准成本单制定的工资支付，或者没有雇用标准成本单制定的同种技能的工人。人力资源管理部门通常对直接人工工资率差异负责。

直接人工效率差异反映了制造产品实际工时与所需标准工时之差对经营收益的影响，应由生产部门负责。

三、变动性制造费用成本差异的计算与分析

微课

变动性制造费用成本差异的计算与分析

（一）变动性制造费用成本差异的计算

变动性制造费用成本差异，由变动性制造费用效率差异（即数量差异）和变动性制造费用耗费差异（即价格差异）构成。

变动性制造费用效率差异是指按生产上实际耗用工时计算的变动性制造费用与按标准工时计算的变动性制造费用之间的差额。其计算公式为：

变动性制造费用效率差异 = 实际工时 × 标准分配率 − 标准工时 × 标准分配率
=（实际工时 − 标准工时）× 标准分配率

变动性制造费用耗费差异则是指实际发生的变动性制造费用和按实际工时计算的标准变动性制造费用之间的差额。其计算公式如下：

变动性制造费用耗费差异 = 实际工时 × 实际分配率 − 实际工时 × 标准分配率
= 实际工时 ×（实际分配率 − 标准分配率）

【做中学9-3】某企业2024年1月制造费用预算见表9-5。

表9-5　　某企业2024年1月制造费用预算表　　金额单位：元

项　目	每小时耗费	预计产量的预算 (1)	按实际产量调整后的预算 (2)	实际成本 (3)	成本差异 (4) = (3) - (2) 或 = (3) - (1)
产量（件）		100 000	80 000	80 000	
变动性制造费用					
动力费	0.03	3 000	2 400	2 500	100（U）
维修费	0.05	5 000	4 000	4 200	200（U）
管理人员工资	0.07	7 000	5 600	5 680	80（U）
其他	0.10	10 000	8 000	8 500	500（U）
变动性制造费用合计	0.25	25 000	20 000	20 880	880（U）
固定性制造费用					
管理人员工资		8 000		8 500	500（U）
厂房租金		10 000		10 000	0
维修费		3 000		2 500	500（F）
间接人工费		5 000		5 200	200（U）
厂房设备维修费		12 000		12 000	0
其他		4 000		4 300	300（U）
固定性制造费用合计		42 000		42 500	500（U）
制造费用总计		67 000		63 380	3 620（F）

若该企业预算月份正常工作应完成直接人工工时2 500小时，应完成产量100 000件（单位产品需直接人工工时0.025小时）。

预算执行结果：

（1）实际完成产量80 000件。

（2）实际完成产量的标准直接人工工时2 000小时。

（3）实际直接人工工时2 050小时。

根据上述公式，结合本题所提供的数据，变动性制造费用成本差异可计算如下：

先计算变动性制造费用的实际分配率和标准分配率，分别见表9-6、表9-7。

表9-6　　变动性制造费用的实际分配率

变动性制造费用	实际成本（元）	实际直接人工工时（小时）	实际分配率（元/小时）
动力费	2 500		1.2195
维修费	4 200		2.0488
管理人员工资	5 680		2.7707
其他	8 500		4.1463
合计	20 880	2 050	10.1854

表9-7　　变动性制造费用的标准分配率

变动性制造费用	标准成本（元）	标准直接人工工时（小时）	标准分配率（元/小时）
动力费	2 400		1.2000
维修费	4 000		2.0000
管理人员工资	5 600		2.8000
其他	8 000		4.0000
合计	20 000	2 000	10.0000

据此计算如下：

变动性制造费用效率差异 $= (2\,050 - 2\,000) \times 10 = 500$（元）

变动性制造费用耗费差异 $= 2\,050 \times (10.1854 - 10.0000) = 380$（元）

变动性制造费用成本差异合计 = 880元

（二）变动性制造费用成本差异的分析

1. 变动性制造费用耗费差异的分析

变动性制造费用耗费差异与材料和人工的价格差异之间在概念上是相似的，却又不完全相同。变动性制造费用并不是由同类的投入组成的，而是由大量的个别项目组成的，如间接材料、间接人工、电力费、维护费等。变动性制造费用标准分配率表示每一工时发生的所有变动性制造费用项目的加权成本。

由于个别的间接变动费用项目价格的增加或减少，会导致变动性制造费用耗费的差异，但是，耗费差异常常会受制造费用是否得到有效耗用所影响，在变动性制造费用的耗费中出现的浪费和无效率会使实际变动性制造费用增加。因此，变动性制造费用耗费差异是价格和效率共同作用的结果。

许多变动性制造费用项目同时受好几个责任中心的影响。例如，公用设施费就是一个共同成本。要想把成本分配到一个特定的责任领域，需要将成本追溯到这个领域，而不是主观分配。如果在一定程度上变动性制造费用的耗费可以追溯到一个责任中心，那么这个责任成本就可以被分配。间接材料的消耗就是一种可追溯的变动性制造费用。

可控是分配责任的一个先决条件。变动性制造费用项目价格变动实际上超出了费用管理者的控制范围。如果价格变动很小（经常是这样的），那么开支差异就很有可能是生产中制造费用使用效率的问题，而这个问题是生产管理者可以控制的。相应地，变动性制造费用的耗费差异通常会分派给生产部门。

2. 变动性制造费用效率差异的分析

变动性制造费用效率差异与直接人工效率或用量差异直接相连。如果变动性制造费用是由直接人工工时的消耗引起的，那么变动性制造费用效率差异就会像直接人工效率差异一样，也是由无效或有效地使用直接人工引起的。如果实际工时比标准多（或少），那么总变动性制造费用就会增加（或减少）。这种指标的有效性取决于变动性制造费用和直接人工工时之间联系的有效性。当变动性制造费用变动与直接人工工时变动的相关性较差时，对这个指标的分析就会失去意义。

当我们对变动性制造费用的项目逐个进行分析时，就能得到更多的对企业进行成本控制的有用信息。

【做中学9-4】对【做中学9-3】中的变动性制造费用项目进行的分析见表9-8。

表9-8　变动性制造费用项目分析表　单位：元

项　目	按标准直接人工工时计算（1）	按实际直接人工工时计算（2）	实际成本（3）	耗费差异（4）	效率差异（5）	差异合计（6）=（4）+（5）
变动性制造费用						
动力费	3 000	2 400	2 500	40（U）	60（U）	100（U）
维修费	5 000	4 000	4 200	100（U）	100（U）	200（U）
管理人员工资	7 000	5 600	5 680	60（F）	140（U）	80（U）
其他	10 000	8 000	8 500	300（U）	200（U）	500（U）
合计	25 000	20 000	20 880	380（U）	500（U）	880（U）

四、固定性制造费用成本差异的计算与分析

（一）固定性制造费用成本差异的计算

微课

固定性制造费用成本差异的计算与分析

由于固定性制造费用的预算额不随产量的变动而变动，因此固定性制造费用的差异分析对比上述通用模式又有不同特点。通常，固定性制造费用的分配标准是按产量计算的，单位产品的标准分配率构成单位产品固定性制造费用的标准成本。

固定性制造费用在一定相关范围内不会受生产活动水平变动的影响，因此，固定性制造费用是通过固定预算进行控制的。

固定性制造费用成本差异的分析方法包括二因素分析法和三因素分析法。

二因素分析法将固定性制造费用成本差异分为固定性制造费用预算差异和固定性制造费用生产能力利用差异两部分进行分析。

其中，固定性制造费用预算差异也称固定性制造费用耗费差异，是指实际固定性制

造费用与预算固定性制造费用之间的差额。其计算公式为：

固定性制造费用预算差异 = 实际固定性制造费用 − 预算固定性制造费用

固定性制造费用生产能力利用差异也称固定性制造费用数量差异，是指实际固定性制造费用按应耗用的标准小时数、预定分配率计算的分配数与固定性制造费用预算数之间的差额。其计算公式为：

$$\text{固定性制造费用生产能力利用差异}=\text{固定性制造费用预算}-\text{按实际产量调整后的预算}$$

$$=(\text{预算产量}-\text{实际产量})\times\text{固定性制造费用单位工时标准分配率}\times\text{单位产品标准工时}$$

【做中学9-5】沿用【做中学9-3】的资料，2024年1月该企业固定性制造费用预算总额为42 000元，预计直接人工工时为2 500小时。据此，我们可以确定固定性制造费用单位工时的标准分配率。

固定性制造费用单位工时标准分配率 = 42 000 ÷ 2 500 = 16.80（元/小时）

结合表9-5所提供的有关数据，固定性制造费用成本差异计算如下：

固定性制造费用预算差异 = 42 500 − 42 000 = 500（元）

固定性制造费用生产能力利用差异 =（100 000 − 80 000）× 16.80 × 0.025 = 8 400（元）

三因素分析法将固定性制造费用成本差异分为耗费差异、效率差异和闲置能量差异三部分进行分析。

两种计算方法的区别在于：在三因素分析法中，将二因素分析法中的“生产能力利用差异”进一步分为两部分，一部分是实际工时未达到预算工时而形成的闲置能量差异，另一部分是实际工时脱离标准工时而形成的效率差异。相关公式如下：

固定性制造费用预算差异 = 实际固定性制造费用 − 预算固定性制造费用

$$\text{固定性制造费用闲置能量差异}=\text{固定性制造费用预算}-\text{实际工时}\times\text{固定性制造费用单位工时标准分配率}$$

$$=(\text{生产能力}-\text{实际工时})\times\text{固定性制造费用单位工时标准分配率}$$

$$\text{固定性制造费用效率差异}=(\text{实际工时}-\text{实际产量标准工时})\times\text{固定性制造费用单位工时标准分配率}$$

$$\text{固定性制造费用生产能力利用差异}=\text{固定性制造费用闲置能量差异}+\text{固定性制造费用效率差异}$$

$$\text{固定性制造费用单位工时标准分配率}=\frac{\text{根据正常生产能力确定的固定性制造费用预算}}{\text{某一会计期间的正常生产能力}}$$

在上述公式中，实际产量标准工时是本期实际产量与单位产品标准工时的乘积，本期实际产量的确定方法与变动性制造费用成本差异计算中的补充说明相同。

【做中学9-6】沿用【做中学9-3】的资料，现采用三因素分析法对固定性制造费用的成本差异进行分析。

固定性制造费用单位工时标准分配率 = 42 000 ÷ 2 500 = 16.80（元/小时）

结合表9-5所提供的有关数据，固定性制造费用成本差异计算如下：

固定性制造费用预算差异 = 42 500 − 42 000 = 500（元）

固定性制造费用闲置能量差异 =（2 500 − 2 050）× 16.80 = 7 560（元）

固定性制造费用效率差异 =（2 050 − 2 000）× 16.80 = 840（元）

（二）固定性制造费用成本差异的分析

1.固定性制造费用预算差异的分析

固定性制造费用预算差异表示实际固定性制造费用与预算固定性制造费用之间的差额，造成其差异的原因可能有以下几种：

（1）预算程序没有预测或包含固定性制造费用的增加，如购买新设备等，无效预算导致固定性制造费用出现巨额开支差异，企业应当重新修订预算方案。

（2）由于缺乏适当或足够的经营控制造成过度开支，如紧急维修等，管理层应仔细调查这种不利差异产生的原因，以防止类似事件再次发生。

（3）某些制造费用项目无法严格区分为变动性或固定性制造费用，使成本分类不能正确反映实际成本习性，在这种情况下，若出现较大差异，可重新检验企业制造费用的成本习性。

由于固定性制造费用由许多个别项目组成，所以对实际和预算固定性制造费用进行逐个项目的比较（见表9-5），可以提供更多的有关预算差异的信息。

2.固定性制造费用生产能力利用差异的分析

固定性制造费用生产能力利用差异反映了企业在一定时期内实现经营目标过程中的效果，而不是其在成本控制中的效率。如在【做中学9-5】中，该部门预计生产100 000件，实际完成80 000件，由此导致固定性制造费用生产能力利用差异出现了8 400元的不利差异。固定性制造费用生产能力利用差异产生的原因有管理决策、对产品要求存在意料外的变化或者生产中的其他诸多问题。鉴于新的市场形势或出于战略性考虑，管理者可以更改生产计划。这些变化在很大程度上是企业内部管理无法控制的，从这个角度来看，固定性制造费用生产能力利用差异的计算和分析不是我们关注的重点。

五、标准成本系统的账务处理

为了同时提供标准成本、成本差异和实际成本三项成本资料，标准成本系统的账务处理具有以下特点：

（一）在“原材料”“生产成本”“产成品”账户登记标准成本

这三个账户，无论是借方还是贷方，均登记实际数量的标准成本，其余额亦反映这些资产的标准成本。

（二）设置成本差异账户分别记录各种成本差异

在需要登记“原材料”、“生产成本”和“产成品”账户时，应将实际成本分离为标准成本和有关的成本差异，标准成本数据记入“原材料”、“生产成本”和“产成品”账户，而有关的差异则分别记入各成本差异账户。各成本差异账户的借方登记超支差异，贷方登记节约差异。

微课

成本差异的账务处理

（三）各会计期末对成本差异进行处理

各成本差异账户的累计发生额，反映了本期成本控制的业绩。在月末

（或者年末）对成本差异的处理方法有两种：

1.结转本期损益法

按照这种方法，在会计期末将所有差异转入“本年利润”账户，或者先将差异转入“主营业务成本”账户，再随同已销产品的标准成本一起转至“本年利润”账户。采用这种方法的依据是确信标准成本是真正的正常成本，成本差异是由不正常的低效率和浪费造成的，应当直接体现在本期损益之中，并能体现本期工作成绩的好坏。此外，这种方法的账务处理比较简单。但是，如果差异数额较大或者制定的标准成本不符合实际的正常水平，则不仅使存货成本严重脱离实际成本，而且会歪曲本期经营成本，因此，在成本差异数额不大时宜采用此种方法。

2.调整销货与存货成本法

按照这种方法，在会计期末将成本差异按照比例分配至销货成本和存货成本。采用这种方法的依据是税法和会计制度均要求以实际成本反映存货成本和销货成本。本期发生的成本差异，应由存货成本和销货成本共同负担。当然，这种做法会增加一些计算分配的工作量。此外，有些费用计入存货成本不一定合理，例如闲置能量差异是一种损失，并不能在未来换取收益，作为资产计入存货成本明显不合理，不如作为期间费用在当期参加损益汇总。

在进行成本差异处理方法的选择时，要考虑很多因素，包括差异的类型（材料、人工或制造费用）、差异的大小、差异的原因、差异的时间（如季节性变动引起的非常性差异）等。因此，可以对各种成本差异采用不同的处理方法。如材料价格差异多采用调整销货与存货成本法，闲置能量差异多采用结转本期损益法，其他差异则可因企业具体情况而定。值得强调的是，差异处理的方法要保持历史一致性，以使成本数据具有可比性，并防止信息使用人产生误解。

【请思考】举例说明材料价格差异与数量差异。有人说，变动性制造费用效率差异与变动性制造费用的有效使用并无直接关系，你同意这种说法吗？请予以解释。

任务三　标准成本法的应用

微课

标准成本法的应用

从成本管理的视角来看，成本的有效控制比单纯的成本计算更有意义。在企业的日常经营过程中，如何控制成本历来都是企业经理人重视的问题。标准成本（standard costing）法就是一种行之有效的成本控制方法。

所谓标准成本法，就是以标准成本为基础的成本计算与成本控制体系，包括确定标准成本、差异分析以及差异的账务处理三个有机组成部分。

一、确定标准成本

确定标准成本是实施标准成本法的起点，直接关系到日后成本控制的成效。为了合理地确定标准成本，企业的相关部门和个人（如行政管理部门、设计部门、采购部门技术部门、人事部门、生产部门和财务部门）都应该共同参与确定标准成本。经理人在确定标准成本时，必须全面地评估企业的生产经营条件，然后以历史成本信息为基础，结合经济环境、技术水平、市场供求关系的变化调整或修订拟定的标准成本。

从成本管理的角度看，控制成本的有利时机在成本发生之前，而不是成本发生之时。因此，企业应该分别确定生产经营过程的直接材料、直接人工和制造费用等成本项目的标准成本，进而确定单位产品的标准成本。标准成本的基本模式为“标准成本 = 用量标准 × 价格标准”。

（一）直接材料标准成本

确定直接材料用量标准要求经理人全面评估企业的每一项业务的必要投入量，并综合考虑产品设计要求、质量标准、生产过程不可避免的正常损耗以及次品废品耗用的原材料等因素，从而确定基于当前生产条件和技术水平的单位产品材料用量。不同产品的直接材料用量标准应该分别记录，同一种产品不同生产步骤的材料用量也应该分别记录。经理人将各个生产步骤的标准材料用量汇总，就可以得到单位产品的标准材料用量。

直接材料的价格标准，包括购入材料的发票价格和其他附带成本。确定直接材料价格标准需要采购部门做必要的市场调查，在保证材料质量的前提下，选择价格条件较为优惠的供应商，同时应该考虑经济订货批量、相关折扣、运输方式、信用条件以及供应商是否能按时按量送交材料等因素。

确定单位产品的直接材料用量标准和价格标准之后，就可以得到单位产品的直接材料标准成本。其计算公式为：

$$单位产品直接材料标准成本 = \sum(各种材料标准用量 \times 各种材料标准价格)$$

【做中学9-7】恒达公司生产的产品需要耗用A和B两种原材料。确定其直接材料标准成本见表9-9。

表9-9　直接材料标准成本

	A材料	B材料
用量标准（千克）		
单位产品耗用量（千克）	5.00	4.00
材料正常耗损（千克）	0.50	0.30
预计废（次）品耗用材料量（千克）	0.30	
标准用量（千克）	5.80	4.30
价格标准（元）		
发票价格（元） 运杂费及其他相关费用（元） 减：现金折扣（元）	3.00 0.60 (0.09)	4.00 0.90 (0.06)
标准价格（元）	3.51	4.84
直接材料标准成本（元）	20.358（3.51 × 5.80）	20.812（4.84 × 4.30）
单位产品直接材料标准成本（元）	41.17	

（二）直接人工标准成本

经理人可以从价格和用量两个方面确定直接人工标准成本。

直接人工的“价格”标准是指标准工资率。采用计件工资制的企业，其标准工资率是指单位产品的应付工资；采用计时制的企业，其标准工资率则指单位工时的应付工资；采用工资总额制的企业，则需要用工资总额按标准人工小时分配之后确定其标准工资率。

直接人工的“用量”标准是指在现有正常的生产经营条件下，生产单位产品所需耗用的工时数，其中包括生产过程直接耗用工时、设备故障及日常维修停工时间、员工必要的休息时间。直接人工的用量标准是最难确定的标准成本项目。经理人需要全面分析生产过程的每项业务，剔除不必要的因素，确定最有效率的生产方式。实际上，员工的工作效率、技术水平、工作状态参差不齐，经理人应该在平均水平基础上确定直接人工的标准工时，从而使得直接人工用量标准成为合理、先进的标准，保证成本控制的效果。

确定单位产品的直接人工用量标准和工资率标准之后，就可以得到单位产品的直接人工标准成本。其计算公式为：

单位产品直接人工标准成本 = 标准工资率 × 标准工时数

【做中学9-8】恒达公司单位产品的直接人工标准成本见表9-10。

表9-10 直接人工标准成本

单位产品直接耗用工时（小时）	2.00
预计员工所需休息时间（小时）	0.10
预计设备故障维修停工时间（小时）	0.40
单位产品标准工时（小时）	2.50
标准工资率（元/小时）	6.00
单位产品直接人工标准成本（元）	15.00（6.00 × 2.50）

（三）制造费用标准成本

1. 制造费用的特点和制造费用标准成本的含义

（1）制造费用具有两个特点：①与直接材料和直接人工不同，制造费用无法追溯到具体产品；②根据成本性态，直接材料和直接人工都是变动成本，制造费用则包含了固定性制造费用和变动性制造费用两部分。

（2）制造费用标准成本是指在企业正常的生产经营条件下，生产单位产品所发生的制造费用。既然制造费用由固定性制造费用和变动性制造费用两部分组成，那么制造费用标准成本自然也由固定性制造费用标准成本和变动性制造费用标准成本两部分组成。

2. 制造费用标准成本的确定

经理人在确定制造费用标准成本时，首先要编制制造费用预算，即确定相关期间的制造费用总额。经理人在分别编制变动性制造费用预算和固定性制造费用预算之后，再按制造费用分配基础进行分配。制造费用分配基础为制造费用的“用量标准”，通常是指直接人工工时。制造费用分配率就是制造费用的“价格标准”。以制造费用分配率乘以生产单位产品的标准工时，就可以得到单位产品的制造费用标准成本。其计算公式为：

$$\frac{\text{制造费用}}{\text{分配率}} = \frac{\text{（变动性/固定性）}}{\text{制造费用预算总额}} \div \frac{\text{制造费用分配基础单位产品}}{\text{（变动性/固定性）制造费用}}$$

$$= \text{（变动性/固定性）制造费用分配率} \times \text{标准工时}$$

（1）变动性制造费用标准成本。变动性制造费用与直接材料、直接人工一样，随着企业的生产量水平变动而变动。经理人在编制变动性费用预算时，通常采用弹性预算的形式，按不同的生产水平确定相应的费用水平。

【做中学9–9】恒达公司编制的变动性制造费用预算见表9–11。

表9–11 变动性制造费用预算

变动性制造费用（元）	生产量水平（直接人工小时）		
	10 000	12 000	14 000
间接人工	10 000	12 000	14 000
物料用品	2 800	2 690	3 190
设备维修	920	1 060	1 270
其他费用	300	450	520
合计	14 020	16 200	18 980

假设恒达公司的制造费用分配基础为直接人工小时。基于12 000小时的生产量水平：

变动性制造费用分配率 = 16 200 ÷ 12 000 = 1.35（元/小时）

如果生产单位产品耗用的标准工时数为2小时，则：

变动性制造费用标准成本 = 2 × 1.35 = 2.70（元）

（2）固定性制造费用标准成本。固定性制造费用在相关生产水平范围内，不会随着生产量水平的变动而变动。因此，不需要单独编制弹性预算。其他程序与编制变动性制造费用预算的程序完全相同。

【做中学9–10】沿用【做中学9–9】的资料，恒达公司的固定性制造费用预算见表9–12。

表9–12 固定性制造费用预算 单位：元

固定性制造费用	金额
管理人员工资	6 350
保险费	1 500
设备折旧	940
税金	260
厂房折旧	790
合计	9 840

基于12 000小时的生产量水平：

固定性制造费用分配率 = 9 840 ÷ 12 000 = 0.82（元/小时）

固定性制造费用标准成本 = 单位产品标准工时 × 固定性制造费用分配率

= 2 × 0.82 = 1.64（元）

基于直接人工为12 000小时的生产量，恒达公司的单位产品制造费用标准成本为4.34元（2.70 + 1.64）。

（四）标准成本计算单

标准成本计算单是企业列示和计算单位产品标准成本的计算与形成过程的一种表格形式。

【做中学9–11】沿用【做中学9–7】至【做中学9–10】的资料，恒达公司的标准成本计算单见表9–13。

表9–13　　恒达公司的标准成本计算单　　单位：元

成本项目	金额
直接材料	41.17
直接人工	15.00
制造费用	
变动性制造费用	2.70
固定性制造费用	1.64
合计	60.51

恒达公司生产单位产品的标准成本为60.51元。

二、差异分析

差异分析是标准成本法的核心。标准成本只是经理人确定的预期成本水平。在实践中，由于各种各样的原因，实际成本发生额可能高于或低于标准成本。实际成本与标准成本之间的差额就是成本差异（cost variance）。如果实际成本低于标准成本，说明成本的实际发生额低于预期水平，形成有利差异（favorable variance），通常用F表示；反之，如果实际成本高于标准成本，说明成本的实际发生额高于预期水平，形成不利差异（unfavorable variance），通常用U表示。成本差异产生的原因可能是标准成本过高或过低。在这种情况下，经理人应该考虑调整或重新确定成本标准。如果标准成本合理可行，经理人就应该开展差异分析，针对其性质找出差异发生的原因（尤其是不利差异的原因），明确差异是否可以控制、由谁控制、如何控制，尽可能消除或减少不利差异，同时扩大有利差异，以便有效地控制成本。

不利差异与有利差异的管理方针取决于企业的经营战略及其制约因素：（1）处于激烈竞争行业的企业，强调质量的零缺陷和持续改进。就这些企业而言，并不意味着一定要降低不利差异，提高有利差异。(2) 约束理论（theory of constraints）认为企业的生产效率往往受到某些瓶颈因素（bottleneck factor）的限制。因此，经理人应该高度重视瓶颈因素所引起的不利差异。

（一）差异分析的通用计算公式

标准成本包括直接材料标准成本、直接人工标准成本、变动性制造费用标准成本和固定性制造费用标准成本等四部分。成本差异同样由直接材料成本差异、直接人工成本差异、变动性制造费用成本差异、固定性制造费用成本差异等四部分组成。各个标准成本项目都可以分解为用量标准和价格标准，成本差异也相应地分为价格差异和用量差异。其通用计算公式为：

成本差异 = 实际成本 − 标准成本 = 实际用量 × 实际价格 − 标准用量 × 标准价格

上述公式表明，影响成本差异的因素是“价格”和“用量”。为了区分“价格”和“用量”对成本差异的具体影响，在上述通用公式的右边分别加减“实际用量 × 标准价格”，再合并分析得到：

$$\begin{aligned}\text{成本差异} &= \text{实际用量}\times\text{实际价格}-\text{实际用量}\times\text{标准价格}+\text{实际用量}\times\text{标准价格}-\text{标准用量}\times\text{标准价格}\\ &= \text{实际用量}\times(\text{实际价格}-\text{标准价格})+(\text{实际用量}-\text{标准用量})\times\text{标准价格}\\ &= \text{价格差异}+\text{用量差异}\end{aligned}$$

其中：

价格差异 = 实际用量 ×（实际价格 − 标准价格）

用量差异 =（实际用量 − 标准用量）× 标准价格

值得注意的是，上述成本差异通用计算公式中，价格差异的共同因子为实际用量，用量差异的共同因子为标准价格。成本差异通用计算公式的基本原理如图 9-2 所示。

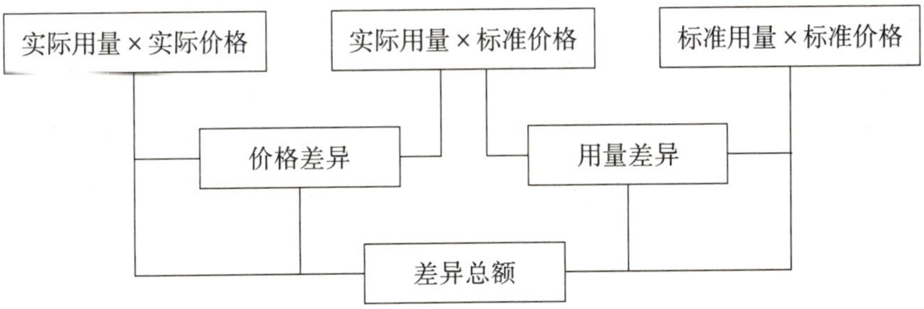

图9-2　成本差异通用计算公式的基本原理

将成本差异分解为价格差异和用量差异，其目的在于从价格和用量两方面寻找差异形成的原因。

（二）直接材料成本差异分析

直接材料成本差异是指直接材料实际成本偏离其标准成本所形成的差异，可以分解为直接材料价格差异和直接材料用量差异。

1. 直接材料价格差异分析

直接材料价格差异（direct material price variance）是指企业在材料采购过程中所形成的标准价格与实际价格之间的差异。其计算公式为：

直接材料价格差异 = 实际用量 × 实际价格 − 实际用量 × 标准价格
= 实际用量 ×（实际价格 − 标准价格）

导致直接材料价格差异的因素比较多，如采购批量、送货方式、供应商根据购货量提供的商业折扣、购入材料的等级、采购时间是否充裕等。其中任何一个因素与预期存在偏差，都可能导致直接材料价格差异。直接材料价格差异通常由材料采购部门负责，但其他相关部门的决策或行为也可能导致直接材料价格差异。例如，生产部门临时更改或制订新的生产计划，要求材料采购部门以最快的速度提供所需的原材料，材料采购部门则难以选择价格较低廉的运输方式，也难以按最优惠的条件采购原材料。此时，直接材料价格差异就应该由生产部门负责。

2. 直接材料用量差异分析

直接材料用量差异（direct material usage variance）是指企业在生产过程中所形成的标准用量与实际用量之间的差异。其计算公式为：

直接材料用量差异 = 实际用量 × 标准价格 − 标准用量 × 标准价格
= 标准价格 ×（实际用量 − 标准用量）

导致直接材料用量差异的因素也比较多，如设备故障、原材料质量不佳、员工技术不熟练、经理人监管不力、产品质量标准提高等。由于直接材料用量差异通常在企业生产或加工产品、耗费原材料的过程中形成，因此，通常应由生产部门负责。不过，直接材料用量差异有时可能因生产部门不可控因素而引起。例如，采购部门为了获得较优惠的采购价格，购入了质量等级或规格不符合要求的原材料，从而导致加工过程过度消耗材料。此时，直接材料用量差异就应由采购部门负责。

【做中学9-12】恒达公司只生产和销售A产品。其2023年3月直接材料成本差异分析见表9-14。

表9-14　　恒达公司直接材料成本差异分析表

项目	用量（千克）	单位（元）	金额（元）
标准成本	15 000	4.00	60 000
实际成本	14 740	4.05	59 697
直接材料成本差异	59 697 − 60 000 = − 303（F）		
直接材料价格差异	（14 740 × 4.05）−（14 740 × 4.00）= 737（U）		
直接材料用量差异	（14 740 × 4.00）−（15 000 × 4.00）= − 1 040（F）		
直接材料成本差异	737（U）− 1 040（F）= − 303（F）		

恒达公司生产A产品的直接材料实际价格（4.05元/千克）高于其标准价格（4.00

元/千克），直接材料价格差异为不利差异737元；而A产品的直接材料实际用量（14 740千克）低于其标准用量（15 000千克），直接材料用量差异为有利差异1 040元。综合直接材料的价格差异与用量差异，直接材料成本差异总额为有利差异303元（737 − 1 040）。直接材料成本差异分析过程如图9-3所示。

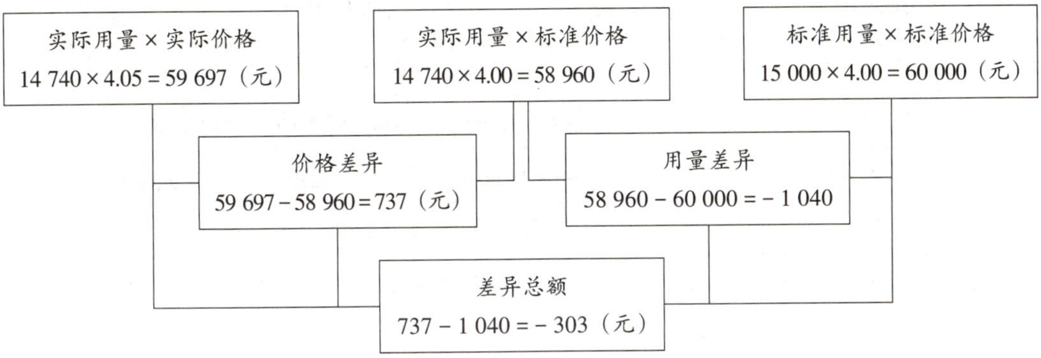

图9-3　直接材料成本差异分析

（三）直接人工成本差异分析

直接人工成本差异的确定方式与直接材料相似，其区别在于“价格”差异为直接人工工资率差异，“用量”差异则为直接人工效率差异。

1. 直接人工工资率差异分析

如果企业实际支付的工资率偏离了预定的标准工资率，就会产生直接人工工资率差异。其计算公式为：

直接人工工资率差异 = 实际工时 × 实际工资率 − 实际工时 × 标准工资率
= 实际工时 ×（实际工资率 − 标准工资率）

通常，直接人工工资率是聘用合同载明的条款之一，实际支付额与预算额一般不会出现差异。但是，依然存在许多因素可能导致直接人工工资率差异。例如，企业的人力资本配置不当，在生产经营过程中降级或升级使用员工，从而引起平均工资率的变动、员工人数的增加或薪酬的增加、总体工资水平变动等。

2. 直接人工效率差异分析

直接人工效率差异是指企业在生产过程中所耗用的实际工时数偏离标准工时数形成的差异。其计算公式为：

直接人工效率差异 = 实际工时 × 标准工资率 − 标准工时 × 标准工资率
= 标准工资率 ×（实际工时 − 标准工时）

企业员工生产经验不足、原材料质量不符合要求、设备运转不正常、一线经理人监管不力、工作环境不佳、引进新设备或生产方法等诸多因素都可能导致直接人工效率差异。直接人工效率差异通常由生产部门负责，但由于生产部门不可控因素（如材料质量问题）导致的效率低下，则应该由相关部门负责。

【做中学9-13】恒达公司只生产和销售A产品。其2023年3月直接人工成本差异分析见表9-15。

表9-15　　恒达公司直接人工成本差异分析表

项目	工时数（小时）	工资率（元/小时）	金额（元）
标准成本	5 200	11.80	61 360
实际成本	5 000	12.60	63 000
直接人工成本差异	63 000 − 61 360 = 1 640（U）		
直接人工工资率差异	（5 000 × 12.60）−（5 000 × 11.80）= 4 000（U）		
直接人工效率差异	（5 000 × 11.80）−（5 200 × 11.80）= − 2 360（F）		
直接人工成本差异	4 000（U）− 2 360（F）= 1 640（U）		

根据表9-15，恒达公司生产A产品的直接人工实际工资率（12.60元/小时）高于其标准工资率（11.80元/小时），直接人工工资率差异为不利差异4 000元；而A产品的直接人工实际耗用工时（5 000小时）低于其标准耗用工时（5 200小时），直接人工效率差异为有利差异2 360元。综合直接人工的工资率差异与效率差异，直接人工成本差异总额为不利差异1 640元（4 000 − 2 360）。直接人工成本差异分析过程如图9-4所示。

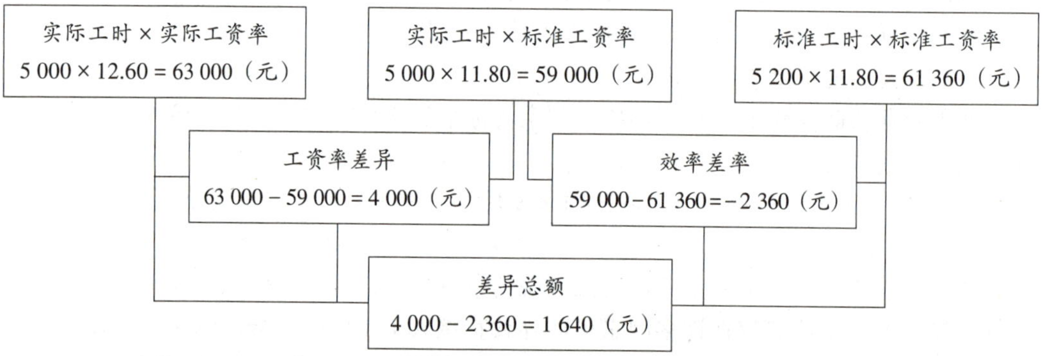

图9-4　直接人工成本差异分析

（四）变动性制造费用成本差异分析

从成本性态的角度看，变动性制造费用与直接材料成本、直接人工成本相同，主要由工时（用量）与分配率（价格）决定。因此，变动性制造费用差异同样可以分解为“价格”差异与“用量”差异两部分。

1. 变动性制造费用耗费差异分析

变动性制造费用的价格差异是指变动性制造费用分配率偏离了标准分配率而形成的差异，也称变动性制造费用耗费差异。其计算公式为：

$$\begin{aligned}\text{变动性制造费用耗费差异} &= \text{实际工时} \times \text{变动性制造费用实际分配率} - \text{实际工时} \times \text{变动性制造费用标准分配率} \\ &= \text{实际工时} \times (\text{变动性制造费用实际分配率} - \text{变动性制造费用标准分配率})\end{aligned}$$

变动性制造费用耗费差异可能因实际价格水平高于变动性制造费用预算而造成各项变动性制造费用的实际成本高于标准成本，形成不利差异，也可能因制造费用项目的过度使用或浪费而引起。

2. 变动性制造费用效率差异分析

变动性制造费用的用量差异是指实际耗用工时偏离标准工时而形成的差异，也称变动性制造费用效率差异。其计算公式为：

$$\text{变动性制造费用效率差异}=\text{实际工时}\times\text{变动性制造费用标准分配率}-\text{标准工时}\times\text{变动性制造费用标准分配率}$$

$$=\text{变动性制造费用标准分配率}\times(\text{实际工时}-\text{标准工时})$$

变动性制造费用效率差异产生的原因与直接人工效率差异基本相同。

【做中学9-14】恒达公司只生产和销售A产品。其2023年3月变动性制造费用成本差异分析见表9-16。

表9-16　恒达公司变动性制造费用成本差异分析

项目	工时数（小时）	分配率（元/小时）	金额（元）
标准成本	1 200	6.00	7 200
实际成本	1 300	5.80	7 540
变动性制造费用差异	7 540 − 7 200 = 340（U）		
变动性制造费用耗费差异	（1 300 × 5.80）−（1 300 × 6.00）= − 260（F）		
变动性制造费用效率差异	（1 300 × 6.00）−（1 200 × 6.00）= 600（U）		
变动性制造费用差异	−260（F）+600（U）= 340（U）		

恒达公司生产A产品的变动性制造费用实际分配率（5.80元/小时）低于其标准分配率（6.00元/小时），变动性制造费用耗费差异为有利差异260元；而A产品的变动性制造费用实际耗用工时（1 300小时）超过其标准耗用工时（1 200小时），变动性制造费用效率差异为不利差异600元。综合变动性制造费用耗费差异与效率差异，变动性制造费用差异总额为不利差异340元（−260 + 600）。变动性制造费用成本差异分析过程如图9-5所示。

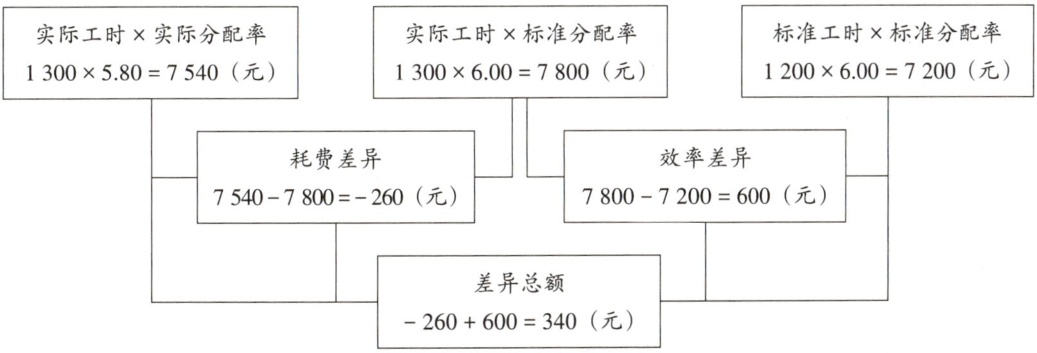

图9-5　变动性制造费用成本差异分析

（五）固定性制造费用成本差异分析

与前述直接材料成本、直接人工成本和变动性制造费用不同，固定性制造费用在相关范围内，不随业务（销售）量的变动而变动。固定性制造费用主要采用总额预算控制，即主要考察实际发生的固定性制造费用与事先预计的固定性制造费用之间是否存在差异，从而评价企业的固定性制造费用是否超过预算水平，企业的设备规模是否适当，设备和生产能力是否得到有效运用。因此，固定性制造费用差异分析，不再从价格和用量方面着手，而是以固定性制造费用预算为参照，将其分解为耗费差异和能量差异。

1. 固定性制造费用耗费差异分析

固定性制造费用耗费差异是指实际发生的固定性制造费用与固定性制造费用预算之间的差额。其计算公式为：

固定性制造费用耗费差异 = 固定性制造费用实际发生额 − 固定性制造费用预算额

2. 固定性制造费用能量差异分析

固定性制造费用能量差异是指基于预算产量标准的固定性制造费用与基于实际产量标准的固定性制造费用之间的差额。其计算公式为：

$$\begin{matrix}\text{固定性制造}\\\text{费用能量差异}\end{matrix}=\begin{matrix}\text{基于预算产量标准的}\\\text{固定性制造费用}\end{matrix}-\begin{matrix}\text{基于实际产量标准的}\\\text{固定性制造费用}\end{matrix}$$

$$=\begin{matrix}\text{固定性制造费用}\\\text{标准分配率}\end{matrix}\times\left(\begin{matrix}\text{基于预算产量的}\\\text{标准工时}\end{matrix}-\begin{matrix}\text{基于实际产量的}\\\text{标准工时}\end{matrix}\right)$$

如果企业出现固定性制造费用能量差异，说明企业的生产能力利用程度与预算不一致。如果企业的生产能力超额利用，实际标准工时会大于生产能力，形成有利差异；反之，如果企业的生产能力没有得到充分利用，将形成不利差异。

【做中学9-15】恒达公司只生产和销售A产品。其2023年3月固定性制造费用相关数据见表9-17。

表9-17　　恒达公司固定性制造费用相关数据

项目	相关数据
固定性制造费用预算	30 000元
固定性制造费用实际发生额	28 700元
直接人工小时预算	1 000小时
单位产品标准工时	0.01小时
固定性制造费用标准分配率	30.00元/小时
预算产量	100 000件
实际产量	90 000件

固定性制造费用成本差异分析如下：

固定性制造费用成本差异 = 28 700 − 27 000 = 1 700（元）（U）

固定性制造费用耗费差异 = 固定性制造费用实际发生额 − 固定性制造费用预算额

= 28 700 − 30 000 = − 1 300（元）（F）

固定性制造费用能量差异 = 基于预算产量标准的固定性制造费用 − 基于实际产量标准的固定性制造费用

= 30.00 × 0.01 × 100 000 − 30.00 × 0.01 × 90 000

= 30 000 − 27 000 = 3 000（元）（U）

固定性制造费用成本差异 = − 1 300（F）+ 3 000（U）= 1 700（元）（U）

固定性制造费用成本差异分析过程如图9-6所示。

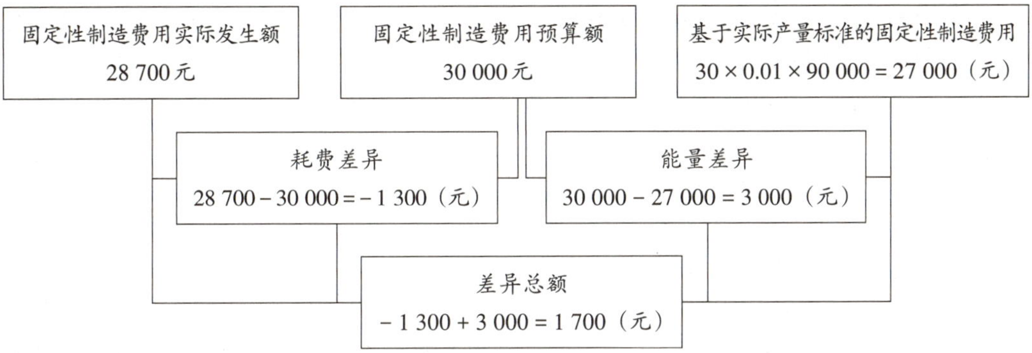

图9-6　固定性制造费用成本差异分析

恒达公司生产A产品的固定性制造费用实际发生额（28 700元）低于固定性制造费用预算（30 000元），形成有利差异（1 300元）；恒达公司生产A产品的实际产量水平（90 000件）低于其预算产量水平（100 000件），形成10 000件的产能差异，由此产生无法分配的固定性制造费用3 000元（30.00 × 0.01 × 10 000），从而产生不利的能量差异3 000元。综合固定性制造费用耗费差异与能量差异，固定性制造费用成本差异总额为不利差异1 700元（−1 300 + 3 000）。

导致企业的实际产量水平与预算产量水平不符的原因主要包括产品市场供求关系的变化、原材料短缺、生产计划安排不当、设备故障、劳资纠纷以及员工工作效率不能达到预期要求等。

三、成本差异的账务处理

成本差异的账务处理主要包括成本差异发生时的账务处理和期末成本差异的账务处理两个方面。

（一）成本差异发生时的账务处理

企业采用标准成本法，除了设置“原材料”“生产成本”“库存商品”“主营业务成本”等账户并按标准成本入账之外，还要分别设置“直接材料价格差异”“直接材料用量差异”“直接人工效率差异”“直接人工工资率差异”“变动性制造费用耗费差异”“变动性制造费用效率差异”“固定性制造费用耗费差异”“固定性制造费用能量差异”等账户，反映各个成本项目的实际成本与标准成本之间的差异。这些成本差异账户的记账方向一致，即借方记录不利差异，贷方记录有利差异。

1. 直接材料成本差异的账务处理

直接材料成本差异分为直接材料价格差异与直接材料用量差异。直接材料价格差异应该在原材料购入时入账，而直接材料用量差异则应该在原材料耗用时入账。

【做中学9–16】沿用【做中学9–12】的资料。根据表9–14，恒达公司应该编制会计分录如下：

（1）购买原材料（15 000千克）。

借：原材料（15 000 × 4.00）	60 000	
直接材料价格差异［（4.05 − 4.00）× 15 000］	750	
贷：银行存款（15 000 × 4.05）		60 750

（2）领用原材料（14 740千克）。

借：生产成本——基本生产——A产品（15 000 × 4.00）	60 000	
贷：原材料（14 740 × 4.00）		58 960
直接材料用量差异［（15 000 − 14 740）× 4.00］		1 040

此时，"原材料""生产成本"账户都按标准成本入账，其实际成本包括直接材料标准成本和直接材料成本差异两部分。

2. 直接人工成本差异的账务处理

直接人工成本差异分为直接人工工资率差异与直接人工效率差异。与直接材料成本差异不同，直接人工成本的支付与耗用几乎同时发生，不存在先购入、再储存、再耗用、再转移储存形式的情况。因此，直接人工成本差异应该同时入账。

【做中学9–17】沿用【做中学9–13】的资料。根据表9–15，恒达公司应该编制会计分录如下：

借：生产成本——基本生产——A产品（5 200 × 11.80）	61 360	
直接人工工资率差异［5 000 ×（12.60 − 11.80）］	4 000	
贷：应付职工薪酬（5 000 × 12.60）		63 000
直接人工效率差异［（5 000 − 5 200）× 11.80］		2 360

3. 变动性制造费用成本差异的账务处理

如前所述，变动性制造费用成本差异分为变动性制造费用耗费差异与变动性制造费用效率差异。

【做中学9–18】沿用【做中学9–14】的资料。根据表9–16，恒达公司应该编制会计分录如下：

（1）发生变动性制造费用。

借：变动性制造费用	7 540	
贷：银行存款		7 540

（2）结转变动性制造费用。

借：生产成本——基本生产——A产品（1 200 × 6.00）	7 200	
变动性制造费用效率差异［（1 300 − 1 200）× 6.00］	600	
贷：变动性制造费用		7 540
变动性制造费用耗费差异［1 300 ×（5.80 − 6.00）］		260

4. 固定性制造费用成本差异的账务处理

如前所述，固定性制造费用成本差异分为固定性制造费用耗费差异与固定性制造费用能量差异。固定性制造费用成本差异的账务处理与变动性制造费用成本差异的账务处理相似。

【做中学9–19】沿用【做中学9–15】的资料。根据表9–17，恒达公司应该编制会计分录如下：

（1）发生固定性制造费用。

借：固定性制造费用　　28 700

　　贷：银行存款　　28 700

（2）结转固定性制造费用。

借：生产成本——基本生产——A产品（30.00 × 0.01 × 90 000）　　27 000

　　固定性制造费用能量差异（30 000 − 30.00 × 0.01 × 90 000）　　3 000

　　贷：固定性制造费用　　28 700

　　　　固定性制造费用耗费差异（28 700 − 30 000）　　1 300

（二）期末成本差异的账务处理

经过上述账务处理，各个成本差异账户根据其所记录的成本差异性质，出现了借方或贷方余额。期末，这些成本差异账户的余额需要结转到相应的账户，使相关账户的记录从标准成本转化为实际成本，从而根据企业会计准则对外编制财务报表。

上述成本差异账户余额的处理方法包括以下两种：

1. 直接作为销售成本处理

如果经理人认为其所确定的标准成本比较合理，可以代表现有产能的生产成本水平，而成本差异的数额又不大，就可以将各个成本差异账户的余额直接转入产品销售成本，并将成本差异作为评价经理人绩效的指标之一。

【做中学9–20】沿用【做中学9–12】至【做中学9–15】的资料。恒达公司2023年3月生产的A产品全部完工，并以标准成本的120%全部销售出去。成本差异直接作为销售成本处理。

2023年3月31日，恒达公司应编制会计分录如下：

（1）商品入库。

借：库存商品——A产品　　155 560

　　贷：生产成本——基本生产——A产品　　155 560

（2）商品销售并结转成本。

借：银行存款　　186 672

　　贷：主营业务收入　　186 672

借：主营业务成本　　155 560

　　贷：库存商品——A产品　　155 560

（3）结转各个成本差异账户的余额。

借：直接材料用量差异　　1 040

　　直接人工效率差异　　2 360

借：变动性制造费用耗费差异 260
固定性制造费用耗费差异 1 300
主营业务成本 3 390
贷：直接材料价格差异 750
直接人工工资率差异 4 000
变动性制造费用效率差异 600
固定性制造费用能量差异 3 000

2.在存货与销售成本之间分配

如果企业期末成本差异的数额较大，就应该将成本差异在存货（在产品、库存商品）与销售成本之间分配。同时，经理人应该分析其所确定的标准成本是否合理、可行，并做必要的调整。

【做中学9-21】沿用【做中学9-12】至【做中学9-15】的资料。如果恒达公司的各个成本差异在存货与销售成本之间分配，则2023年3月31日，恒达公司应编制会计分录如下：

（1）商品入库。

借：库存商品——A产品 155 560
贷：生产成本——基本生产——A产品 155 560

（2）商品销售并结转成本。

借；银行存款 186 672
贷：主营业务收入 186 672
借：主营业务成本 155 560
贷：库存商品——A产品 155 560

（3）结转各个成本差异账户的余额。

借：直接材料用量差异 1 040
直接人工效率差异 2 360
变动性制造费用耗费差异 260
固定性制造费用耗费差异 1 300
主营业务成本 3 377
原材料 13
贷：直接材料价格差异 750
直接人工工资率差异 4 000
变动性制造费用效率差异 600
固定性制造费用能量差异 3 000

通过上述各个成本差异账户余额的结转过程，与此相关的账户（如“原材料”“库存商品”“生产成本”“主营业务成本”等）的余额就从标准成本转化为实际成本了。这样，经理人就可以根据企业会计准则编制财务报表。如此一来，这种处理方式就将财务会计（实际成本法）与管理会计（标准成本法）联系在一起，进而体现了管理会计所强调的“不同目的，不同成本”的多维成本观念。

四、运用标准成本时应关注的问题

（1）确定标准成本是实施标准成本法的起点，然而如何确定标准成本并非单纯的会计问题。企业生产过程中所需要的材料及其数量、人工等级及其数量等早已锁定产品成本。管理会计师必须理解企业的行业特征、技术条件和业务流程等营运管理知识，将业务与财务相融合即“业财融合”，才能真正理解如何确定标准成本。

（2）确定标准成本涉及管理会计问题，而核算实际成本涉及财务会计问题。没有实际成本信息，标准成本法“巧妇难为无米之炊”，因此，财务会计依然非常重要，但重要的常规性工作不见得要由人来做。财务会计因其常规性或规范化而可能为计算机所替代，但管理会计师必须理解财务会计，否则，管理会计师将难以真正理解标准成本法。

（3）标准成本法是一种将事前、事中和事后连为一体的前馈控制（feedforward control）与反馈控制（feedback control）相融合的成本控制方法。“差异分析”是标准成本法的核心。但差异分析不是简单的实际成本与标准成本的数字比较，关键在于揭示导致实际成本与标准成本产生差异的原因。有鉴于此，管理会计师必须“身临其境”地把握管理情境，感悟业务流程，并将差异分析过程及结果编写成管理会计报告，提交给相关部门，为企业的经营管理提供有针对性的建议。

【请思考】现代企业为什么重视标准成本的应用？

【学思践悟】

改革助推粤港澳大湾区建设迈上新台阶

建设粤港澳大湾区，是习近平总书记亲自谋划、亲自部署、亲自推动的重大国家战略，是新时代推动形成全面开放新格局的新举措，也是推动“一国两制”事业发展的新实践。党的二十大之后，粤港澳大湾区已成为我国经济发展活力最为强劲的地区之一，在规则机制、科技创新、民生改善等重点领域取得了重大进展，改革正在为粤港澳大湾区高质量发展注入新动能。

粤港澳大湾区在规则衔接、机制对接上取得了改革新突破。改革，促进粤港澳三地“软联通”持续深化，开放型经济新体制加快构建。小到月饼、凉茶，大到楼房、冷链，随着准入标准统一，执行流程一致，粤港澳三地间的人员、资金、信息的流动速度大大提高，打破流通壁垒，粤港澳大湾区统一大市场正加速形成。

“深港通”、债券“南向通”、“跨境理财通”等措施落地实施，人民币成为粤港澳跨境收支第一大结算货币，广东以单边认可带动双向互认，医师、教师等8个领域3 100多名港澳专业人士取得内地注册执业资格，“港澳高校—港澳科研成果—珠三角转化”的科技产业协同发展模式逐步形成。

2022年，大湾区经济总量超13万亿元，“深圳–香港–广州创新集群”连续4年位居全球创新指数第二。下一步，粤港澳三地将在规则衔接、机制对接上进一步加强，推出更多改革举措服务科技创新、投融资等重点领域，不断提升大湾区市场一体化水平。加快建设深圳先行示范区和横琴、前海、南沙三大合作平台，强化大湾区与京津冀、长三角、海南自由贸易港等的联动发展。今天的粤港澳大湾区，正在以更大气魄深化改革，粤港澳大湾区建设加速迈入新阶段。

资料来源：佚名. 改革助推粤港澳大湾区建设迈上新台阶［EB/OL］.［2023-11-22］. https://news.cnr.cn/native/gd/20231122/t20231122_526494805.shtml.

项目小结

本项目主要知识点归纳总结见表9-18。

表9-18 本项目主要知识点归纳总结

任　务	主要知识点
标准成本认知	1.标准成本系统，是指通过事前制定标准成本，在实际执行过程中将实际成本与标准成本进行比较分析，找出差异产生的原因，并据以加强成本控制和业绩评价的成本控制系统 2.标准成本，是企业完成某项经济活动应该花费的目标成本。企业对标准成本的设定可以有不同的期望，而不同的期望水平导致两种类型的标准成本：理想标准成本和正常标准成本 3.标准成本的制定：直接材料标准成本、直接人工标准成本、制造费用标准成本、单位产品标准成本
标准成本差异计算与分析	1.直接材料成本差异的计算与分析 2.直接人工成本差异的计算与分析 3.变动性制造费用成本差异的计算与分析 4.固定性制造费用成本差异的计算与分析
标准成本法的应用	1.确定标准成本 2.差异分析 3.差异账务处理

项目十

责任会计

学习目标

知识目标

1. 了解责任会计、平衡计分卡的概念，传统业绩考评指标的缺陷。
2. 熟悉内部转移价格制定方法、制定原则和平衡计分卡的平衡关系与基本项目。

技能目标

1. 掌握责任会计的内容、平衡计分卡的基本内容。
2. 掌握建立责任会计制度应遵循的原则。
3. 掌握各责任中心的特点、评价指标及平衡计分卡综合业绩考评过程。

态度目标

1. 认真评价与考核各责任中心的经营业绩，合理制定内部转移价格。
2. 认真对待责任中心的考核与评价。

素养目标

所谓责任心，就是一个人对自己的所作所为负责，是对他人、对集体、对企业、对社会承担责任和履行义务的自觉态度。培养大学生的责任意识，创业的真正价值是服务社会。

工作情境与工作任务

责任会计所建立的一套记录、分析和报告系统是为企业经营管理服务的内部会计系统。因此，不同的企业建立责任会计的具体做法是多种多样的，企业可以根据自身的具体情况，独创性地选用具有自身特色的责任会计制度。实行责任会计制度，企业必须事先明确权责范围和预算目标，并以此规范和引导各级管理者和其他员工在生产经营活动中的行为，从而对生产经营活动进行及时、有效的控制，最终促进企业实现预定目标。

任务一　责任会计认知

一、责任会计的产生和发展

责任会计最早产生于19世纪末20世纪初。这一时期，西方资本主义经济发展迅速，企业组织规模不断扩大，成本会计得到了充分的发展，其标志是以泰罗的“科学管理理论”为基础的标准成本制度的出现。管理科学理论的出现，使责任会计体系得到进一步的完善。责任会计在理论和方法上的成熟，则是在20世纪40年代以后。第二次世界大战后，企业的规模以前所未有的速度扩大，出现了越来越多的股份公司、跨行业公司和跨国公司。传统的管理模式已不适用或者效率低下，这样一来，责任会计受到了人们的普遍重视，其方法也被不断改进并最终形成了现代管理会计中的责任会计。责任会计在制定企业的总体目标和各级管理部门目标的过程中，能够运用先进的科学理论和科学工具，使影响企业目标的各种因素达到最优组合，使责任考评科学化和合理化，从而进一步调动企业内部各级管理部门的积极性。

二、责任会计的概念

微课

责任会计概述

责任会计，是指以企业内部责任单位为主体，以责权利相统一的制度为基础，以分权为前提，以责任预算为控制目标的一种内部控制制度。这种使责、权、利有机结合起来的办法是保证企业实现总体目标的有效措施，能够最大限度地提高企业效益和企业竞争力。

企业在预测分析与决策分析的基础上编制了全面预算，为企业在预算期间生产经营活动的各个方面规定了总的目标和任务。为保证这些目标和任务的实现，必须将全面预算中确定的指标按照企业内部管理系统的各个责任中心进行分解，形成“责任预算”，使各个责任中心明确自己的目标和任务。全面预算通过责任预算得到落实和具体化，而责任预算的评价与考核，则通过责任会计来进行。

三、责任会计的基本内容

责任会计是一种管理制度，是管理会计的一个子系统。它是在分权管理的条件下，为适应经济责任制的要求，在企业内部建立若干责任单位，并对其分工负责的经济活动进行规划与控制的一整套专门制度。其要点就在于利用会计信息对各分权单位的业绩进行计量、控制与考核。责任会计一般包括以下内容：

1. 划分责任中心，明确权责范围

根据企业内部各部门生产经营活动的特点和管理的需要，将它们划分为若干个责任中心，规定每一个责任中心的权责范围。

2. 分解奋斗目标，编制责任预算

将企业全面预算所确定的奋斗目标和任务进行层层分解，落实到每一个责任中心，形成责任预算，并作为今后控制和评价它们的经济活动的主要依据。

3. 计量实际成果，考评工作业绩

对各责任中心日常经济活动进行记录、计算，及时分析经济责任指标的实际完成情况与责任预算的差异，定期编制业绩报告，考评工作业绩，提供信息反馈，控制和调节它们的经营活动，以保证企业总目标的实现。

【请思考】为什么说责任会计能调动企业内部管理部门的积极性？

任务二　责任中心

一、责任中心的含义

微课

责任中心

企业为了有效地进行内部协调与控制，通常都按照统一领导、分级管理的原则，根据企业组织结构的不同将整个企业逐级划分为若干个责任区域，也就是各个责任层次能够严格进行控制的活动范围，即责任中心。责任中心，是指有专人承担一定的经济责任，并具有相应管理权限和相应经济利益，能够对其经济活动进行严格控制的企业内部单位。责任中心受命完成某项特定的任务，并接受企业提供的完成这些任务所需的资源。

建立责任中心的关键是要分清责任和权限。各级管理人员对应该负责和能够控制的各项财务成本指标进行严格管理，对于不该管的和不能控制的指标则无须负责。权限不能交叉，否则会出现各责任中心之间互相“扯皮”的现象。同时，建立责任中心应将各个责任中心的经营目标与企业的总目标统一起来，确保经营目标的一致性。因此，在对责任中心进行考评时，应该注意它们的经营目标是否与企业的总体目标相矛盾。如有矛盾，应由管理层进行协商调整。

建立责任中心是建立责任会计制度的首要问题。概括来说，建立责任中心必须满足以下条件：

（1）必须有承担经济责任的主体——责任者；

（2）必须有确定经济责任的客观对象——资金运动；

（3）必须有考核经济责任的基本标准——责任预算；

（4）必须具备承担经济责任的基本条件——职责和权限。

凡不具备以上条件的单位和个人，不能构成责任中心，不能作为责任会计的基本单位。

责任中心按其责任者的责任范围不同，可以划分为成本（费用）中心、利润中心和投资中心。

二、责任中心的设置

（一）成本中心

1. 成本中心的含义

成本中心，是指只发生成本而不取得任何收入的责任中心。任何只发生成本的责任领域都可以确定为成本中心。成本中心通常没有收入，因而它只对成本负责，对收入、利润和投资不负责任。成本中心所发生的各项成本，对于成本中心来说，有些是可以控制的，有些则是无法控制的。凡是成本中心能够控制的各项耗费，称为可控成本；凡是成本中心不能控制的各项耗费，称为不可控成本。作为一个成本中心的可控成本需要同时满足下列3个条件：

（1）可预测性。成本中心的责任人能够通过一定的方式预知将要发生的成本。

（2）可计量性。成本中心能够对发生的成本进行计量。

（3）可调节性。成本中心能够通过自己的行为对成本加以调节和影响。

凡不能同时满足上述3个条件的成本通常为不可控成本，一般不在成本中心的责任范围之内。也就是说，只有可控成本才是成本中心应当负责的成本，即责任成本。

需要指出的是，成本的可控与不可控是相对而言的，这与责任中心所处的管理层次的高低、管理权限的大小以及控制范围的大小有直接关系。对于企业来说，几乎所有的成本都可以被视为可控成本，一般不存在不可控成本；而对于企业内部的各个部门、车间、工段、班组乃至职工个人来说，既有其各自专属的可控成本，又有各自的不可控成本。对于较高层次的责任中心来说属于可控的成本，对于其下属的较低层次的责任中心来说可能就是不可控成本。例如，直接用于生产的原材料、燃料、动力、生产工人工资，以及车间经费中的变动部分，对于生产班组来说是可控的。至于车间经费的固定部分，对于生产班组来说虽是不可控的，但对于车间来说，则是可控的。

2. 成本中心的应用范围

成本中心的应用范围最为广泛，凡企业内部有成本发生、需要对成本负责并能够进行控制的单位都是成本中心。在实践中，成本中心可按以下标准进行划分：

（1）按管理范围划分。由于企业内部的各部门分别负责不同的业务，拥有着各自的管理范围，因而成本中心可分为以下几种：

① 生产车间或分厂。它包括基本生产车间和辅助生产车间。生产车间通常只发生生产耗费，不取得收入，而且不拥有供、产、销等方面的管理权限，因而一般可以确定为成本中心。

② 仓库。它包括材料仓库、半成品仓库和产成品仓库，这些仓库分别负责各自对象的收、发、保管业务，既要占用一定的资金，也会发生一些费用，故通常也确定为成本中心。

③ 管理部门。它是指企业的大多数职能部门，包括供应部门、生产部门、人事部门、会计部门等，这些职能部门通常只是考核其费用支出的数额，因而它们往往也被称为费用中心，这是广义上的成本中心。

（2）按管理层次划分。如果说按管理范围划分成本中心是横向的划分，那么按管理层次划分则是对成本中心进行纵向的划分。企业要根据其组织结构特点，按管理层次进行成本中心的纵向划分。比如，就分厂而言，可以划分为分厂、车间（工段）、班组、个人等复合成本中心；就仓库而言，可以划分为仓库、保管人员两级成本中心；就管理部门而言，可以划分为管理部门、管理人员两级成本中心。最基层的成本中心就其控制的成本向上一级成本中心负责。

3.成本按可控性分类与成本按其他标准分类的联系与区别

成本按可控性分类与成本按其他标准分类，由于分类的角度不同，它们之间既相互联系，又相互区别。

（1）成本按可控性分类与成本按成本性态分类的区别和联系。从一个成本中心来看，一般来讲，变动成本大多是可控成本，固定成本大多是不可控成本，但不应绝对化，要结合实际情况具体分析。例如，在摩托车装配车间，每辆摩托车应装配一个前灯，摩托车灯（外购件）显然属于变动成本，它随摩托车的产量增减而增减，但它对于装配车间的负责人来讲，属于不可控成本，因为车灯的成本是由装配车间的外部因素决定的，不受该负责人的控制。另一种情况是，有些固定成本却可能属于可控成本。例如，广告费可以作为固定成本，但它的发生额在一定程度上受到有关管理部门负责人的控制，因而它属于可控成本。

（2）成本按可控性分类与成本按归属分配到各成本中心的方法分类的区别和联系。成本按归属分配到各成本中心的方法可分为两类：直接成本和间接成本。直接成本是指各成本中心直接发生的成本；间接成本是指由其他部门分配来的成本。一般来讲，直接成本大多是可控成本，间接成本大多是不可控成本。但也不能绝对化，应做具体分析。例如，上述摩托车装配车间生产中用的车灯（外购件）是直接成本，但不是可控成本。而有些间接成本却有可能归属于可控成本。例如，辅助生产部门为生产单位提供服务的成本，对于生产单位来讲是从外部分配而来的间接成本，但如果分配来的服务成本是以受益单位生产耗用数量为标准进行分配，那么这项间接成本对生产单位来讲就是可控成本。

（二）利润中心

1.利润中心的含义

利润中心，是指既能控制成本，又能控制收入的责任中心。由于利润等于收入减成本和费用，所以利润中心实际上就是对收入和成本费用负责的责任中心。这类责任中心往往处于企业中较高的层次，一般指有产品或劳务生产经营决策权的部门，如分厂、分公司以及有独立经营权的各部门等。利润中心的权力和责任都大于成本中心。

2.利润中心的类型

利润中心可分为自然利润中心和人为利润中心两类。

自然利润中心，是指能直接与外界发生经营业务往来、获得业务收入，并独立核算盈亏的责任单位。这类利润中心主要是企业内部管理层次较高、具有独立收入来源的分公司或下属工厂等。

人为利润中心是为明确划分责任中心的经济责任、考评其经营业绩而人为设立的利润中心，它是指为企业内部各责任中心提供产品和劳务，按企业内部转移价格进行独立核算的责任中心。人为利润中心不能直接对外销售产品和劳务。这类利润中心主要是企业中为其他责任中心提供产品或半成品的生产部门，或为其他责任中心提供劳务的动力、维修等部门。显然，当企业为各责任中心相互提供的产品、半成品或劳务规定了内部转移价格后，大多数成本中心可转化为人为利润中心。此时，各责任中心之间虽然没有现金结算，但在会计账务处理上，供应方视同取得收入，受益方视同发生成本或费用，因而也就可以对供求双方的业绩进行考评。

3. 可控利润

利润中心的成本和收入对于利润中心来说都必须是可控的，以可控收入减去可控成本就是利润中心的可控利润，也称责任利润。一般来说，可控利润通常包括以下两类：

（1）自然利润中心的可控利润。如果责任中心有产品销售权，能够对外销售产品并取得实际收入，在此基础上计算的利润，是真正实现的利润，我们称之为自然利润中心的可控利润。

（2）人为利润中心的可控利润。如果责任中心的产品不能直接对外销售，而只是提供给企业内部的其他单位，那么取得的收入就不是对外销售的实际收入，只是企业内部销售收入，这种内部销售收入与该利润中心完工产品成本的差额，是所谓的内部利润，它并非现实的利润，我们称之为人为利润中心的可控利润。

（三）投资中心

投资中心，是指既对成本、收入和利润负责，又对资金及其利用效益负责的责任中心。这类责任中心不仅在产品和销售上享有较大的经营自主权，而且能够相对独立地运用其所掌握的资金，如大型集团公司下面的分公司、子公司等。投资中心的责任对象必须是其能影响和控制的成本、收入、利润和资金。

由于投资的目的是获取利润，因而投资中心也是利润中心，但两者又有区别：投资中心拥有投资决策权，即能够相对独立地运用其所掌握的资金，有权购置和处理固定资产，扩大或缩小生产经营能力；而利润中心没有投资决策权，它是在企业确定投资方向后进行的具体经营。

投资中心是分权管理模式的最突出表现，它在责任中心中处于最高层次，具有最大的经营决策权，也承担着最大的责任。在组织形式上，成本中心基本上不是独立的法人，利润中心可以是也可以不是独立的法人，但投资中心基本上都是独立的法人。

三、责任中心的考核与评价

责任会计的主要目的之一是评价与考核各责任中心的经营业绩。评价与考核的基础和依据是各责任中心的责任预算。责任中心应该定期编制责任报告，反映责任预算的执行情况，并列示实际情况与预算之间的差异。差异额是评价与考核责任中心经营业绩优劣的重要标志。由于各责任中心的责任范围不同，所以评价与考核的内容也不完全一样。

（一）成本中心的评价与考核

成本中心没有收入，它的可控区域仅为成本，因而对其评价与考核的重点只能是其责任成本。成本中心编制业绩报告的依据是其责任预算和责任预算的执行情况，并计算两者之间的差异。业绩报告一般按其可控成本的各明细项目分别列示预算数、实际数和差异数，至于其不可控成本可不列示，或作为参考资料列出，以便有关人员和管理层了解该成本中心的成本消耗全貌。其中，成本差异数是评价与考核成本中心经营业绩的重要依据。当实际数大于预算数时，称为“不利差异”，表示超支或逆差；当实际数小于预算数时，称为“有利差异”，表示节约或顺差。然而这仅是表面现象，业绩报告应对成本差异形成的原因做出分析和说明，作为今后巩固和发扬成绩、纠正缺点、修正预算或采取措施控制成本支出的信息反馈。

成本中心的业绩报告按成本中心的层次编写，并且从最底层的成本中心自下而上逐级编制，直至最高管理层。其中，除最底层的成本中心之外，各级成本中心的责任成本都应包括下级转来的责任成本和本身的可控成本。成本中心的业绩报告基本内容和一般格式见表10-1。

表10-1　××成本中心（车间）业绩报告

2023年12月　单位：元

项　目	预　算	实　际	差　异
下属单位转来的责任成本			
甲工段	10 000	10 500	500
乙工段	12 000	12 400	400
小　计	22 000	22 900	900
本车间可控成本			
间接材料	5 000	4 500	(500)
间接人工	2 500	2 400	(100)
管埋人员薪金	3 000	2 800	(200)
设备维修费	1 500	1 600	100
物料费	500	600	100
小　计	12 500	11 900	(600)
本车间责任成本合计	34 500	34 800	300
本车间不可控成本			
房屋租金	—	2 000	—
固定资产折旧费	—	4 000	—
其他分配费用	—	2 500	—
小　计	—	8 500	—
总　计	34 500	43 300	300

（二）利润中心的评价与考核

利润中心既能控制成本，又能控制收入，从而可以控制利润。对利润中心评价与考核的重点是其责任利润，具体指标是边际贡献和税前净利。利润中心编制业绩报告的依据是其成本预算、销售预算和它们的实际执行情况，并计算两者的差异；业绩报告应该列示销售收入、变动成本、边际贡献、固定成本和税前净利的实际数、预算数和差异数。其中，差异数是评价和考核利润中心经营业绩的重要依据。当销售收入、边际贡献和税前净利的实际数大于预算数时，为“有利差异”；反之，则为“不利差异”；当变动成本和固定成本的实际数大于预算数时，为“不利差异”；反之，则为“有利差异”。业绩报告还应对各种差异形成的原因进行科学的分析和说明。利润中心的业绩报告的基本内容和一般格式见表10-2。

表10-2 ××利润中心（分厂）业绩报告

2023年12月 单位：元

项　目	预　算	实　际	差　异
销售收入	250 000	265 000	15 000
变动成本			
变动生产成本	60 000	61 000	1 000
变动性销售费用	40 000	42 000	2 000
变动性管理费用	10 000	9 500	（500）
变动成本小计	110 000	112 500	2 500
边际贡献	140 000	152 500	12 500
期间成本			
固定性制造费用	58 000	59 000	1 000
固定性销售费用	11 000	12 000	1 000
固定性管理费用	3 000	3 500	500
期间成本合计	72 000	74 500	2 500
税前净利	68 000	78 000	10 000

（三）投资中心的评价与考核

由于投资中心不仅要对成本、收入和利润负责，而且要对资金的利用效益负责，因此对投资中心的考核内容不仅包括投资中心的成本、收入和利润，而且包括资金利用效益。通常，对投资中心的考核采用投资报酬率和剩余收益两项指标。

1. 投资报酬率

投资报酬率，又称投资利润率，是指投资中心所获得的利润与投资额之间的比率。

其计算公式为：

$$投资报酬率 = \frac{利润}{投资额} \times 100\%$$

或 $$投资报酬率 = \frac{营业利润}{销售收入} \times \frac{销售收入}{营业资产} = 销售利润率 \times 资产周转率$$

式中：利润是指息税前营业利润；投资额是指经营中占用的固定资产和流动资产的平均余额。

投资报酬率是目前许多公司十分偏爱的评价投资中心业绩的指标。它具有如下优点：

（1）投资报酬率能反映投资中心的综合盈利能力。投资报酬率由三项指标构成，即收入、成本和投资。提高投资报酬率可以通过增收节支，也可以通过减少投入资本来实现。

（2）投资报酬率具有横向可比性。作为效益指标，投资报酬率体现了资本的获利能力，剔除了因投资额不同而导致的利润差异的不可比因素，有利于判断各投资中心经营业绩的优劣。

（3）投资报酬率可以作为选择投资机会的依据，这样有利于调整资本流量和存量，优化资源配置。

（4）以投资报酬率作为评价投资中心业绩的指标，有利于正确引导投资中心的管理行为，避免短视行为。这是因为这一指标反映了投资中心运用资产并使资产增值的能力，资产运用的任何不当行为都将降低投资报酬率。所以，以此作为评价投资中心业绩的尺度，将促使各投资中心用活闲置资产，合理确定存货，加强对应收账款及固定资产的管理，及时处理变质、陈旧过时的库存商品等。

【做中学10-1】假定某公司下属甲、乙两家分公司均为投资中心。报告期甲分公司的经营资产平均余额为1 000 000元，利润为230 000元；乙分公司的经营资产平均余额为1 500 000元，利润为270 000元。

请问：甲、乙分公司的投资报酬率分别为多少？

解：甲分公司的投资报酬率 = 230 000 ÷ 1 000 000 × 100% = 23%

乙分公司的投资报酬率 = 270 000 ÷ 1 500 000 × 100% = 18%

这两家分公司的经济效益单从利润的绝对数来看，乙分公司要比甲分公司好，但从投资报酬率来看就恰恰相反了。显然，甲分公司的经营业绩优于乙分公司。

投资报酬率作为评价指标的不足之处是会使投资中心缺乏全局观念。各投资中心为达到较高的投资报酬率，可能不愿接受获利较低的投资项目，尽管这种项目对整个企业是有利的。

【做中学10-2】沿用【做中学10-1】的资料，企业要求甲分公司计划期生产某种新产品，该产品的预计投资额是200 000元，预计年利润将增加44 000元。

请问：生产新产品后甲分公司计划期的预计投资报酬率为多少？

解：甲分公司计划期投资报酬率 =（230 000 + 44 000）÷（1 000 000 + 200 000）× 100%

= 22.83%

由于生产新产品，甲分公司的投资报酬率将下降到22.83%，用投资报酬率指标评价业绩，则说明甲分公司的经营业绩下降了。甲分公司当然不会接受这一新的投资项目。但该投资项目的投资报酬率达到22%（44 000 ÷ 200 000 × 100%），高于企业平均的投资报酬率20%（（230 000 + 270 000）÷（1 000 000 + 1 500 000）× 100%），显然，接受该投资项目将会提高整个企业的投资报酬率，因而从企业全局来看，该投资项目还是有利的。

2. 剩余收益

为了使各投资中心的局部目标与企业的总体目标保持一致，克服投资报酬率考核投资中心业绩的局限性，还可采用剩余收益作为考核指标。

剩余收益是指投资中心获得的利润扣减其最低投资收益后的余额。其计算公式为：

剩余收益 = 利润 − 投资额 × 预期最低投资收益率

这里的最低投资收益率一般是指企业各投资中心的平均报酬率或整个企业的预期报酬率。这一指标的含义是，只要投资收益超过平均或预期的报酬额，就对企业和投资中心都有利。利用剩余收益指标来考核投资中心的业绩，不仅具有与投资报酬率指标同样的优点，还克服了投资报酬率指标的缺陷。

【做中学10-3】沿用【做中学10-2】的资料，企业改用剩余收益指标考核投资中心的业绩，企业各投资中心的平均报酬率为20%。

请问：甲分公司接受生产新产品项目的剩余收益为多少？

解：生产新产品的剩余收益 = 44 000 − 200 000 × 20% = 44 000 − 40 000 = 4 000（元）

计算结果表明，甲分公司接受该项目，企业所得到的投资报酬率将超过20%，而且甲分公司可以增加剩余收益4 000元，此时甲分公司就愿意接受该项目。可见，利用剩余收益指标考核投资中心的业绩，将使企业整体利益和投资中心的局部利益达到一致。

当然，上面的情况并非说明采用剩余收益作为考核指标一定比投资报酬率好，要视具体情况而定。当资金比较宽裕时，一般采用剩余收益较好，因为资金较难找到市场，只要有利可图即可。而当资金比较短缺时，应尽可能充分利用资金，将其投入到最有利的项目中去，即投资报酬率最高的项目，以力求获得尽可能多的报酬。

投资中心的业绩评价同样以其业绩报告为依据。投资中心业绩报告的一部分内容同利润中心相似，即列示成本、收入和利润的预算数、实际数、差异数，此外还要列出经营资产、销售利润率、资产周转率、投资报酬率以及剩余收益的预算数和实际数，以便对投资中心的业绩做出全面的评价。投资中心的业绩报告格式见表10-3。

四、传统业绩考评指标的缺陷

传统的业绩考评制度，都离不开对财务性指标的分析，但是，在现代市场竞争环境下，各种不确定因素对企业前景有着众多影响，仅仅通过一些财务性指标已经不能满足企业业绩考评的需要，它在设计思路、具体内容和运作方式上都过于陈旧，在考评的广度、深度和远度上都过于局限，主要表现在以下几个方面：

表10-3　××投资中心业绩报告

2023年度　金额单位：元

项　目	实际数	预算数	差异数
销售收入	840 000	800 000	40 000（U）
变动成本			
变动生产成本	500 000	480 000	20 000（F）
变动性销售及管理费用	90 000	100 000	10 000（U）
边际贡献	250 000	220 000	30 000（U）
固定成本			
固定性制造费用	120 000	120 000	0
固定性销售及管理费用	80 000	52 000	28 000（F）
产品销售利润	50 000	48 000	2 000（U）
经营资产平均占用额	100 000	100 000	0
销售利润率	5.95%	6%	0.05%（F）
投资报酬率	50%	48%	2%（U）
预期投资报酬率（30%）			
应取得的报酬额	30 000	30 000	0
剩余收益	20 000	18 000	2 000（U）

（一）只注重对过去经营业绩的考评，不能对未来应采取的行动提供充分的指导

传统的业绩考评作为一种基于过去经营数据的评价，只能获取滞后指标，不能及时地捕捉到后期乃至更远的会计期间各部门（责任中心）的行为给企业创造了多少价值或对企业的价值增值有什么破坏性影响，因而不能对未来创造企业价值而采取的行动提供充分的指导。

（二）只注重财务因素，不反映非财务因素

传统的业绩考评只注重对财务业绩的考评，而对于许多对企业经营管理有着重要影响的非财务因素，都不能作为业绩考评的内容进行评价。

（三）只注重短期财务成果，不关注长期价值创造

传统业绩考评会造成企业部门（责任中心）过分重视取得和维持短期的财务成果，急功近利，在短期绩效方面投资过多，而在长期价值创造方面，特别是使未来增长得以实现的知识资产方面投资过少。

（四）只注重内部各种因素，不考虑外部因素影响

传统业绩考评只注重内部各种因素，而对企业经营业绩有重要影响的许多外部因素，如供应商、客户、合作伙伴、竞争对手等，在业绩考评指标方面都没有考虑进去。

因此，传统的业绩考评只能发现问题而不能提供解决问题的思路，只能做出评价而难以改善企业的状况。面对企业日益复杂的内、外部环境，单纯的财务性指标已经难以全面评价企业的经营业绩，只有突破单一的财务性指标，采用包括财务性指标和非财务性指标相结合的多元化指标体系，才能对企业各个部门（责任中心）的经营业绩，做出全面、正确的评价。由此，综合业绩考评制度——平衡计分卡应运而生。

任务三　内部转移价格

微课

内部转移价格

内部转移价格，也称内部结算价格，是企业内部各责任中心之间提供产品和劳务的价格，它在企业内部起到利益再分配的作用。合理制定内部转移价格有助于分清责任、调动各方面的积极性。

如果一个责任中心的产出是另一个责任中心的投入，那么合理制定内部转移价格对于正确评价相关责任中心的经营业绩就显得十分重要。内部转移价格定高了，卖方责任中心的利润就会增加，而买方责任中心的利润就相应减少；反之亦然。内部转移价格制定得不合理，就会损害一方或几方的利益，打击企业内部的积极性。

一、制定内部转移价格的基本原则

基于责任会计目的，制定内部转移价格应遵循以下基本原则：

（一）目标一致

目标一致是指应尽可能做到各责任中心负责人在追求本部门利益最大化的同时实现企业整体利益最大化。

（二）公平合理

公平合理是指不应使任何责任中心以损害其他责任中心的利益来换取自身的利益。

（三）评价与激励相结合

评价与激励相结合是指制定的内部转移价格不但应提供合理的评价基准，而且应赋予责任中心负责人一定的经营自主权。

二、内部转移价格的作用

制定内部转移价格的作用主要表现在以下4个方面：

（一）有助于经济责任的合理落实

内部转移价格利用其调节手段，通过内部交易的形式在各责任中心之间调节彼此的收入和负担，使得各责任中心的经济责任合理，从而使这些经济责任易于落实。

（二）为责任中心的激励提供一个公正和易于使用的基础

要使物质利益起到鼓励先进和鞭策后进的作用，促进企业经济效益提高，就必须结合履行责任来计算利益。责任明确合理，计算利益才能公平有效。内部转移价格提供了反映责任中心综合成果的内部利润额，也便于具体利益的计算和分配。

（三）使企业资源得到最佳利用

制定内部转移价格，再结合最优化生产计划，可使企业资源得到最佳利用，使企业整体取得最好的经济效益。

（四）为制定和调整新产品价格提供资料

内部转移价格还为制定新产品价格和今后调整产成品的外部销售价格等工作提供了必要的资料。

三、内部转移价格的制定方法

（一）按标准（定额）成本制定内部转移价格

以标准（定额）成本作为内部转移价格，是制定内部转移价格最简便的方法。这种方法适用于成本中心之间相互提供产品或劳务。在管理工作较好的企业里，各种产品的定额资料都比较完整，能够容易地计算出各中间产品和半成品的定额成本，而实行标准成本计算的企业则有更完整的标准成本资料。因此，以标准（定额）成本作为内部转移价格制定的基础，具有相对稳定和易于操作的优点，而且将管理和核算工作结合起来，使责任清楚，避免将卖方节约或浪费的成本转嫁给买方，有利于调动买卖双方降低成本的积极性。

（二）按标准成本加成制定内部转移价格

它是指根据提供产品或劳务的标准成本，加上以一定合理的成本利润率计算的利润作为内部转移价格的方法。这种方法适用于提供产品或劳务的利润中心和投资中心。其优点是能分清买卖双方的经济责任，但成本利润率的确定具有一定的主观性，一般认为以最终产品成本利润率确定较为合理，因为最终产品是各有关责任中心共同创造完成的，由此创造的利润就应由有关责任中心参加的份额进行分配，各责任中心有了相同的利益，就能相互配合，更好地发展生产。

（三）按市场价格制定内部转移价格

它是指以市场价作为提供产品或劳务的内部转移价格。这种方法适用于中间产品存在着一个完全竞争市场的情况，一般应用于独立核算的利润中心。由于各责任中心将产品或劳务提供给企业内部和外部，都采用相同的市场价格，比较客观公正，不会偏袒任何一方，最能体现责任中心的基本要求，因此，市场价格被认为是制定内部转移价格的最好基础。

以市场价格作为内部转移价格，并不意味着两者相等。由于是内部转移，卖方可以节约一定的销售费用、广告费和运输费等，因此买方往往要求内部转移价格低于市场价格。同时要注意，有些产品或劳务是专门为企业内部生产和提供的，即没有外部市场，因而没有现成的市场价格，其内部转移价格的制定就无法以此为基础。

（四）按协商价格制定内部转移价格

它是指各责任中心相互提供产品或劳务，以正常的市价为基础，共同协商确定的买卖双方都愿意接受的价格。一般情况下，协商价格低于市场价格。这种方法可以兼顾买卖双方的利益并得到双方的认可，使价格具有一定的弹性。但在协商时，容易使双方争执不休，讨价还价，造成各责任中心之间的矛盾。

（五）按双重价格制定内部转移价格

它是指买卖双方分别采用不同的价格作为内部转移价格。当卖方提供的产品或劳务的成本高于市场价格，而买方又有权向市场购买所需的半成品或劳务时，若以成本作为内部转移价格，则买方必定转向外部进货，由此造成卖方生产经营能力的闲置，使卖方和企业的整体利益都受损。根据目标一致性原则，买卖双方应分别按不同的价格，即卖方以成本作为“出售”价格，而买方以变动成本或市场价格作为“购入”价格，这样既可以保证买卖双方的利益，又不至于损害企业整体利益。这种方法一般适用于中间产品有外部市场、卖方的生产经营能力不受限制，且变动成本低于市场价格的责任中心。

【请思考】企业为什么制定内部转移价格？

【学思践悟】

曹德旺家国情怀，培养产业领军人才

2021年5月4日，由福耀玻璃工业集团股份有限公司董事长曹德旺创办的河仁慈善基金会计划出资100亿元，投入筹建“福耀科技大学”。这是与福州市人民政府合作创办的一所新型应用研究型大学。

2021年11月20日，福州市人民政府与河仁慈善基金会签订福耀科技大学建设战略合作框架协议。根据协议，双方将建立支持保障机制，推动福耀科技大学高起点建设、高质量发展。办学方式是模仿欧洲，尤其是德国的办学方式，实行错位办学，瞄向目前制造业人才培养方面存在的短板，培养产业工匠式的领导人才。

福耀科技大学规划的办学层次为本科和研究生学历，招生录取在遵守国家招生政策原则上自主选拔优秀生源，办学规模为全日制在校学生12 000至13 000人，其中本科生6 000至6 500人。

“福耀科技大学”要面向世界汇聚一流人才，按照“高水平、小规模、应用型、国际化、市场化”的办学理念，兴办理工类科技型大学，充分借鉴和引进欧美、日韩等世界发达国家高校的先进办学理念和教学经验，在世界前沿技术型院校中招聘师资，致力培养出具有国际化视野、工匠精神及创新管理能力的高素质应用型、技术技能型人才，成为中国新时代高校工程师的摇篮，为我国实体经济做强做优提供人才支撑，为中国社会经济高质量持续发展提供智力支撑，为民族复兴汇聚力量。

资料来源：覃作权. 福耀科技大学（暂名）拟建成应用研究型高水平大学［EB/OL］.［2021-11-20］. https://news.fznews.com.cn/dsxw/20211120/6198e664bc5d3.shtml.

项目小结

本项目主要知识点归纳总结见表10-4。

表10-4　　本项目主要知识点归纳总结

任　务	主要知识点
责任会计认知	责任会计，是指以企业内部责任单位为主体，以责权利相统一的制度为基础，以分权为前提，以责任预算为控制目标的一种内部控制制度。它是保证企业实现总体目标的有效措施，能够最大限度地提高企业效益和企业竞争力
责任中心	责任中心，是指有专人承担一定的经济责任，并具有相应管理权限和相应经济利益，能够对其经济活动进行严格控制的企业内部单位。它包括成本中心、利润中心、投资中心
内部转移价格	内部转移价格是企业内部各责任中心之间提供产品和劳务的价格，它在企业内部起到利益再分配的作用。合理制定内部转移价格有助于分清责任、调动各方面的积极性

项目十一
业绩评价

学习目标

知识目标

1. 了解业绩评价的基本理论与概念。
2. 认识业绩评价的指标与评价标准。
3. 掌握业绩评价的实施步骤、业绩评价体系的构建。

技能目标

1. 熟悉业绩评价体系的构建。
2. 学会评价指标的选择。
3. 掌握平衡计分卡的内容，并能结合实际学会应用。

态度目标

1. 重视业绩评价机制是促进业绩提高的有效手段。
2. 学生根据实际生活，运用平衡计分卡进行企业业绩评价。

素养目标

绩效成长是企业发展的基础，让学生懂得建设祖国、管理公司更需要着眼于国家战略，立足于绩效管理，实现国家战略利益。

工作情境与工作任务

业绩评价是组织管理控制系统的重要组成部分，也是管理会计的重要内容。组织的内部会计系统最终的目的在于为组织的计划和经营决策提供必要的资料以更好地对组织的员工进行激励和管理。传统的业绩考评制度，都离不开对财务性指标的分析。在现代市场竞争环境下，各种不确定因素对企业前景有着众多影响，仅仅通过一些财务性指标已经不能满足企业业绩考评的需要。为此，我们要建立这样的业绩评价系统：既要注重对过去经营业绩的考评，又能对未来采取的行动提供指导；既要注重财务因素，又要反映非财务因素；既要注重短期财务成果，又要关注长期价值创造；既要考虑内部各种因素，又要考虑供应商、竞争对手等外部因素。

任务一　业绩评价认知

业绩评价，是指运用数理统计和运筹学的方法，通过建立综合评价指标体系，对照相应的评价标准，定量分析与定性分析相结合，对企业一定经营期间的盈利能力、资产质量、债务风险以及经营增长等经营业绩和努力程度等各方面进行的综合评判。科学地评价企业业绩，可以为出资人行使经营者的选择权提供重要依据；可以有效地加强对企业经营者的监管和约束；可以为有效激励企业经营者提供可靠依据；还可以为政府有关部门、债权人、企业职工等利益相关方提供有效的信息支持。

微课

业绩评价认知

一、业绩考核与评价理论

业绩评价的理论吸收了管理学中很多其他理论的思想，主要有委托－代理理论、激励理论、控制理论和战略管理理论等，这些理论研究的结论成为业绩评价理论的基础，也对业绩评价方法的设计提出了指导性的要求。

（一）委托－代理理论

委托－代理理论是研究组织业绩评价问题的基础。正是由于现代组织中存在委托－代理关系，才使得对各级组织和人员进行业绩评价并以此为基础建立激励机制和约束机制变得十分必要，控制和约束确保代理人不做委托人不希望他做的事情，而激励则可以激发代理人做那些委托人希望他做的事情。组织内部业绩评价系统被看作委托－代理关系中降低代理成本的有效工具。一方面科学严密的业绩评价系统可以及时反馈代理人的工作状况，降低信息不对称的程度，从而阻止代理人的道德危机和逆向选择行为；另一方面通过业绩评价系统，可以传递组织战略目标与具体任务，引导代理人的生产经营行为与委托人的目标协调一致，从而降低代理成本，提高管理效率。同时以此为基础建立激励机制，按照利益共享、风险共担的原则鼓励管理者既为自己也为组织谋取最大利益。

（二）激励理论

激励理论是行为科学中用于处理需要、动机、目标和行为四者之间关系的核心理论。行为科学认为，人的动机来自需求，由需求确定人们的行为目标，激励则作用于人的内心活动，激发、驱动和强化人的行为。激励理论是业绩评价理论的重要依据，它说明了为什么业绩评价能够促进组织业绩的提高，以及什么样的业绩评价机制才能够促进业绩的提高。

（三）控制理论

控制作为一项重要的管理活动很早就为管理学家和企业家所重视，法约尔提出了五项管理职能，即计划、组织、指挥、协调、控制。到了现代，哈罗德·孔茨认为管理的职能为计划、组织、领导、人事和控制。这些学者都认为控制作为一种重要的手段对管理目标的实现起着根本性的保障作用。在控制系统运行过程中，要克服和避免反馈控制的延迟性和滞后性，靠反馈控制是办不到的，它需要借助于前馈控制。正是从这种意义上说，前馈控制是对反馈控制局限性的补充。而前馈控制一旦失误，则会使被控系统的运行偏离给定状态，出现偏差，这就需要通过及时、适度、有效的反馈控制消除已出现的偏差。也正是从这种意义上说，反馈控制是对前馈控制的失误和局限性的补充。因此，反馈控制与前馈控制的关系恰恰是一种互补的关系。因此，在实际的控制工作中必须将反馈控制和前馈控制这两种控制方式有机地结合起来。

（四）战略管理理论

组织内部业绩评价的发展深受组织管理思想的影响，并随着经济和管理的发展逐步发展和完善。早在20世纪初，泰罗的科学管理原理就影响了整个企业管理界。他强调通过为工艺流程的计划提供标准的信息，使原材料和时间的浪费限制在一个最低的程度。企业管理中出现了利用原材料和人工标准方面信息控制实际成本的一种方法，即利用实际成本和标准成本之间的差异控制企业的经营。这种管理思想影响了随后几十年的业绩评价系统。在此基础上，标准成本、预算控制和差异分析等方法被广泛使用。随着企业规模的扩大和资本市场的发展，企业投资回报能力受到了越来越多投资者的重视。为此，大多数企业采用销售利润率作为业绩评价指标，而后逐渐发展成为投资报酬率（ROI）和剩余收益等评价指标。随后逐步形成了以预算与实际利润比较、投资报酬率、现金流量等财务性指标为主的业绩评价方法体系。随着战略管理对客户、竞争和其他外部因素的强调，面向内部的业绩评价体系也受到了冲击。许多公司已经注意到非财务性指标对业绩评价的作用，生产率、市场占有率、客户满意度、企业学习和成长能力、与政府的关系等非财务性指标开始受到重视。

二、业绩考核与评价系统的构成要素

企业业绩考核与评价系统是为了达到一定的目的，运用特定的指标，比照统一的标准，采取规定的方法，对经营者业绩做出判断，并与激励结合的考评制度。

企业业绩考核与评价系统可以分为两个层次的内容：一是企业整体层次的业绩考评，按对象的不同分为企业业绩考核与评价和管理者业绩考核与评价；二是企业内部各层级、各子公司的业绩考核与评价，按对象的不同分为分部业绩考核与评价和员工业绩考核与评价。无论对于哪一个层次的考评，业绩考核与评价系统都包括考评主体（考评者）、考评客体（考评对象）、考评目标、考评指标体系（考评指标、考评标准、考评方法）以及相关的激励机制。考评主体依据一定的考评目标，通过一定的考评指标体系进行业绩考评，形成考评结论，并通过一定的激励机制来影响考评客体的行为，使之更好地为满足考评主体的考评目标而工作。

（一）业绩考评主体

业绩考评主体是指业绩考评的组织者和实施者。从管理会计角度讲，业绩考评主体分为两个层次：一是企业所有者对企业最高管理层进行的业绩考评，此时，业绩考评主体是企业所有者；二是企业上级管理层对下级管理层的业绩考评，此时，业绩考评主体是企业上级管理层。

作为第一层次业绩考评主体的企业所有者，是依据以产权关系为基础的委托－代理关系对企业最高管理层进行业绩考评的。在典型的股份有限公司中，所有者仅保留重要的表决权，而把大部分决策权委托给他们的代表——董事会，对管理者的业绩考评和奖惩措施的制定都由董事会来完成。

作为第二层次业绩考评主体的企业上级管理层，是依据以管理权关系为基础的委托－代理关系对企业下级管理层进行业绩考评的。这是管理会计中内部责任单位业绩考评的重点。

选择考评主体时，应遵循以下3个原则：（1）考评主体必须与公司的利益紧密相关；（2）考评主体的选择应便于降低代理成本；（3）要有监督的动机和能力。

（二）业绩考评客体

业绩考评客体即业绩考评的对象。由于业绩考评分为两个层次，因此考评客体自然也就分为最高管理层和下级管理层。那么谁是企业最高管理层的代表呢？经营权有两个层次的含义：一是对企业生产经营活动的管理权；二是对企业的生产、营销、分配等方面的决策权。在实行经理负责制的企业中，经理是企业最高管理层的代表。在股份制企业中，股东大会选出代表他们的董事会和监事会，监事会对董事会和经理人员的行为进行监督，总经理由董事会聘用，负责公司的日常经营管理工作。董事会是主要的管理者，经理层是分享管理者角色的管理者。

至于下级管理层自然是指企业管理组织结构中的各个层次，如纵向组织结构中的子公司、分厂、车间、班组等，横向结构中的供应、生产、销售等职能部门和计划、财务、人事等管理部门。作为考评客体的下级管理层，应根据管理的要求设置。

（三）业绩考评目标

业绩考评目标解决为什么进行考评的问题。管理者业绩考评的目标应该是管理者能力、水平和为实现企业目标所作的贡献。管理者业绩考评的目标应该由企业目标决定。从股东的角度看，企业的目标应该是股东财富最大化；从企业职工的角度看，企业的目标应该是自身福利的最大化（职工工资增长最大化）；从债权人的角度看，企业的目标应该是利润最大化。尽管企业的目标是多样的，但企业不可能同时追求多个目标，因此，企业只能达到多种目标之间的协调。企业的长期稳定和企业总价值的不断增长是企业的经营目标，对管理者进行业绩考评的目标就是要衡量管理者实现企业目标的程度。

任务二 业绩评价体系的构建

微课

业绩评价体系的构建

美国全国会计师协会（National Association of Accountants，NAA）于1986年发布管理会计公报第四号，主要目的是规范管理会计衡量绩效行为。NAA认为绩效衡量的方法要视不同环境而定，不能千篇一律。NAA在公报中讨论的重点在于管理人员如何才能正确衡量企业的经营绩效。

一、评价指标选择

结合财务管理绩效评价指标体系，选择以下指标作为衡量一家企业绩效的综合指标：

（一）财务性绩效衡量指标

1.净利润与每股盈余

净利润是企业实现的总利润减去依法应缴纳的所得税之后的净额，是可供企业实际分配的利润。其计算公式如下：

净利润 = 总利润 - 所得税

每股盈余是衡量股票盈利能力的指标之一。其计算公式如下：

每股盈余 =（税后净利 - 优先股股利）÷ 发行在外普通股股数

税后净利 = 营业收入 + 营业外收入 - 营业成本 - 营业费用 - 营业外支出

该指标的优点是：①依据企业会计准则计算而得，具有客观性；②指标计算简单，便于使用。其缺点是：①未考虑资产贬值因素；②忽视无形资产的价值；③作为向导指标，容易使企业出现行为短期化倾向。

2.现金流量

现金流量是企业一定时期的现金和现金等价物的流入和流出的数量。现金流量管理是现代企业理财活动的一项重要职能，建立完善的现金流量管理体系，是确保企业生存与发展、提高企业市场竞争力的重要保障。

该指标有两大明显的优点：①可以衡量企业绩效、评估偿债能力及流动性；②可帮助企业了解经营、投资及理财活动的动态层面情况。

现金流量指标的缺点也非常突出，仅仅现金流量一个指标，不能充分揭示企业经营绩效的全貌。

3.投资报酬率

投资报酬率（ROI）是利润与投资额的比率。其计算公式如下：

投资报酬率 = 利润 ÷ 投资额 × 100%

该指标的优点是：①可以综合反映企业运用资产的效率；②可以衡量企业资产管理与经营策略是否有效。其缺点是：①计算口径复杂，必须前后一致，但不易做到，导致计算容易产生误解并缺乏前后及横向的可比性；②过分强调投资报酬率，对管理层的决策将产生负面影响。例如，放弃投资高于资本成本却低于企业平均报酬率的投资方案。

4. 资产报酬率

资产报酬率反映了企业总资产获取收益的能力。其计算公式如下：

$$资产报酬率 = 净利润 \div 资产平均总额 \times 100\%$$

式中：　　$资产平均总额 = (期初资产总额 + 期末资产总额) \div 2$

$$净资产报酬率 = 净利润 \div 平均净资产额 \times 100\%$$

式中：　平均净资产额 = (期初所有者权益额 + 期末所有者权益额) ÷ 2

该指标的优点是：克服了投资报酬率的不足，反映了企业总资产获取收益的能力，更能体现出企业管理层的经营管理水平。其缺点是：资产占用的资金来源包括了两部分：一是属于股东的资金，即所有者权益（或股东权益，下同），为企业自有资金；二是来源于债权人的资金，为企业借入资金，这部分资金对于企业而言，虽然可以暂时占用，但却需要偿还甚至是需要付息的，所以，资产报酬率不能够反映出企业自有资金获取收益的能力。

（二）企业发展阶段与业绩评价指标的选择

美国全国会计师协会建议，在评估企业财务绩效时，管理人员应注意企业所处的不同阶段，以选择比较合理的评价指标。

1. 企业创始阶段

此时企业发展取决于非财务事项，例如新产品的开发、设立新的组织、寻找新的投资者等，它们可能比任何财务性绩效指标都重要。因此，处于创始阶段的企业，如何以有限的资源获取市场上的有利地位，通常是最关键的因素，收入的增长及经营的现金流量成为企业特别关注的指标。

2. 企业成长阶段

此阶段除了仍必须关注收入增长外，还应同时考虑获利率与资产的管理效率，以实现收入与报酬的平衡。

3. 企业成熟阶段

此阶段的核心指标是资产及股东权益的报酬率。企业必须有效监控所有的财务性绩效指标，这样才能使企业拥有活力，避免衰退。

4. 企业衰退阶段

这一时期，现金流量特别重要，成为衡量企业绩效的中心指标，而一些长期性的绩效指标已变得不那么重要了。

由此可知，企业绩效评价体系应根据企业所处环境及发展阶段的不同而进行调整。所以，任何一个单一的财务性绩效指标，如净利润、每股盈余、现金流量或投资报酬率等，均不足以衡量所有阶段的财务绩效。恰当的做法是，应考虑建立一套整合性的绩效衡量方法，才能适应企业的发展与社会的需求。

二、非财务性绩效衡量指标

长期以来，财务性绩效指标主宰了对企业及其管理层的绩效衡量，但随着企业经营环境的变化，非财务性绩效指标，如市场占有率、新产品的开发能力、产品与服务的品质、生产力及员工培训等，逐渐在企业的绩效衡量上扮演着比较重要的角色。

非财务性指标与传统的财务性指标相比，具有以下特点：

（1）非财务性指标直接衡量企业各种创造股东财富的活动，因此具有很强的绩效衡量的诊断功能。

（2）由于非财务性指标是直接用以衡量企业各种生产性活动的指标，因此可以较准确地预测未来现金流量的方向。

运用非财务性绩效衡量指标，可以协助管理人员改进各部门的绩效成果与作业方式，从长远的角度看，可能会比短期的历史性财务性绩效指标更能反映企业的价值创造能力（如图11-1所示）。

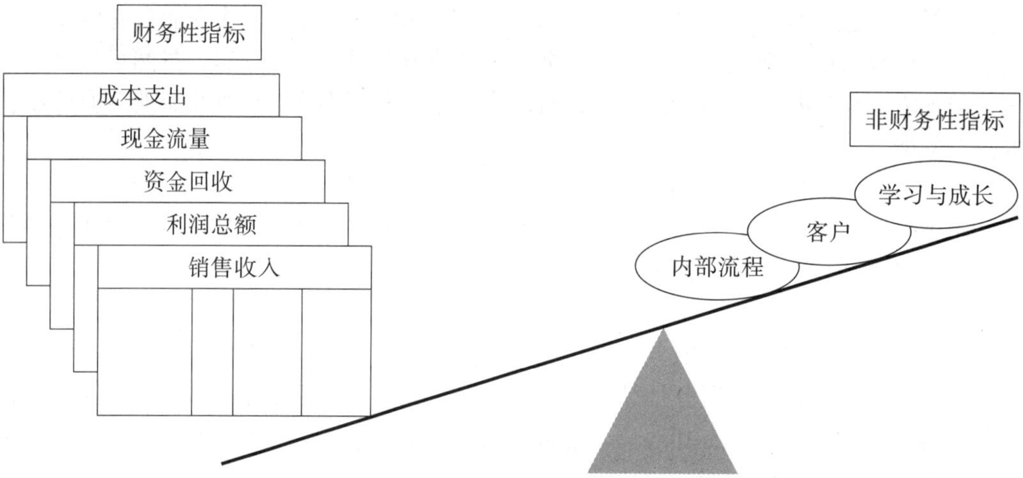

图11-1 财务性指标与非财务性指标关系图

三、美国全国会计师协会的建议与汇总

美国全国会计师协会认为，目前很多绩效衡量方法，不是不够完整，就是过于狭隘，未能形成较全面的衡量标准；此外，许多衡量方法局限于财务会计思维及数据，不能应对经济环境急剧变化的挑战。而且，仅利用财务性绩效指标来评估企业绩效，将造成仅注意短期经营绩效的后果，而无法揭示企业经营绩效的全貌。

因此，美国全国会计师协会对绩效的衡量提出以下几点建议：

（1）企业所采用的财务性绩效指标，应具有代表性，并应同时包含收入成长率、利润、现金流量及投资报酬率等在内。

（2）在企业生命周期的不同阶段，各种绩效指标各有不同程度的重要性；在强调任一指标的同时，不应排除使用其他有意义的指标。

（3）在运用多项财务性指标衡量绩效时，应结合运用预算与实际的差异，以提高绩效衡量的效用。

（4）受到通货膨胀影响的企业，不应完全以历史成本为基础的会计数字来衡量绩效。

（5）企业应同时考虑采取与各个经营层面（如营销、生产、品管、新产品开发及人力资源等）有关的非财务性绩效指标，以提高评估经营绩效的正确性。

四、业绩评价系统的设计原则

业绩评价系统的设计原则对业绩评价的具体指标设计、模式选择和实施过程起到指导作用，主要有以成果为重、追求远大的绩效、评估正确的项目、明确的管理责任承担结构四个方面。

（一）以成果为重

企业面对竞争和变革的环境，业绩评价的指标也应当适应变革的需要而设计。任何变革，无论是战略的确定还是制度的革新，首先都应设定绩效目标，而不是在业务流程设计好后，再决定评估措施与绩效目标。由于评估措施既难设计又难形成共识，所以很多公司迟迟不肯把本身希望得到的结果化为具体的数字。但这其实是错误的，应该在一开始就让人们有明确的目标可依循。

同时，真正的目标应该以成果为重，而不要以达成目标的手段为重，即评估措施应该告诉评估对象，他们要完成哪些事，而不是要怎么做。当然，如果要让评估措施与成果相联系，首先必须彻底了解企业的整体目标。假如企业对于预期的成果不是很肯定，就应该先停下采取具体措施的脚步加以澄清。企业再造的效果之所以会打折扣，有时候就是因为不了解（或是缺乏共识）组织想要获得什么样的成果，或是应该以什么样的策略达到这些效果。

（二）追求远大的绩效目标

曾经主掌通用电气公司多年的前任首席执行官杰克·韦尔奇就说过："评估多半都有一个问题，那就是你会把它设定在你可以做到的程度。"远大的目标会对改善公司的业绩产生很大的影响，这正是行为学派研究的成果。假如绩效目标定得不好，公司就等于失去了激励员工的重要工具。

公司往往会很得意地宣称，自己已经达到去年所设定的目标。但要是这些目标都要求不高，而且很容易达到，那又有什么好得意的呢？远大的目标所重视的是希望做到什么，而不是可以完成什么。远大的目标会让人以创新的方式思考，寻求那些以前没有注意到的改善业绩的方法和途径，并取得成果。

当然，公司在设立积极进取的目标时，应该对良好的表现给予奖励，即使目标没有达成也一样，因为这总好过降低标准、只奖励达到平凡目标的人。

（三）评估正确的项目

在企业的战略和变革过程中，必须明确，你所衡量的就是你所得到的，因为衡量标准驱动行为。因此，衡量标准的制定必须依据你想实现的目标。一旦选择了错误的评估项目，将可能导致行动的结果完全背离预期和规划。只有选择了正确的评估项目，才能够实现业绩评价的激励和控制目标。

为了寻求那些正确的评估项目，很多理论和实务界的人士已经构建了很多评估框架和方法，例如平衡计分卡、欧洲质量管理基金会建立的作为欧洲质量奖的审核标准的企业卓越模式等。但是，有一点需要明确的是，无论这些方法和框架的支持者声称得有多好，在评估经营绩效时，绝对没有哪一种方式是所谓"最好"的。其中的原因在于，经营绩效这个概念本身就是由许多不同的方面拼凑而成的，每家企业在不同的发展阶段可能侧重于不同的方面。如果不能在适当的时期选择适当的评价指标体系，那么业绩评价将难以起到积极的作用。

（四）明确的管理责任承担结构

虽然业绩评价应当以结果为重，但这并不意味着对过程的忽视。业绩评价体系的中心目标应当是帮助企业的业务顺利地开展，它应当能够向业务流程中各个环节的责任人表明何时必须采取纠正措施，而不仅仅是由高级经理评价所取得的成绩。在传统的职能分工组织中，没有专门的职能部门能够对一个完整的价值实现程序负责，各部门往往也是孤立地设计自己的评价体系，因而没有办法测评整个企业的价值增值程序。目前，人们对企业业务流程的关注越来越多，为了评价流程的效率和效果，促进业务流程的顺利开展，必须设计相应的业绩评价体系，这一业绩评价体系的基础就是对业务流程中各个节点责任的明确。有些企业基于流程设计，创造出一个能为整个价值实现过程负责的组织——团队。从这个意义上说，业绩评价体系的设计与业务流程的设计在相互影响中发展着。

五、业绩评价体系的实施步骤

完整的业绩评价体系不是简单地考评一项工作，相反，业绩评价是一个完整的过程，它应当包括如图11-2所示的5个步骤。

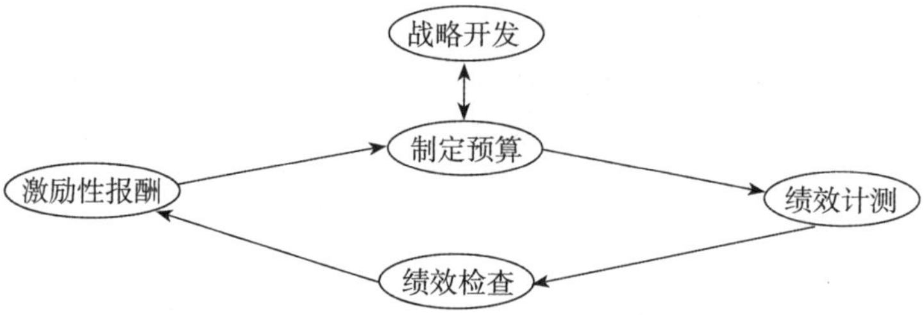

图11-2　业绩评价体系的实施步骤

（一）战略开发

业绩评价首先是为了测量战略目标和行动计划的完成情况，因此，作为业绩评价计划起点的必然是战略开发，它建立在彻底理解以取得竞争优势为目标的价值驱动因素的基础上。在战略开发程序中，不仅应当计算追求的未来财务结果，而且应当强调对价值创造活动做具体计划；不仅应当向内看，注重内部的改善和提高，而且应当考虑到环境的发展，重视与竞争对手比较的相对优势的变化情况。

（二）制定预算

这一程序将战略目标细化为具体经济业务和过程的目标，并通过预算的形式分配资源。制定预算必须考虑经营环境的易变性，通过弹性预算、滚动预算等形式将变化纳入预算的范围内，从而使得预算具有更好的可操作性，能够成为衡量业绩的标准。

（三）绩效计测

这一程序主要是及时收集、处理和归集与绩效有关的数据和信息，为有效执行后续子程序奠定基础。信息的相关性、可靠性、及时性都影响业绩评价的效果。造成业绩评价无法顺利进行的原因之一就是人们对于经济业务所产生的信息无法达成一致的认识，因此收集的信息应当能够体现经济业务发生的轨迹，并按照责任归属进行归集和汇总，以避免在考评时发生不必要的争执。

（四）绩效检查

这一程序主要是及时检查实际绩效与目标的差距，并进行必要的预测，以确保及时采取更正性和预防性措施，保证公司向着预期目标前进。

在信息技术尚未充分发展时，绩效检查是定期进行的，不但浪费时间，还不能充分关注绩效的问题和困难。同时，预测通常依据经验等进行，缺乏科学的方法和技术支持，因此预测很难作为采取预防性措施的基础。随着技术的发展和人们对预测和绩效评估质量要求的提高，差异分析可以及时进行，时效性提高，预测也可以科学的模型和高速的数据处理为基础开展，可靠性得到提高。这样的业绩评价能够更好地实现控制的作用。

（五）激励性报酬

在前4个步骤中，任意步骤的工作缺乏有效性，激励性报酬都不能够对人们的行为形成正确的引导。但是，如果前面4个步骤的工作都做好了，这一程序没能够提供相应的报酬，那么将降低人们完成战略目标和计划的积极性。通过一种报酬和福利相结合的平衡政策，激励性的报酬计划把具体的运营行动和影响战略目标实现的关键价值驱动因素联系起来。

六、绩效棱柱模型分析与应用

微课

绩效管理的内容

绩效棱柱模型，是指从企业利益相关者的角度出发，以利益相关者满意为出发点，以利益相关者贡献为终点，以企业战略、业务流程、组织能力为手段，用棱柱的五个构面构建三维业绩评价体系，并据此进行绩效管理的方法。利益相关者，是指有能力影响企业或者被企业所影响的人或者组织，通常包括股东、债权人、员工、客户、供应商、监管机构等。

绩效棱柱模型适用于管理制度比较完善，业务流程比较规范，管理水平相对较高的大中型企业。绩效棱柱模型的应用对象可为企业或所属单位（部门）。

（一）应用环境

企业应坚持利益相关者价值取向，建立有效的内外部沟通协调机制，与利益相关者建立良好的互动关系。企业应根据利益相关者的需求制定战略，优化关键流程，提升组织能力，在满足利益相关者需求的基础上分享其做出的贡献。

企业应用绩效棱柱模型工具方法，一般需要建立由战略、人力资源、财务、客户和供应商等有关部门及外部专家等组成的项目团队。企业应对人力资源管理、客户关系管理、供应商关系管理、财务管理等系统进行集成，为绩效棱柱模型的实施提供信息支持。

（二）应用程序

企业应用绩效棱柱模型工具方法，一般按照明确利益相关者，绘制利益相关者地图，制订行动方案，制订以绩效棱柱模型为核心的业绩计划，制订激励计划，执行业绩计划与激励计划，实施业绩评价与激励，编制业绩评价与激励管理报告等程序进行。

企业应结合自身的经营环境、行业特点、发展阶段、商业模式、业务特点等因素界定利益相关者范围，进一步运用态势分析法、德尔菲法等方法确定绩效棱柱模型的主要利益相关者。

企业应根据确定的主要利益相关者，绘制基于绩效棱柱模型的利益相关者地图。利益相关者地图是以利益相关者满意为出发点，按照企业战略、业务流程、组织能力依次展开，并以利益相关者贡献为终点的平面展开图。利益相关者地图可将绩效棱柱模型的五个构面以图形形式直观、明确、清晰地呈现出来，如图11-3所示。

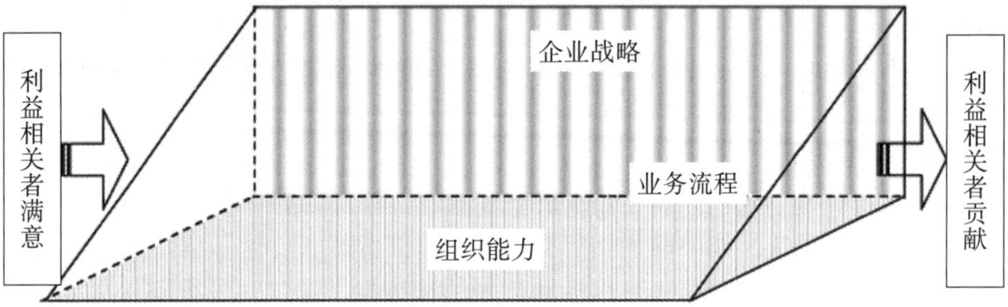

图11-3　绩效棱柱模型

绩效棱柱模型指标体系一般包括以下内容：

1.利益相关者满意评价指标

与投资者（包括股东和债权人，下同）相关的指标有总资产报酬率、净资产报酬率、派息率、资产负债率、流动比率等；与员工相关的指标有员工满意度、工资收入增长率、人均工资等；与客户相关的指标有客户满意度、客户投诉率等；与供应商相关的指标有逾期付款次数等；与监管机构相关的指标有社会贡献率等。

2.企业战略评价指标

与投资者相关的指标有可持续增长率、资本结构、研发投入比率等；与员工相关的指标有员工职业规划、员工福利计划等；与客户相关的指标有品牌意识、客户增长率等；与供应商相关的指标有供应商关系质量等；与监管机构相关的指标有政策法规认知度、企业的环保意识等。

3.业务流程评价指标

与投资者相关的指标有标准化流程比率、内部控制有效性等；与员工相关的指标有员工培训有效性、培训费用支出率等；与客户相关的指标有产品合格率、准时交货率等；与供应商相关的指标有采购合同履约率、供应商的稳定性等；与监管机构相关的指标有环保投入率、罚款与销售之比等。

4.组织能力评价指标

与投资者相关的指标有总资产周转率、管理水平评分等；与员工相关的指标有员工专业技术水平、人力资源管理水平等；与客户相关的指标有售后服务水平、市场管理水平等；与供应商相关的指标有采购折扣率水平、供应链管理水平等；与监管机构相关的指标有节能减排达标率等。

5.利益相关者贡献评价指标

与投资者相关的指标有融资成本率等；与员工相关的指标有员工生产率、员工保持率等；与客户相关的指标有客户忠诚度、客户毛利水平等；与供应商相关的指标有供应商产品质量水平、按时交货率等；与监管机构相关的指标有当地政府支持度、税收优惠程度等。

因此，企业在分配绩效棱柱模型指标权重时，应以利益相关者价值为导向，反映所属各单位或部门、岗位对利益相关者价值贡献或支持的程度，以及各指标之间的重要性水平。首先，根据重要性水平分别对各利益相关者分配权重，权重之和为100%；然后，对不同利益相关者五个构面分别设置权重，权重之和为100%。单项指标权重一般设定在5%～30%之间，对特别重要的指标可适当提高权重。

企业在设定绩效棱柱模型的业绩目标值时，应根据利益相关者地图的因果关系，以利益相关者满意指标目标值为出发点，逐步分解得到企业战略、业务流程、组织能力的各项指标目标值，最终实现利益相关者贡献的目标值。各目标值应符合企业实际，具有可实现性和挑战性，使评价对象经过努力可以达到。绩效棱柱模型业绩目标值确定后，因内外部环境发生重大变化、自然灾害等不可抗力因素对业绩完成结果产生重大影响的，企业应明确对目标值进行调整的办法和程序。

（三）绩效棱柱模型的优点与缺点

绩效棱柱模型的主要优点：坚持利益相关者价值取向，使利益相关者与企业紧密联系，有利于实现企业与利益相关者的共赢，为企业可持续发展创造良好的内外部环境。

绩效棱柱模型的主要缺点：涉及多个利益相关者，对每个利益相关者都要从五个构面建立指标体系，指标选取复杂，部分指标较难量化，对企业信息系统和管理水平有较高要求，实施难度大、门槛高。

任务三　财务与非财务的综合评价——平衡计分卡

一、平衡计分卡的产生与发展

微课

平衡计分卡

平衡计分卡的创始人为罗伯特·S.卡普兰和戴维·P.诺顿。平衡计分卡的概念最早可追溯到1990年，当时诺顿研究所对美国的若干公司进行了为期一年的研究，在诺顿研究所的课题"衡量未来组织的业绩"的研究成果的基础上，诺顿研究所所长兼带头人戴维·P.诺顿和美国管理会计学权威罗伯特·S.卡普兰教授提出了平衡计分卡的概念，并在1992年《哈佛商业评论》上发表了关于平衡计分卡的第一篇文章"平衡计分卡——业绩衡量与驱动的新方法"。该文章提出，不能只从财务性指标来评价一家企业的业绩，而应从财务、顾客、内部业务流程以及学习与成长4个方面来评价企业业绩。这篇文章的发表，在理论界和实务界引起了巨大轰动。至此，一种崭新的综合业绩考评制度——

平衡计分卡——产生了。它自产生以来就受到了广泛关注，并在理论界和实务界的共同努力下不断发展。1993年和1996年，罗伯特·S.卡普兰和戴维·P.诺顿在《哈佛商业评论》上又相继发表了“平衡计分卡的实际应用”和“把平衡计分卡作为战略管理的基石”两篇文章，这两篇文章集中体现了平衡计分卡自产生以来的发展历程，不仅指标不断丰富、创新，而且逐渐从单纯的业绩评价提升到企业战略管理的高度。1996年，关于平衡计分卡的第一部专著《平衡计分卡：化战略为行动》出版，标志着这一理论的成熟。2000年，罗伯特·S.卡普兰与戴维·P.诺顿又出版新著《战略中心型组织：实施平衡计分卡的组织如何在新的竞争环境中立于不败》，使得平衡计分卡得到越来越广泛的应用。

平衡计分卡自20世纪90年代初以来，便迅速受到广泛关注，并取得了长足发展。越来越多的人了解平衡计分卡，越来越多的企业应用平衡计分卡，平衡计分卡已成为企业的一项综合业绩考评制度。以美国为例，有关统计数据显示，1997年，美国财富500强企业中已超过60%采用了平衡计分卡，在银行、保险公司等金融服务行业，这一比例则更高。今天，当人们谈及业绩考评时，大多都指的是以平衡计分卡为主的体系。

目前，罗伯特·S.卡普兰和戴维·P.诺顿继续致力于完善平衡计分卡体系，更进一步向无形资产的衡量和管理以及组织流程方向深入。同时，他们把平衡计分卡的应用范围向新的组织形式拓展，其中包括非营利组织、公共事业单位、卫生保健单位、风险投资企业和董事会。

二、平衡计分卡的基本内容

平衡计分卡（Balanced Score Card，BSC），又可译为“平衡积分卡”“综合计分卡”等。平衡计分卡是为全面考评企业而设计的战略蓝图，它的基本内容包括以下4个方面：

（一）财务方面

怎样为股东创造财富？在平衡计分卡中，财务不仅仅是一个独立的方面，而且是其他几个方面的出发点和落脚点，因为财务业绩往往是企业运营的最终目标，也是企业运营情况的综合表现。如果说每一个方面都是综合业绩考评制度这条纽带的一部分，那么，这条纽带的因果关系的最终结果还要归于“提高财务业绩”。为此，企业要了解股东对企业的期待，为回报股东的期待，确保企业理念和战略的实行，我们应考虑对股东做出什么承诺，并明确具体的行动方针。

（二）顾客方面

怎样满足顾客需求？顾客方面是指从顾客的立场出发，我们应该做什么。为确保企业的利益和财务目标的实现，获取长远的、出色的财务业绩，就必须创造出受顾客青睐的产品或服务，建立良好的顾客关系，在顾客中树立企业的诚信服务形象和良好声誉。

（三）内部业务流程方面

必须擅长什么？内部业务流程是为企业创造价值和产生财务结果的过程。为确保财务目标的实现和提高顾客满意度，企业最终还必须“修炼内功”，依靠内部程序、决策和行为，建立比竞争对手更先进的业务流程，这就要为企业内部业务流程确定目标和指标，这些目标和指标应包括创新循环、经营循环和售后服务循环。

（四）学习与成长方面

如何创造并提高企业价值？学习与成长方面来自3个方面主要的资源：人员、信息系统和企业的程序。仅凭今天的技术和生产能力，企业是不能达到为顾客和内部业务流程所确定的长期目标的，为了弥补现有的人员、信息系统和企业程序的生产能力的不足，与实现长期目标所要求的生产能力之间的巨大差距，企业必须投资于培训员工，提高信息技术和拓展信息系统，组织企业程序和日常工作，只有这样，才能为实现财务目标、顾客目标和内部业务流程目标提供持续的推动力量。

总之，平衡计分卡是将结果与动因联系在一起，财务方面是最终目标，顾客方面是关键，内部业务流程方面是核心，学习与成长方面是保证，只有不断学习与成长，才能持续改善企业内部业务流程，进而更好地为顾客服务，最终实现企业的财务目标。平衡计分卡的重要性在于将战略、流程和管理联系在一起，形成一种综合的业绩考评制度。其基本结构如图11-4所示。

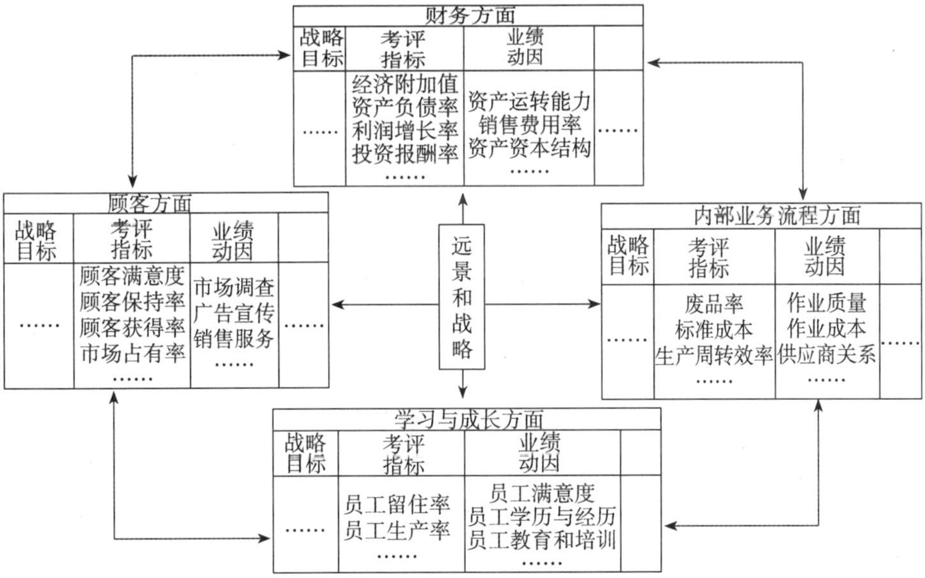

图11-4　平衡计分卡的基本结构

从图11-4可以看到，财务、顾客、内部业务流程和学习与成长4个方面紧密联系，确立了综合业绩考评制度的基本结构，但综合业绩考评制度既不是上述4个方面的简单综合，也不是一些财务性指标和非财务性指标的拼凑，不仅每个方面的考评指标和业绩动因充满了因果链（考评指标与业绩动因的因果链，以及考评指标相互之间和业绩动因相互之间的因果链），各方面之间也遍布层层的因果关联。例如，要实现财务方面的指标（如经济附加值），财务性指标的动因是现有客户的重复、扩大销售以及现有客户忠诚的结果（顾客方面），要做到保持顾客，就需要按时保质保量向顾客交付产品或提供服务，这就需要在经营过程中缩短生产周转时间和提高产品或服务质量（内部业务流程方面)，而要缩短生产周转时间和提高质量，就要培训员工并提高他们的技术（学习与成长方面)。由此可见，当一个纵向指标穿过平衡计分卡的4个方面时，一个因果关系链就建立起来了。

如果将平衡计分卡与企业的战略融合在一起，就形成了战略管理地图。

平衡计分卡中的4个维度形成了一系列的因果关系链，而每个维度中的衡量指标都形成了一套逻辑链条，这些关系链条就将企业的战略所期望的结果和获得这些结果的驱动因素结合起来。将这些关系链条整合在一起就形成了平衡计分卡的战略管理地图（如图11-5所示)。由于不同的企业处于不同的行业，它们采用的获得竞争优势的战略也不一样，因此企业的战略管理地图也千差万别。

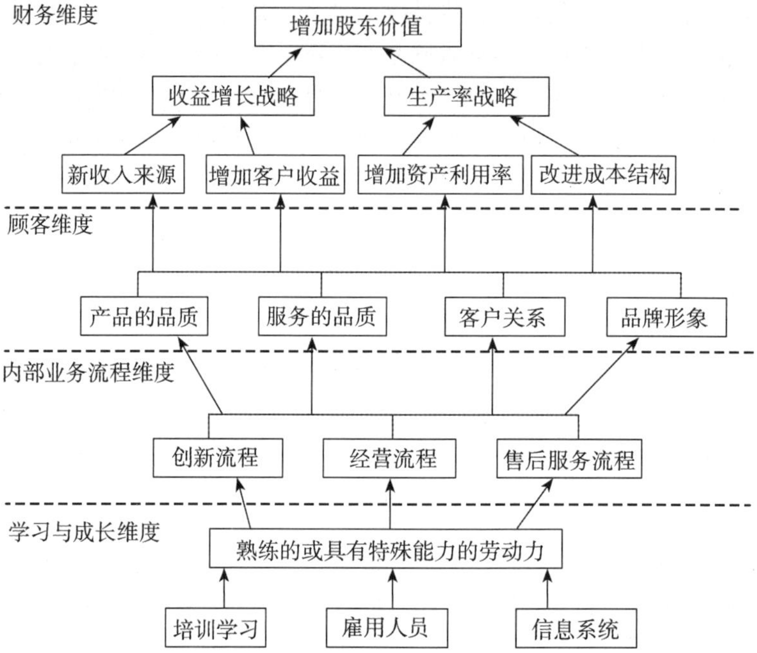

图11-5 战略管理地图

【注意】平衡计分卡基本内容的说明：(1) 财务方面：我们怎样为股东创造财富？(2) 顾客方面：我们怎样满足顾客需要？(3) 内部业务流程方面：我们必须擅长什么？(4) 学习与成长方面：如何创造并提高企业价值？

三、平衡计分卡的平衡关系与基本项目

(一) 平衡计分卡4个方面之间的平衡关系

图11-4不仅是平衡计分卡的基本结构，同时也体现了这4个方面之间的平衡关系。

1.过去、现在与未来的平衡

这是指财务方面代表的过去、顾客方面和内部业务流程方面代表的现在、学习与成长方面代表的未来之间的平衡。

2.短期与长期的平衡

这是指财务方面代表的短期行为和学习与成长方面代表的长期规划之间的平衡。

3. 内部与外部的平衡

这是指内部业务流程方面代表的企业内部与顾客方面代表的企业外部之间的平衡。

4. 结果与动因的平衡

这是指财务方面代表的结果（财务性指标）与顾客方面、内部业务流程方面和学习与成长方面代表的动因（非财务性指标）之间的平衡。

由此可以看出，平衡计分卡的4个方面体现了现在、过去与未来的平衡，短期与长期的平衡，内部与外部的平衡，结果与动因的平衡。这些平衡是通过把经营单位的任务和策略转化为有形的目标和指标来完成的。

（二）平衡计分卡4个方面的基本项目

平衡计分卡的每个方面都是由一些相互联系的项目组成的，通常应包括以下几个项目：

1. 战略目标

战略目标是指完成企业理念和战略的基本目标。

2. 考评指标

考评指标是指为确保目标实现，能够持续测定的反映战略目标业绩结果的指标。

3. 业绩动因

业绩动因是指为实现考评指标，直接驱动业绩结果的因素。

4. 标准数据指标

标准数据指标是指为考评指标确定的标准数据，它可以是预算数、计划数、行业标准数等。

5. 具体措施

具体措施是指为使平衡计分卡能贯彻到各个部门（责任中心）以实现战略目标而制定的具体对策或行动计划。

6. 评分

评分是指在业绩考评期间结束时，将平衡计分卡的日常记录与标准数据指标进行对比，依据事先确定的评分标准和权重给出评分，根据评分对各部门（责任中心）及企业整体做出评价，并与薪酬计划等激励机制相对接。

上述各项目之间的关系如图11-6所示。

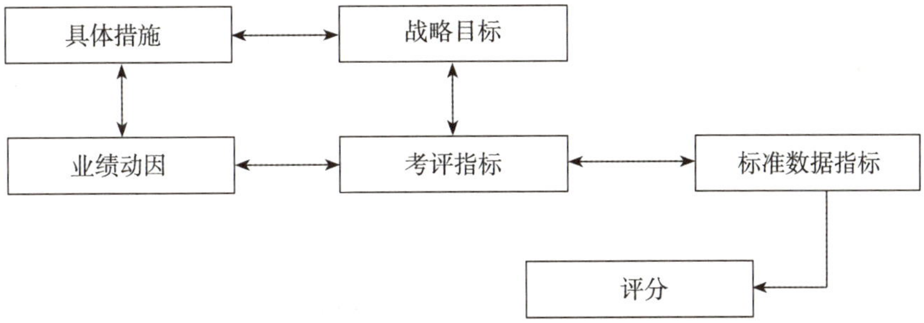

图11-6　平衡计分卡各方面基本项目之间的关系

四、平衡计分卡综合业绩考评过程

平衡计分卡的应用是一个从最初设计到日常记录，再到期末评分，并不断修正的过程，全面预算管理、作业成本制度的考评都可以纳入到平衡计分卡之中。

（一）平衡计分卡的最初设计

平衡计分卡的最初设计是平衡计分卡应用中至关重要的环节，平衡计分卡最初设计得是否科学，是日后能否顺利实施、能否充分发挥效用的关键。平衡计分卡的最初设计是一项十分庞大的工程，需要企业上下投入大量的精力和时间。平衡计分卡的设计可分为企业整体平衡计分卡、部门（责任中心）平衡计分卡乃至个人平衡计分卡的设计。其具体做法是将企业、部门（责任中心）或个人一定期间的业绩目标用具体的考评（结果）指标和标准数据指标予以表述，并找出影响考评指标的具体业绩动因，制定出切实可行的具体措施。所有的各自的考评指标、标准数据指标、业绩动因和具体措施就分别构成了企业整体平衡计分卡、部门（责任中心）平衡计分卡和个人平衡计分卡。

平衡计分卡的最初设计过程就是企业制定战略的过程，也是确定责任（作业）中心、编制预算的过程以及设定业绩目标的过程。

（二）平衡计分卡的日常记录

平衡计分卡的日常记录是指在业绩考评期间，随时将那些为计算平衡计分卡指标所需要的数据资料记录下来。这种日常记录是期末进行评分的基础，但是期末评分并不是日常记录的唯一作用。通过平衡计分卡的日常记录，企业高层领导可以随时关注企业的总体运营情况，部门（责任中心）的管理者可以随时关注该部门（责任中心）的运作情况，员工个人可以随时关注自身的行为。这种关注，使企业上下随时对战略的实施情况、预算的执行情况、企业整体或部门（责任中心）或员工个人的业绩情况进行监控和调整。

平衡计分卡日常的数据资料记录是一项非常烦琐的工作。少数数据资料记录能从现有的会计信息系统和管理信息系统中获得，绝大部分却不能，尤其是非财务数据和部门（责任中心）平衡计分卡及个人平衡计分卡所需数据。因此，企业必须组织人力、物力开发并及时更新相应的信息系统，只有这样才能为平衡计分卡的日常记录创造条件。

（三）平衡计分卡的期末评分

平衡计分卡的期末评分是指到业绩考评期间结束时，计算出平衡计分卡的各项指标，并与标准数据指标进行对比，然后依据事先确定的评分标准和权重给出评分，根据评分对整个业绩考评期间企业整体、部门（责任中心）以及员工的个人业绩做出评价。平衡计分卡的评分过程是对整个业绩考评期间所作的总结。这种总结不仅仅是业绩评价的过程，还是检查战略是否实现的过程，更是考核预算（计划）是否落实的过程。这种总结也不仅仅是为了得出一个简单的结论，而是要在得出结论的基础上进一步分析造成该结果的原因，为以后期间指明方向。此外，期末业绩评分还应包括按照奖惩激励制度将部门（责任中心）和个人的业绩与事先规定的奖惩标准衔接起来并进行兑现，做到奖的高兴、罚的服气，避免平衡计分卡流于形式。

（四）平衡计分卡的修正

平衡计分卡在应用过程中可能会暴露出存在的问题，需要及时更正，并且随着环境的变化，平衡计分卡也需要不断更新。因此，平衡计分卡在最初设计出来以后，并不是一成不变的，在应用过程中要对它不断地进行修正。当然，平衡计分卡的修正不能随意进行，应当有严格的程序。只有这样才能保障平衡计分卡的严肃性。在对平衡计分卡进行修正时，如有必要还应同时对战略进行反馈，对预算（计划）进行修订，对考评指标或标准数据指标进行调整。

总之，企业借助平衡计分卡进行的综合业绩考评，是一个各种管理相互融合、各个环节相互渗透的过程。企业综合业绩考评过程如图11-7所示。

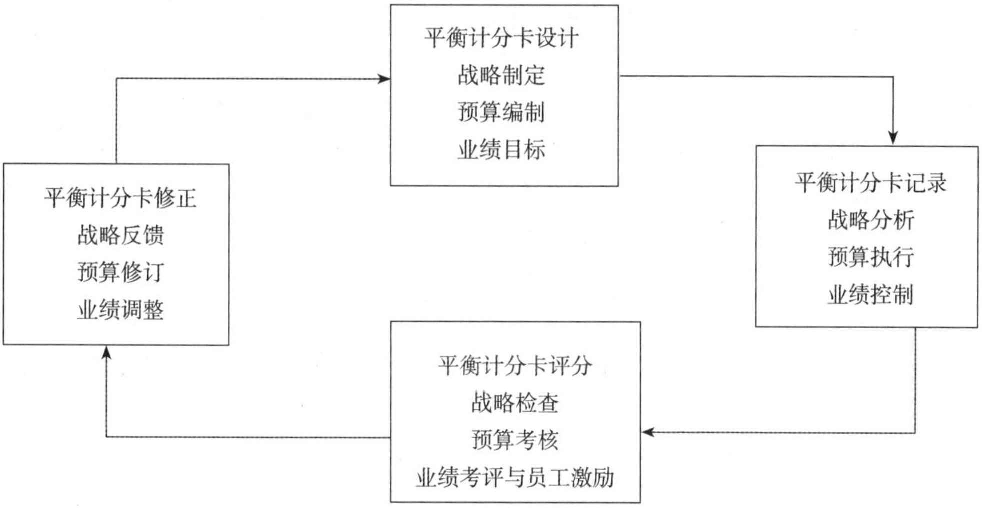

图11-7　企业综合业绩考评过程

平衡计分卡对我们的最大启示在于它向外部、向深层、向长期拓展的视野，在于它综合平衡的思想，在于它着眼于战略、立足于管理、彼此联系、相互渗透的主体化、网络化结构，它是一种超越数字的动态评价指标与静态评价指标相统一、财务性指标与非财务性指标相结合的革命性的综合业绩考评制度，也是推动企业可持续发展的综合业绩考评体系。

【请思考】为什么说平衡计分卡是企业的一项综合业绩考评制度？

【学思践悟】

华为绩效，引领未来

华为的成功源于其采用“3W”绩效考核系统。

（1）WHY——华为的绩效管理目的

绩效作为组织和个人的成果与价值体现，代表了组织活动和个体活动的全部意义，绩效的重要性不言而喻。华为总裁任正非一再强调要创造高绩效的企业文化。将绩效文化视为企业生存之本、发展之源，并上升为战略高度加以实施。公司绩效管理的目的就是将公司的目标使命化，公司的成功取决于每位员工在多大程度上实现自己的工作目标。华为的绩效管理不是把绩效管理仅仅当作一种增压奖惩的依据，而是立足于公司，在公司内部营造竞争的氛围，使员工优胜劣汰的过程更合理。绩效管理通过以责任、员工能力、贡献为核心的绩效标准及相应的评价手段和价值分配机制将公司的目标与员工的个人需求和利益捆绑在一起，从而将公司的目标内化为员工个人的使命和责任。

（2）WHAT——华为的绩效管理考核什么

公司绩效考核机制包括：①责任结果导向、关键事件个人行为的结果评价考核；②基于公司战略分层分级述职，即个人绩效承诺与期望绩效的完成程度；③基于各级职位按任职资格标准考核员工实际能力是否达到任职要求。在绩效评价过程中，业务部门有评价权，人力资源部门有建议权，主管有审核权，三权协调配合，为绩效管理保驾护航。此外，公司还明确加强对员工的思想道德品质的考核，以及对员工的诚信进行记录。注重对员工责任心、使命感、团队精神、工作能力和思想道德品质的评议。在绩效考核过程中，全面推行团队测评体系。总之，公司通过强调责任、使命和能力的综合平衡，使每个充分认同公司核心价值观的员工都能找到适合自己的职业定位和发展通道。

（3）HOW——华为的绩效管理怎么管

人力资源部门负责招聘工作的孙某拿到了自己的主要考核指标：①满足公司某研发部门新产品研发人手不足的需求；②完成人力资源管理工作；③完成对某销售部门新进员工的入职培训。由此可见，华为公司从不同角度为孙某设置考核指标。第一个指标从公司目标的角度自上而下分解，支撑公司战略。第二个指标基于岗位职责，职能部门岗位工作的主要特点是与战略结合不是非常紧密，但每个岗位都“有其用武之地”。这些“用武之地”就可以作为一个关键指标来考核。第三个指标基于流程或顾客，职能部门必须保证生产销售部门的服务质量，与这些业务部门组成完整的流程，如果某部门提供的服务质量没有跟上，可能就会造成业务部门的滞后。从孙某的考核指标还可以看到，工作内容越来越强调用数字说明工作的完成情况，即努力量化业务指标。考评结果一方面纳入升迁和薪酬依据；另一方面作为绩效改进的内容之一。如果调查发现绩效考评后期望目标和绩效实际存在落差而没有员工后期的绩效沟通，将给予该部门主管红牌警告。这说明华为公司也充分认识到，“金无足赤，人无完人”，绩效结果不好可能存在各种原因，要给予员工更多的机会，通过持续改善，最终希望其将劣势转化为优势。

资料来源：华恒智信分析员．华为技术有限公司的3W绩效管理［EB/OL］．［2023-11-22］．http：//www.chnihc.com.cn/research-center/research-case/case-performancelist/1056.html.

项目小结

本项目主要知识点归纳总结见表11-1。

表11-1　本项目主要知识点归纳总结

任　务	主要知识点
业绩评价认知	1.业绩评价，是指运用数理统计和运筹学的方法，通过建立综合评价指标体系，对照相应的评价标准，定量分析与定性分析相结合，对企业一定经营期间的盈利能力、资产质量、债务风险以及经营增长等经营业绩和努力程度等各方面进行的综合评判 2.作用：科学地评价企业业绩，能为出资人行使经营者的选择权提供重要依据；有效地加强对企业经营者的监管和约束；为有效激励企业经营者提供可靠依据；为政府有关部门、债权人、企业职工等利益相关方提供有效的信息支持
业绩评价体系的构建	1.业绩评价系统的设计原则：以成果为重、追求远大的绩效、评估正确的项目、明确的管理责任承担结构 2.业绩评价体系的实施步骤：战略开发、制定预算、绩效计测、绩效检查、激励性报酬
业绩评价的新方法——平衡计分卡	1.平衡计分卡的基本内容：财务方面、顾客方面、内部业务流程方面、学习与成长方面 2.平衡计分卡4个方面的基本项目：战略目标、考评指标、业绩动因、标准数据指标、具体措施、评分 3.平衡计分卡的启示：它向外部、向深层、向长期拓展的视野，综合平衡的思想，着眼于战略、立足于管理、彼此联系、相互渗透的主体化、网络化结构，是一种超越数字的动态评价指标与静态评价指标相统一、财务性指标与非财务性指标相结合的革命性的综合业绩考评制度，也是推动企业可持续发展的综合业绩考评体系

项目十二

作业成本法

学习目标

知识目标

1. 了解传统成本法的局限。
2. 了解作业成本法产生的背景。
3. 理解作业成本法的基本概念。
4. 明确作业成本法的特点。
5. 理解作业管理的概念。
6. 领会作业管理的基本步骤。
7. 掌握作业改善应采取的措施。

技能目标

1. 掌握作业的四种分类，并能加以识别。
2. 熟练掌握作业成本法的基本程序。
3. 能够采用作业成本法计算产品成本。

态度目标

1. 认真分析作业的成本动因，遵循作业管理的基本程序。
2. 培养学生作业管理的价值分析态度，有效降低作业成本。

素养目标

面对竞争激烈的市场环境，针对客户个性化需求，学会具体问题具体分析，优化作业链，提高增值作业，确保成本竞争优势。

工作情境与工作任务

传统的成本计算方法是建立在“业务量是影响成本的唯一因素”的基础上的，特别是全部成本法，构成全部成本的直接材料、直接人工和制造费用全部计入有关产品成本。作业成本法简称ABC法，是指以各作业中心为基础，通过作业中心成本库归集产品成本。产品完工时，再根据各作业中心的成本动因，确定各自的费用分配率，最后将所归集的成本计入产品成本的方法。作业成本法在成本计算过程中，对所有的作业活动进行动态反映，可以发挥它在决策和控制中的重要作用，以促进整体作业管理水平的不断提高。

任务一　作业管理认知

随着市场竞争的日益激烈和企业内部经营环境、制造环境的持续转变，传统成本管理已难以适应企业的需要。而以作业成本计算为基础的作业管理，不仅能够提供各种更加准确的作业成本信息，有利于企业更好地进行成本控制和经营决策，而且能够利用所提供的成本信息，发现作业乃至价值链中的浪费现象并分析其原因，从而消除不增加客户价值的作业，实现企业竞争力和盈利能力的不断提升。因此，作业管理对于迫切需要改进管理以适应经营环境变化的企业来说，具有巨大的吸引力。

一、作业管理的含义

作业管理，简称ABM，是指以客户需求为出发点，以作业分析为核心，利用作业成本计算所获得的信息对作业链不断进行改进和优化，以不断消除浪费，提高客户价值，从而使企业获得竞争优势的一种先进的成本管理方式。在这种观点下，进行作业链分析、控制与改进成为作业管理的核心。

作业链，是指现代企业为了满足顾客需要而设立的一系列前后有序的作业的集合体。它包括研发、设计、生产、营销、配送等。有时，作业链也指某一特定过程中所包含的相互联系的各项作业。

企业以顾客需求为出发点设计和建立作业链，通过对作业链分析有助于消除非增值作业，进而达到降低产品成本、提高经济效益的目的。例如，为了实现降低原材料采购成本这一目标，必须设计包括拟订采购计划、选择供应商、签订采购合同、运输、保险、质量检验等在内的一系列作业，而不是其中某一项作业。又如，企业为了提高客户价值，往往需要对研发、设计、原料采购、生产、营销、配送等各个方面的作业，乃至整个作业链，进行不断改进、完善以提高产品有用性，增加客户的有形和无形利益，不断消除浪费，全面降低成本。

价值链，是作业链的价值表现。生产经营中的各项作业有序进行，作业转移的同时伴随着价值的转移，最终产品是全部作业的集合，同时表现为全部作业价值的集合。作业链的形成过程，也就是价值链的形成过程，要想提高价值，必须改进作业链，而作业链的完善是从价值链分析开始的。

二、作业管理的基本程序

作业管理的目的是寻求企业经营活动的持续改善。在价值链中，各项作业耗费的成本不同，对企业的贡献也不一样。企业区分所从事的主要作业，评价作业对企业的价值贡献，目标之一是识别非增值作业及其成本，从而确定对非增值作业的消除或改善措施。

所谓非增值作业是指企业经营活动中不必要的或可以消除的，或者虽然必要但效率不高或可以改进的作业。相应地，非增值作业所发生的成本称为非增值成本，消耗这些作业及成本不影响产品或服务的质量、功能和价值等。

实施作业管理应结合传统成本控制的一般程序，围绕作业及作业链的分析来进行。实施作业管理的基本步骤如下：

（一）分析顾客的需求

通过调查了解顾客对产品性能、结构、外观等方面的要求，并研究为有效满足顾客需求，企业应该从事的工作，为进一步的作业分析奠定基础。

（二）分析作业链构成

分析作业链，即要搞清楚企业的经营活动的全过程究竟包括哪些作业，它们的内在联系是什么，每项作业发生的原因又是什么；重要作业是哪些，重要作业又可以分解为哪些具体的实施环节。例如，采购作业是重要作业，还可以进一步分解为招标、选择供货商、发出订单、采购、验收入库等环节。

（三）区分增值作业与非增值作业

正确区分增值作业与非增值作业，对于作业管理的有效实施意义重大。企业必须对价值链中各具体环节的作业进行逐一检查分析，以识别哪些作业是增值作业，哪些作业是非增值作业。

对于增值作业应考察其工作效率，研究在提高其效率的同时应保证其不被消除，否则会降低企业价值；对于非增值作业，应在保证产品质量和企业价值的前提下尽可能压缩或消除。例如，搬运作业，在加工环节之间的搬运是增值作业，是必要的，应在保留的前提下设法提高其效率；而在仓库之间的搬运是非增值作业，是不必要的，应设法压缩或消除。

（四）分析作业执行情况

分析作业执行水平的高低以及作业的利用效果，以便及时发现问题，采取措施，以达到合理配置资源、降低作业成本的目的。

（五）采取措施，改善企业经营管理

企业应在作业分析的基础上，采用先进的方法以及有效的措施，优化作业链，同时尽量提高增值作业的利用效率，从而达到不断改善生产经营、确保低成本竞争优势的最

终目的。

三、作业价值分析

一家制造业企业，全部经营活动的核心（也就是企业价值链的关键环节）是生产过程。企业的生产过程是通过执行一系列作业来实现的。作业价值分析就是以客户的需求为出发点，对作业产生的原因、作业执行的情况以及作业执行的结果进行全面分析，即在进行市场调查、明确客户意愿及需求的基础上，对产品成本形成过程及分配过程所展开的分析，从而消除非增值作业或降低非增值成本，实现优化价值链，提高客户价值，从而增加企业盈利的最终目标。作业价值分析的具体内容包括动因分析、作业链分析和增值作业的确认三个方面。

（一）动因分析

动因分析是指以客户需求为出发点，对作业与产品成本的驱动因素的合理性进行的分析，以确定各项作业存在的必然性、成本动因的合理性以及利用的效率性。作业需求变动，会引起作业成本变动。例如，产品生产批次增加，会引起发放材料作业的总成本增加，而减少生产批次则会降低材料这部分总成本。生产“批次”被作为作业动因。而材料运输作业总成本取决于工厂布局——材料仓库与生产车间之间有一定的距离。优化工厂布局，缩短或者消灭仓库与车间的距离，就会降低甚至完全消除运输作业成本。又如，按产品生产的批次进行的产品质量检验。生产批次的数量增加，质量检验作业总成本就增加。如果增加生产的批量、减少批次，质量检验总成本就可以降低。但是，真正引起产品质量检验作业的原因是产品的加工质量问题。由于产品加工质量存在问题，会引起质量检验作业的发生，还会导致返工作业的发生。所以只有实施全面质量管理，才有可能使产品质量百分之百合格，才可以避免质量检验作业的发生。动因分析可以帮助我们从源头对作业进行思考，对一项作业在作业链中存在的意义和价值做出初步判断。动因分析一般建立在人们对某些具体问题的观察和逻辑思考之上，而不是对作业链进行系统、全面的分析。如果不对作业链进行系统、全面的分析，就不易察觉作业的真正动因。

（二）作业链分析

作业链分析是指对作业的协调状况进行分析。在实际工作中，即使所有单项作业的利用效率都高，也不意味着作业之间的相互协调好，作业之间的重叠与断开的现象都不利于企业价值的实现。应尽量消除作业链的重叠和断开现象，使其转化为理想的作业链。理想的作业链应是作业与作业之间环环相接，没有出现断开和重叠的现象，作业之间的等待或延误最小。

（三）增值作业的确认

进行成本动因分析、作业链分析，旨在区分增值作业与非增值作业，判断增值作业的效用性。增值作业是指满足客户需要所必需的作业，是应该保留在价值链中的作业。如产品设计、加工、产品交付等均为增值作业。客户不需要而且不能形成价值增值的作业为非增值作业，也就是不应保留在价值链中、需要从价值链中消除或通过持续改善逐步消除的作业。如存货中的储存、整理和搬运；生产中的待料或机器维修引起的停工；因产品存在质量问题而进行的返修、重复检测等一般都属于非增值作业。增值作业与非增值作业判断的标准是：如果去掉某项作业，仍然能够为客户提供与以前同样的效果，则该项作业为非增值作业，否则为增值作业。

四、改善作业的具体措施

作业管理的最终目的是在保证客户价值不变的前提下尽可能改善作业，提高增值作业的效率和消除非增值作业。在实际工作中，要想达到彻底消除非增值作业的目的，往往是不可能的，但是我们可以根据实际情况采用作业消除、作业选择、作业减少和作业分享等措施来实现。

（一）作业消除

作业消除是指采取措施将经过作业分析所确定的非增值作业消除，以减少不必要的耗费，提高成本效率。例如，对购入的材料或零部件的检验作业，可以通过挑选信誉可靠的供应商，保证其供货质量，使检验作业得以消除。消除一项作业，往往不是只针对该项作业采取措施，而是很有可能涉及其他若干项作业，甚至是整个生产过程或经营过程。例如，产品质量检验是一项非增值作业，在产品质量不能保证达到百分之百合格的情况下，消除该项作业是不可能的，需要在整个生产过程甚至包括研发、设计、采购等其他过程进行全面的质量改善，才能消除质量检验作业。

（二）作业选择

作业选择是指分析能够达到目标的不同作业或不同策略，选择其中最佳的作业或策略。最佳的作业可能是效果相同但成本最低的或成本相同但效率最高的作业。例如，加工某产品可以采用不锈钢钢材，也可以采用普通钢材，如果通过表面处理后者可以达到同样效果，且不影响产品质量，不降低客户价值。在这种情况下，就应选择成本低的普通钢材加工作业。又如，扩大产品生产规模，可以对现有生产线加以改造扩张，也可以新投资一条生产线，或者寻求合作伙伴。不同的扩张措施的作业构成不同，发生的成本就不同，效果也会不一样。再如，企业的营销策略和促销活动，促销方式不同，促销活动引发的作业不同，产生的效果和发生的成本也会不同。通过作业成本计算，比较作业的成本和效率，如果作业效果相同，选择成本最低的作业；若成本不相上下，则选择效率最高或效果最好的作业。

（三）作业减少

作业减少是指对于一项增值作业来说，降低对它的需求，等于提高了它的效率。例如，将原需要6个机器工时的加工工艺压缩为4个机器工时，工时减少导致作业成本也减少了。对难以立即消除的非增值作业，可以采取不断改进的方式降低作业消耗的资源或时间，或提高作业效率以尽量减少作业量以降低成本耗费。例如，生产过程中的半成品搬运，可以通过改进工厂设置，缩短运送距离，进而减少运送作业，降低作业成本。又如，不合格品返工作业，产品合格率提高了，不合格的产品减少了，对这项作业的需求也就降低了。

（四）作业分享

作业分享是指充分利用企业的生产能力使之达到规模经济效应，提高单位作业的效率。例如，不增加某种作业的成本而增加作业的处理量，使单位成本动因的成本分配率下降。这也是提高作业效率的一个途径。所谓分享，即几种产品分享一项作业的产出。例如，原来一部机器只为一种产品加工专用的螺钉、螺母，则可令该部机器为多种产品提供服务，扩大产出，从而避免闲置。又如，改善工厂设置、不增加厂房面积、增加工厂的产品生产能力，使产品承担的厂房折旧和维护费用减少。对于不可消除的作业，扩大其共享范围是改进作业、提高效率的最佳方式。

上述作业管理的任何措施都离不开作业成本计算提供的成本信息，所以说作业成本计算是作业管理的基础。作业管理过程中不断改进作业、降低成本的理念应贯穿于企业经营管理的全过程。企业在采取措施降低成本时，改善作业的四种途径往往需要结合起来考虑。需要说明的是，企业消除非增值作业，提高增值作业的效率，往往会造成作业能力的闲置，如厂房、设备、人员等方面的资源多余。如果不能将闲置资源充分利用或处置，则消除浪费的效果就不能得以充分实现。

任务二　作业成本的产生与发展

微课

作业成本法认知

从成本计算的基本方法（品种法、分批法和分步法）到标准成本法和变动成本法都以产品作为成本核算对象。20世纪后期，管理会计取得了一些引人瞩目的进展。以“作业”（activity）为核心的作业成本法（activity-based costing，ABC）是其中之一。

一、作业成本法产生的时代背景

任何理论与方法的产生都不是偶然的，而是众多因素综合作用的结果。作业成本法的产生也不例外。20世纪70年代以来，世界科学技术和社会经济环境发生了重大变化。这些变化对企业成本计算方法产生了重大影响。

（一）技术背景：先进的制造环境

20世纪70年代以来，世界科学技术有了日新月异的发展。在高新技术蓬勃发展的新形势下，某些经济发达国家的企业面对日趋激烈的全球竞争压力，纷纷将高新技术运用于生产领域。在高新技术基础上的生产的基本特征是在电子技术革命的基础上形成的生产高度电脑化、自动化，包括电脑数控机床（computer numerical contolmachines）、机器人科学（robotics）、计算机辅助设计（computer-aided design，CAD）、计算机辅助制造（computer-aided manufacturing，CAM）的广泛运用，以至计算机集成制造系统（computer integrated manufacturing system，CIMS）的形成。基于先进的制造环境，从产品订货开始，直到设计、生产、销售等所有阶段，所使用的各种自动化系统综合成一个整体，由计算机统一进行调控。高新技术在生产领域的广泛运用改变了企业产品成本结构，使得直接材料成本和直接人工成本的比重下降，而制造费用的比重却大幅度上升。如何合理地分配制造费用成为一个重要问题。

（二）社会经济背景：个性化的社会环境

高新技术在生产领域广泛运用，极大地提高了社会生产力，促进了社会经济的发展。随着经济的发展，某些经济发达国家逐步进入富裕社会。在富裕社会，顾客或消费者可以支配的收入大大增加，顾客或消费者的行为变得更具有选择性，表现为从过去的崇尚时尚转向标新立异、突出个性。这种社会需求的重大变化必然对企业提出新的、更高的要求，要求企业具有较高的灵活反应能力，及时向顾客或消费者提供多样化和富有个性、日新月异的产品，以适应顾客或消费者多样化和快速多变的需求。与此相适应，对顾客或消费者多样化、日新月异的需求迅速做出反应的顾客化生产（customized production）模式即柔性制造系统（fexible manafacturing system，FMS）取代传统的、以追求“规模经济”（economies of scale）为目标的大批量生产（mass production）就成为必然。

客观地说，传统成本计算方法适用于常规化和大批量生产的企业。然而，社会经济的发展，富裕社会的形成，改变了传统成本计算方法赖以存在的社会经济环境。因为在顾客化时代，尽管顾客或消费者需要的“产品”，其组成构件（“零部件”）大同小异，其差别仅仅在于“产品”所体现的理念或款式，但是，几乎没有两件完全相同的“产品”。如此一来，企业就不能根据“产品”计算其成本，而必须根据“产品”所消耗的作业来汇总、计算“产品”成本。

（三）变动成本法的局限性

其实，经理人早已意识到固定性制造费用分配的主观武断问题。有鉴于此，为了支持企业的经营决策与管理控制，传统成本计算方法已经从财务会计的完全成本法转向管理会计的变动成本法。这时，固定性制造费用分配的主观武断问题已经得到解决。但是，除了滞后性和解释上的困难，变动成本法所隐含的指导思想与新的经营环境强调流程（focus on process）的观念并不一致。面对新的经营环境和强调流程的观念，经理人需要一种与强调流程观念相适应的成本计算方法。这在一定程度上促成了作业成本法的产生与发展。

（四）以服务为主导的经济模式

20世纪80年代以来，整个世界经济的发展趋势呈现出“经济从以生产为主转向以服务为主”，服务业得以迅速增长，从以生产为主导的经济模式转向以服务为主导的经济模式，出现制造业服务化的趋势。这种趋势对以“产品”为核心的传统成本计算方法也产生重大的冲击。其实，作业成本法从其起源开始就是服务导向而非生产导向的。

由此可见，传统成本计算方法难以为继。于是，以“作业”为基础的作业成本法应运而生。然而，只有借助于计算机，作业成本观念才能从理论走向实践，作业成本法才得以在企业中付诸实施。图12-1描绘了作业成本法产生的时代背景。

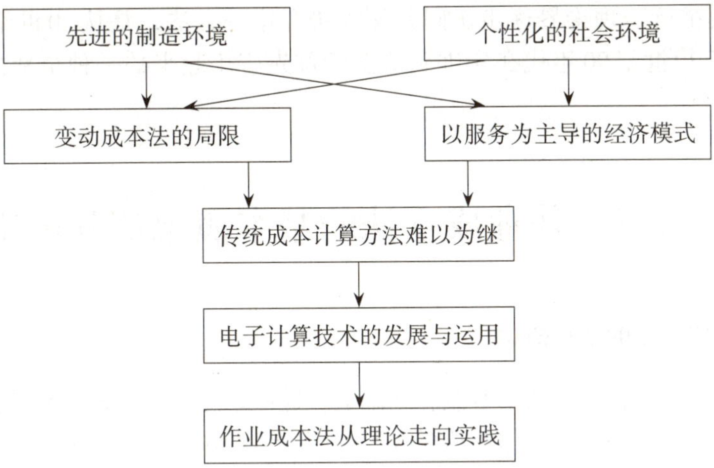

图12-1　作业成本法产生的时代背景

二、作业成本法的发展

由于市场需求和生产环境的变化，传统的成本分配方法不能满足经营管理对成本信息的要求。而作业成本计算将成本与作业联系起来，追踪分析作业与成本的关系，按作业来归集和分配成本，因此得到了越来越多的推广和应用，并引发了管理上的创新——作业管理的产生。这种成本核算方法恰恰弥补了传统成本计算方法的缺陷，能为企业提供大量相关、准确的成本信息，能在很大程度上帮助管理者实施价值管理。

20世纪40年代初，美国会计学家埃里克·科勒教授提出了“作业会计”的概念，并从理论和实践上加以探讨。1941年，时任美国田纳西河谷管理局主计长的科勒教授在《会计评论》杂志上发表论文，首次对作业、作业账户设置等问题进行了讨论，并提出“每项作业都设置一个账户”。1971年，乔治·斯托布斯教授在具有重大影响的《作业成本计算和投入产出会计》一书中，对“作业”“成本”“作业成本计算”等概念作了全面阐述。直到20世纪80年代末90年代初，哈佛大学的罗宾·库珀和罗伯特·卡普兰才首次明确提出了“作业成本法”这一概念。他们认为：“产品成本就是制造和运送产品所需全部作业的成本总和，成本计算的最基本对象是作业。作业成本法赖以存在的基础是：作业消耗资源，产出消耗作业。”这两位作者对于作业成本法的发展可谓厥功至伟，他们先后发表了一系列著名的文章，对作业成本法的现实意义、运作程序、成本动因选择、成本库的建立等重要问题进行了全面深入的分析，奠定了作业成本法研究的基石。作业成本制逐步成为管理会计的主流思想，为同行所认同。此后，随着多位学者在英国、美国的《管理会计》《成本管理会计》等期刊上发表的数百篇研究作业成本法的文章，作业成本法的理论日趋完善。

20世纪60年代初期，美国通用电气公司为寻求更好的成本信息，以更有效地管理间接成本，开始对公司营运的过程进行考察，将其划分为作业，并对作业成本进行分析，这是作业成本计算的最早起源，而通用电气公司的会计人员也应是最早以作业活动探求成本发生原因的人员。通用电气公司推行作业成本制在当时只是个案。实务界真正大规模推行、理论界逐步认同并深入研究这一方法，是从20世纪80年代末开始的。它是于20世纪90年代在先进制造企业首先应用起来的一种全新的企业管理理论和方法。

任务三 作业成本法的基本概念及其应用

一、作业成本法的基本概念

作业成本法构建在一系列基本概念基础上。这些基本概念是理解和掌握作业成本法的前提。作业成本法是指以“作业消耗资源，产出消耗作业”为原则，按照资源动因将资源费用追溯或分配至各项作业，计算出作业成本，然后根据作业动因，将作业成本追溯或分配至各成本对象，最终完成成本计算的成本管理方法。

作业成本法认为，企业的全部经营活动是由一系列相互关联的作业组成的，企业所进行的每一项作业都要耗用一定的资源，而企业生产产品都需要通过一系列的作业来完成。因而，产品成本实际上就是企业全部作业所消耗资源的总和。

（一）作业

作业（activity）是企业为了特定目的而消耗资源的活动或事项。作业代表企业实施的工作，作业是连接资源与成本对象的桥梁。

按消耗对象不同，作业可分为主要作业和次要作业。主要作业是被产品、服务或客户等最终成本对象消耗的作业。次要作业是被原材料、主要作业等介于中间地位的成本对象消耗的作业。

一般而言，作业具有三个特征：（1）作业是企业的投入与产出的因果关系联动的实体；（2）作业以作业链的形式贯穿于企业经营管理全过程，构成包容企业内部与外部价值链的桥梁；（3）作业是可量化的基准。

如果进一步观察，作业可以视为一系列相关任务（task）的总称。任务是企业实施每项作业的详细步骤，其作用在于理解作业的构成。例如，“发出订货单”作业由以下任务构成：（1）使用部门收到购买需求信息；（2）索取供应商报价并评估其报价；（3）编制比较分析表；（4）认定或选择供应商；（5）编制并发出订单。这些任务也可以视为作业。当然，作业的细分程度（成本计算的“颗粒度”）取决于企业经营管理需求和成本效益原则。

根据作业成本法的需要，有时还有必要确认企业不同作业层次所“驱动”（drive）的各项成本。例如，某些生产成本主要受到所生产的产品单位数量的影响，如直接材料成本，而某些成本却受到生产线数量的影响，如生产经理的工资。因此，在实践中，有时需要对作业进一步分类。

1. 单位作业（unit level activity）

单位作业是指每生产一个单位执行一次作业，且各个单位所消耗的资源数量大致相同的作业。例如，直接人工成本、直接材料成本、按产量法计提的折旧等就属于单位作业。通常，单位作业的成本与产品产量或某种属性（产品重量或长度等）成比例变动。

2. 批作业（batch level activity）

批作业是指每生产一批产品执行一次的作业。批作业的资源消耗反映在与各批相联系的成本动因上。例如，调整流程成本、生产计划、批检验成本、材料处理和运送成本等就属于批作业。通常，批作业的成本与产品批别成比例变动。

3. 产品作业（product level activity）

产品作业是指为了维持某个特定生产线的存在而执行的作业。产品作业通过生产线与资源的消耗联系起来。例如，顾客关系、购买、零部件管理、产品分类、产品工艺设计等就属于产品作业。通常，产品作业的成本与产品数量或批数无关，与产品种类成比例变动。

4. 能量作业（facility level activity）

能量作业是指为了维持企业的整体生产能力而执行的作业。例如，工厂管理、按直线法计提的折旧、通用照明、热动力、财产占用、生产协调等就属于能量作业。能量作业与产量、批次、品种数量无关，与企业的规模、结构有关。

（二）作业中心

作业中心（activity center）可以是某一项具体的作业，也可以是由若干相互联系的能够实现某种特定功能的作业的集合。例如，在原材料采购作业中，材料采购、材料检验、材料入库、材料仓储保管等都是相互联系的作业，都可以归类于材料处理作业中心。

（三）成本对象

成本对象是指企业追溯或分配资源费用、计算成本的对象物。成本对象可以是工艺、流程、零部件、产品、服务、分销渠道、客户、作业、作业链等需要计量和分配成本的项目。

（四）成本库

如果把企业的一系列相关作业所消耗的资源费用归集到作业中心，便构成该作业中心的成本库（cost pool）。实际上，成本库是作业中心的货币表现形式。这里的成本库相当于传统成本计算方法的“基本生产”“辅助生产”“制造费用”“销售费用”“管理费用”“财务费用”等账户。

（五）成本动因

1. 成本动因概述

成本动因（cost driver）是作业成本法的核心概念。成本动因，是指诱导成本发生的原因，是成本对象与其直接关联的作业和最终关联的资源之间的中介。按其在资源流动中所处的位置和作用，成本动因可分为资源动因和作业动因。

根据作业成本法，最困难、最富有挑战性的工作便是确定企业的成本动因。只有明确企业的业务流程（basines proeess）才能确定成本动因。这是一个充满个性化的工作。成本动因的选择极为重要，对此必须审慎考虑。

通常，成本动因由企业的工程师与管理会计师组成的专门小组讨论后确定。在选择成本动因时，必须注意以下两个问题：（1）成本动因应该简单易懂、可计量，容易从现存的资料中分辨出来，并与部门的产出存在直接的关联性。（2）代表性与全面性相结合。在选择成本动因时，为了避免作业成本法过于复杂，难以执行而流于形式，不宜把面铺得太广，既要挑选具有代表性和重要性的成本动因，又要注意避免过于简陋。

成本动因的数量多少与企业的生产经营过程的复杂程度密切相关。企业的生产经营过程越复杂，其成本动因就越多。在高新技术蓬勃发展的今天，成本动因的数量也日趋增加。

2. 成本动因的分类

（1）资源动因（resource driver）。资源动因是引起资源耗用的成本动因。资源动因是衡量资源消耗量与作业量之间关系的某种计量标准。资源动因反映了资源消耗的起因，也是资源消耗归集到作业的依据。资源动因可以用于评价作业使用资源的效率。

（2）作业动因（activity driver）。作业动因是引起作业耗用的成本动因。作业动因是将成本库的成本分配到成本对象的依据，也是将资源消耗与最终产出连接的桥梁。

（六）资源

资源（resource）是支持作业的成本或费用来源。资源是作业执行过程中所需要花费的各种代价。与某项作业直接相关的资源应该直接计入该作业。如果某项资源支持多种作业，就应该借助一定标准将资源分配计入各种相应的作业。

（七）价值链

价值链是开发、生产、营销和向顾客交付产品与劳务所必须进行的一系列作业的价值。价值链的形成过程与作业链的形成过程是一致的。根据作业成本法原理，产出消耗作业，作业消耗资源，具体关系是：每完成一项作业就消耗一定量的资源，同时会有一定价值量产出转移到下一个作业，直到最后一个步骤——将产品提供给顾客。伴随作业的转移，价值也在转移，作为全部作业的集合体的产品，同时表现为全部作业的价值集合。通过进行价值链分析，企业可以清楚地认识到每一价值链活动所产生的成本，再将其与竞争对手相应价值链成本进行对比分析，可以找出降低成本的策略，进而获得成本优势，在竞争中处于有利地位。

二、作业成本法的基本步骤

作业成本法基于“作业消耗资源，产出消耗作业”这两个前提。据此，作业成本法的基本原理可以概括为：依据不同成本动因分别设置成本库，再分别以各种成本对象所耗费的作业量分摊其在该成本库的作业成本，然后，分别汇总各种成本对象的作业总成本，计算各种成本对象的总成本和单位成本。由此可见，作业成本法将着眼点放在作业上，是以作业为核算对象，依据作业对资源的消耗情况将资源成本分配到作业，再由作业依据成本动因追踪到成本对象的形成和积累过程（如图12-2所示）。

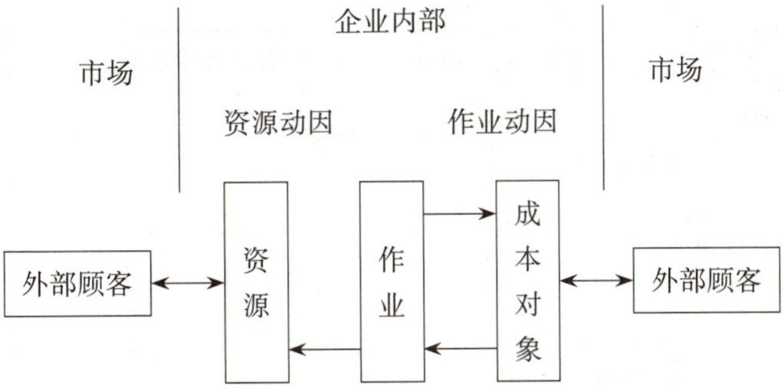

图12-2　作业成本法的基本原理

根据图 12-2，作业成本法的具体步骤如下：

（一）确认主要作业和作业中心

一个作业中心就是生产程序的一个部分。例如，检验部门就是一个作业中心。按照作业中心披露成本信息，便于企业控制作业，评估作业绩效。如何确认作业和作业中心涉及前述“作业”的概念。

（二）将资源成本分配到作业中心

将归集起来的投入成本或资源分配到每个作业中心的成本库，每个成本库所代表的是其所在的那个中心所执行的作业。因此，第二个步骤的分配过程反映了作业成本法的基本前提：作业量决定资源耗用量。资源耗用量的高低与最终的产出量（成本对象）没有直接的关系。这种资源消耗量与作业量之间的关系就是前述的“资源动因”。“资源动因”是第二个步骤分配的基础。例如，如果将“检验部门”定义为一个作业中心，那么，“检验小时”就成为一个资源动因。这时，许多与检验有关的成本都将归集到消耗该项资源的作业中心。第二个步骤是作业成本法的“本源”。顾名思义，作业成本法计算的就是企业各种作业的成本。

（三）将各个作业中心的成本分配到成本对象

例如，整备作业的成本动因是整备小时或整备次数；整备次数假定每次整备作业耗用的资源都是相同的；整备小时则假定资源的消耗量是随着产品所需要的整备时数的变动而变动。再如，抽样检验作业的成本动因是生产的批次；钢板打眼作业的成本动因是打出的眼数；组装作业的成本动因是直接人工小时。这个步骤的分配工作反映了作业成本法的基本前提：产出量（成本对象）决定作业耗用量。这种作业消耗量与企业产出量（成本对象）之间的关系就是前述的“作业动因”。这是作业成本法的延伸。既然第二个步骤已经计算出企业各种作业的成本，那么，经理人就可以“按需取数”计算出各种成本对象的成本。产品只是作业成本法的众多成本对象之一。

作业成本法的基本步骤如图 12-3 所示。

三、作业成本法的应用

就产品成本计算而言，由于生产成本的直接材料成本和直接人工成本属于直接成本，因而，作业成本法对直接材料成本和直接人工成本的核算方法与传统成本计算方法并无不同。作业成本法的特点主要体现在制造费用的分配上。

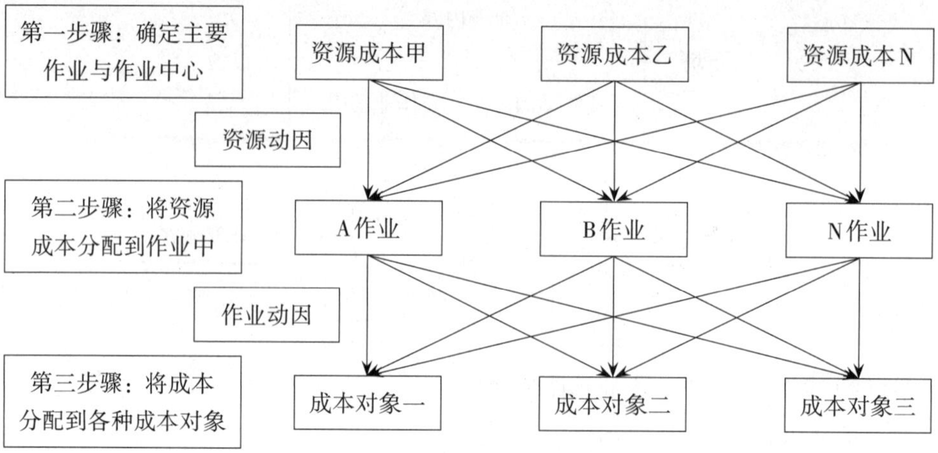

图12-3 作业成本法的基本步骤

显然，作业成本法克服了单纯以直接人工成本等标准分配制造费用的局限性，缩小了制造费用的分配范围（由整个企业统一分配改为由若干“成本库”分别分配），增加了制造费用分配标准（由单一标准改为多元标准），即按成本动因分配制造费用。

【做中学12-1】假设某企业生产A和B两种产品。有关资料如下：

（1）A和B两种产品的年产量分别为5 000件和20 000件。

（2）A和B两种产品的单位直接人工成本都是10元。

（3）A和B两种产品的直接材料成本分别为25元和15元。

（4）年度制造费用总额为875 000元。

（5）A和B两种产品所耗费的直接人工小时总额为50 000小时/年，A和B两种产品耗用的直接人工小时分别为10 000小时/年和40 000小时/年。

该企业在详细分析了制造费用之后，依据成本动因，设置了五个成本库（见表12-1）。

表12-1 成本库及其分配比率表

成本库	可追溯成本（元）	A产品作业量（次）	B产品作业量（次）	合计（次）
机器调整准备	230 000	3 000	2 000	5 000
质量检验	160 000	5 000	3 000	8 000
生产订单	81 000	200	400	600
维修	314 000	300	700	1 000
原材料收货	90 000	150	600	750
合计	875 000	—	—	—

根据传统成本计算法，制造费用按直接人工小时分配，A和B两种产品的单位直接人工小时都是2小时（10 000÷5 000与40 000÷20 000），其单位制造费用都是35元

[（875 000÷50 000）×2]。这样，A和B两种产品的单位产品成本计算见表12-2。

表12-2　单位产品成本计算表（传统成本计算法）　单位：元

成本项目	A产品	B产品
直接材料	25	15
直接人工	10	10
制造费用	35	35
合计	70	60

依据作业成本法和成本动因，五个成本库及其分配比率见表12-3。

表12-3　成本库及其分配比率（作业成本法）

成本库	可追溯成本（元）	A产品作业量（次）	B产品作业量（次）	合计（次）	分配率
机器调整准备	230 000	3 000	2 000	5 000	46
质量检验	160 000	5 000	3 000	8 000	20
生产订单	81 000	200	400	600	135
维修	314 000	300	700	1 000	314
原材料收货	90 000	150	600	750	120
合计	875 000	—	—	—	—

根据表12-3，编制制造费用分配表（见表12-4）。

表12-4　制造费用分配表（作业成本法）　单位：元

成本库	A产品分配额	B产品分配额	合计
机器调整准备	138 000	92 000	230 000
质量检验	100 000	60 000	160 000
生产订单	27 000	54 000	81 000
维修	94 200	219 800	314 000
原材料收货	18 000	72 000	90 000
合计	377 200	497 800	875 000
单位产品制造费用	75.44	24.89	—

根据表12-4，编制单位产品成本计算表（见表12-5）。

表12-5 单位产品成本计算表（作业成本法） 单位：元

成本项目	A产品	B产品
直接材料	25	15
直接人工	10	10
制造费用	75.44	24.89
合计	110.44	49.89

表12-2与表12-5中的结果显示了传统成本计算法与作业成本法的区别。作业成本法除了提供更为详细的成本信息外，其所确定的产品成本也与传统成本计算法不同。在【做中学12-1】中，如果根据传统成本计算法，A产品与B产品的单位成本差距不大（70元与60元），而根据作业成本法，A产品与B产品的单位成本差别较为明显（110.44元与49.89元）。就制造费用而言，根据传统成本计算法，A产品与B产品的单位制造费用都是35元，而根据作业成本法，A产品与B产品的单位制造费用分别为75.44元和24.89元。

导致上述这种结果的主要原因在于传统成本计算法采用单一分配标准（如直接人工小时）分配制造费用，忽视了各种产品生产的复杂性和技术含量不同以及与此相联系的作业量不同，从而导致产品成本的扭曲。这就类似于大家一起去餐馆吃饭，然后“AA”制。表面上，大家平均分配“餐费”。其实，这并不公平，因为每个人点的菜都不一样，当然每道菜的价钱也不同，而且每个人所“享用”的饭菜数量与品种也并不同。但最后却是大家平均分摊“餐费”，有些人可能因此而“吃亏”，另一些人可能因此而“占便宜”。

传统成本计算法导致产品成本的扭曲主要体现在：掩盖成本发生的实质，造成不同产品之间的“成本转移”问题。所谓“成本转移”是指由于成本计算方法的原因而使得某些产品成本被低估，某些产品成本被高估。根据传统成本计算方法，导致成本转移的主要因素包括批量差异、工艺差异、产品规格差异等。

以【做中学12-1】的批量差异为例，传统成本计算方法可能导致小批量产品（产量为5 000件的A产品）应分配的制造费用转移到大批量产品（产量为20 000件的B产品），从而造成小批量产品应分配的制造费用被低估（根据作业成本计算法，应分配的制造费用为75.44元，而根据传统成本计算方法，应分配的制造费用为35元。由此可见，传统成本计算方法低估了小批量产品应分配的制造费用），大批量产品应分配的制造费用被高估（根据作业成本计算法，应分配的制造费用为24.89元，而根据传统成本计算方法，应分配的制造费用为35元。由此可见，传统成本计算方法高估了大批量产品应分配的制造费用）。

四、作业成本法的评价

（一）作业成本法的优越性

与传统成本计算法相比，作业成本法具有以下优越性：

1.作业成本法是一种先进的成本计算方法

传统的成本计算法以产品为核心，除了直接材料和直接人工外，将其他的制造成本全部归入制造费用，并按单一的与产量联系的标准进行分配。这种分配是建立在所有这些费用的发生与分配标准之间存在线性比例关系的假设基础上的，但实际上，许多资源的消耗并不直接为最终的产出服务，而是服务于一系列的辅助作业，要准确计算产品成本，不能就成本而论成本。作业成本法首先确定产生作业的成本动因，再根据成本动因计算作业对资源的消耗进而确定作业成本，最后按产品对作业的消耗，将作业成本分配到产品上。这种方法以作业为中心，通过设置多样化的成本库并按多样化的成本动因来分配制造费用，使成本计算的分配过程建立在产出与投入的因果关系之上，计算过程明细化，计算的可归属性大大提高，提高了产品成本分配的技术经济依据，从而提高了产品成本计算的准确性。

2. 作业成本法实现了成本计算与成本管理的结合

在现代竞争性的经营环境下，企业的经营管理突破了部门与部门之间的界限，经常由不同部门的员工共同协作来完成某项工作，与此同时将资源转化为产出。作业成本法以作业为中心，突破制造部门的界限，按同质作业建立成本库，按成本动因归集成本的思路，和现代企业价值链分析的思想不谋而合。现代企业观认为，企业是为最终满足顾客需要而设计的一系列作业的集合，是一条由此及彼、由内到外的作业链。作业成本法不是就成本而论成本，而是把重点放在成本发生的前因和后果上，以作业为核心，以资源流动为线索，以成本动因为媒介，通过对成本形成过程进行动态的追踪反映，可以实现对作业成本的有效控制。在企业管理中，根据作业成本计算方法所提供的有关企业经营流程的数据，以及产品成本形成过程的分析，可以深入了解不同的产品、作业、业务流程等的盈利能力，对作业链上的所有作业进行分析修正，尽量消除不增值的作业，提高增值作业的效益，从而全面提高企业的经营效益。

因此，作业成本法既是一种成本计算方法，也是一种管理手段。作业成本法与作业管理的关系如图12-4所示。

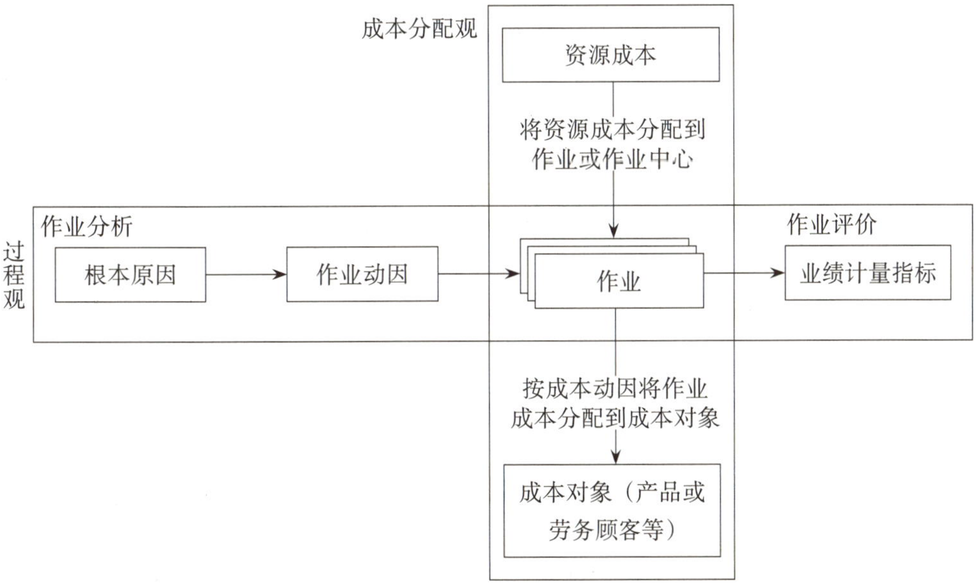

图12-4　作业成本法与作业管理的关系图

资料来源：Ronald W.Hilton Managerial Accounting[M].3rd edition.New York：McGraw-Hill Companies，1998：262.

图中的纵轴代表的是成本分配观，它表明成本对象产生了对作业的需求，而作业需求产生了对资源的需求。在成本分配时，按照资源流动的途径，根据资源成本与作业、作业成本与成本对象之间的因果关系进行分配。横轴代表的是过程观，它表明企业由于何种原因产生了作业，以及这些作业完成的效益如何。利用这些信息，可以改进作业链，优化价值链，提高顾客价值。作业成本法真正体现了管理会计所强调的“不同目的，不同成本”的观念，并有助于企业整合“资金流”“物流”“信息流”“人力资源流”，创造一流的绩效。

（二）运用作业成本法应注意的问题

企业应用作业成本法应基于作业观，即企业作为一个为最终满足客户需要而设计的一系列作业的集合体，进行业务组织和管理，对应用环境有如下要求：一是客户个性化需求较高，市场竞争激烈；二是产品的需求弹性较大，价格敏感度高。所以，作业成本法一般适用于具备以下特征的企业：作业类型较多且作业链较长；同一生产线生产多种产品；企业规模大且管理层对产品成本准确性要求高；产品、客户和生产过程多样化程度较高；间接或辅助资源费用所占比重较大等。

作业成本法的优点：一是能够提供更加准确的各维度成本信息，有助于企业提高产品定价、作业与流程改进、客户服务等决策的准确性；二是改善和强化成本控制，促进绩效管理的改进和完善；三是推进作业基础预算，提高作业、流程、作业链（或价值链）管理能力。

作业成本法的缺点：对部分作业的识别、划分、合并与认定、成本动因的选择以及成本动因计量方法的选择等均存在较大的主观性，操作较为复杂，开发和维护费用较高。

作业成本法具有战略管理的意义。作业成本法从以“产品”为中心转移到以“作业”为中心，不仅克服了传统成本计算方法的某些固有缺陷，提供较为相关的成本信息，更为重要的是作业成本法不只监控最终成本对象的成本，就成本论成本，而是把着眼点与着重点放在成本发生的前因和后果上，以作业为核心，以资源流动为线索，以成本动因为媒介，通过跟踪动态反映所有作业活动，有效地控制最终成本对象的形成过程所发生的作业成本。作业成本法可以更好地发挥决策、计划和控制作用，使企业处于持续改善的环境之中。因此，作业成本法与其说是一种先进的成本计算方法，不如说是一种实现成本前馈控制与反馈控制相结合，成本计算与成本管理相结合的“全员成本管理系统”。

但是，作业成本计算法也存在种种不足。主要的问题在于，其实施需要消耗大量的资源，而一旦建立，其维护成本更是比传统成本应用系统高。大量的数据录入、处理、检查，需要大量的成本。作业成本法取得的成本数据与传统成本计算系统的成本数据大相径庭，无法达到预期的效果。作业成本法的产品成本概念与对外财务报告的成本概念存在一定的差异，可能造成对外报告数据和管理报告数据不一致，产生一定的误解。所以，选择哪种成本计算方法，应当慎重。只有当实施作业成本计算的收益大于其成本时，才应当选择作业成本法。

【请思考】(1)如何理解作业成本法是一种“全员成本管理系统”?(2)如何理解作业成本法的基础:“作业消耗资源,产出消耗作业”?

【学思践悟】

宝钢集团:作业成本法的灵活运用

宝钢集团公司(简称“宝钢”)是中国最大、最现代化的钢铁联合企业。2023年9月30日,宝钢营业总收入为25 538 417.23万元,净利润为966 879.81万元,是中国最具竞争力的钢铁企业。集团以其诚信、人才、创新、管理、技术诸方面综合优势,奠定了在国际钢铁市场上世界级钢铁联合企业的地位。宝钢旗下业务单元众多,而不同业务单元价值链改进的重点又有所不同。为了解决这个矛盾,宝钢针对不同的业务单元,采取了灵活而各具特色的作业成本管理方法。譬如,炼铁单元的重点是加强班组之间的对标,通过提高操作水平降低生产消耗;炼钢单元的重点是细化钢种成本,为公司产品定价提供决策支持;冷轧单元的重点是加强作业流程梳理、消除不增值作业、提高作业效率等。

(1)大力推进作业成本管理

从2005年开始,宝钢分公司某配件分厂就推进了作业成本法试点,并取得了良好的效果。宝钢的作业成本管理侧重于生产流程管理,运用作业成本的思路,对资源在公司内部每一生产环节的消耗进行具体分析和控制,划分作业中心,实施作业消除、作业选择、作业减少和作业分享,进一步优化作业链、价值链和产品种类与生产数量的组合。管理是有成本的,管理要体现出效益,就必须区分重点。宝钢将各部门、各工序的重点成本,如维修费用、服务费用、能源、轧辊、锌、锡、涂料、包装等列入重点关注对象,强化成本管理与业务管理的结合,寻找影响成本发生的主要动因,科学制定成本标准,完善标准成本管理。

(2)作业、资源及成本动因的划分

严格按照作业成本法的理念,结合配件区作业特点,首先罗列出所有影响配件成本变化的动因,然后从中找出最重要的作业,不断优化作业流程,降低物资消耗,最终实现“小时能力最大,成材率最高,物资消耗最低”的目标。

(3)实施作业成本法的效果

① 根据产线设备特点,科学组织生产,提高小时最大产能和综合盈利能力。

② 优化工艺流程,减少非增值作业,提升现场管理水平。

③ 针对成本消耗大的作业工序,采用技术创新,提高成材率,降低成本消耗。

资料来源:根据网络资料整理。

项目小结

本项目主要知识点归纳总结见表12-6。

表12-6 本项目主要知识点归纳总结

任　务	主要知识点
作业管理认知	1.作业管理，简称ABM，是指以客户需求为出发点，以作业分析为核心，利用作业成本计算所获得的信息对作业链不断进行改进和优化，以不断消除浪费，提高客户价值，从而使企业获得竞争优势的一种先进的成本管理方式 2.作业链是指现代企业为了满足顾客需要而设立的一系列前后有序的作业的集合体，包括研发、设计、生产、营销、配送等 3.作业价值分析是以客户的需求为出发点，对作业产生的原因、作业执行的情况以及作业执行的结果进行全面分析，即在进行市场调查，明确客户意愿及需求的基础上，对产品成本形成过程及分配过程所展开的分析，从而消除非增值作业或降低非增值成本，实现优化价值链，提高客户价值，从而增加企业盈利的最终目标。作业价值分析的具体内容包括动因分析、作业链分析和增值作业的确认三个方面
作业成本认知	意义：作业成本计算将成本与作业联系起来，追踪分析作业与成本的关系，按作业来归集和分配成本。作业成本法得到越来越多的推广和应用，并引发了管理上的创新，即作业管理的产生。这种成本核算方法恰恰弥补了传统成本计算法的缺陷，能为企业提供大量相关、准确的成本信息，能在很大程度上帮助管理者实施价值管理
作业成本法的基本概念	1.作业成本法，简称ABC法，即以作业为基础的成本计算方法，它是将生产产品（包括提供服务）所消耗的资源按作业归集，再由作业分配至产品的一种成本计算方法 2.作业是指由人力、机器等所执行的任务，是企业生产经营过程中相互联系的各项具体活动 3.成本动因，也称成本驱动因素，是指诱导成本发生的原因，是联系产品、作业和资源的中介因素
作业成本法的程序、应用与特点	1.作业成本法的前提是：企业的产品由作业完成，而作业的实施需要耗用资源，即“作业消耗资源，产出消耗作业”。成本计算过程除了把直接成本追溯到产品以外，还将各项间接费用先分配到各有关作业，并把作业看成按产品生产需求重新组合的“资源”，然后按照作业消耗与产品之间的因果关系，将作业成本分配到产品，其计算过程可以概括为“资源→作业→产品” 2.作业成本法的特点：（1）对产品间接费用的分配更为合理；（2）“作业”是作业成本法的基本成本对象；（3）作业成本法提供优质成本信息；（4）所有成本均是变动的

项目十三

战略管理会计

学习目标

知识目标

1. 理解战略管理的内涵、意义，传统管理会计的局限性与战略管理会计的产生和发展。
2. 理解战略管理会计的定义、特点和目标。
3. 熟悉战略管理会计与传统管理会计的关系。

技能目标

1. 掌握战略管理会计的主要内容，并能结合实际加以运用。
2. 能运用价值链分析、企业的竞争能力分析。

态度目标

1. 重视运用灵活多样的方法收集、加工、整理与战略管理相关的各种信息，据此来协助企业管理层确立战略目标。
2. 培养学生战略管理会计的分析定位意识。

素养目标

战略，是指企业从全局考虑做出的长远性的谋划。应理性判断局势变化，做出合理选择，并为了实现目标采取相关行动。重视人才战略，坚持德才兼备、选贤任能，聚天下英才而用之，培养造就更多更优秀人才，引领全球高科技产业。

工作情境与工作任务

战略管理会计的产生与战略管理理论的发展和完善密不可分，没有战略管理理论的出现，也就无从谈及战略管理会计。20世纪70年代，由于企业内部和外部环境的显著变化，企业开始研究竞争对手的动态，分析企业自身的优势和劣势，并在此基础上明确企业的长期目标，开始实施“战略管理”。战略管理会计在其长期的理论和实践探索中，形成了许多全新的方法，如价值链分析法、竞争分析法等。学习战略管理会计，将有助于协助高层领导制定竞争战略、实施战略规划，从而促使企业良性循环并不断发展，能够从战略的高度进行分析和思考，既分析顾客和竞争对手的外部信息，又分析本企业与战略相关的内部信息，从而服务于企业的战略管理。

任务一　战略管理会计认知

一、战略管理会计的产生与发展

微课

战略管理会计概述

最早将管理会计与战略管理联系起来并提出“战略管理会计”概念的是英国学者西蒙斯。西蒙斯于1981年将战略管理会计定义为：“对企业及其竞争对手的管理会计数据进行收集和分析，由此来发展和控制企业战略的会计。”他认为战略管理会计应该侧重于本企业与竞争对手的对比，收集竞争对手关于市场份额、定价、成本、产量等方面的信息。之后，许多西方学者纷纷开始了对战略管理会计理论的研究，提出了各自的观点。如威尔逊将战略管理会计定义为：明确强调战略问题及相关重点的一种管理会计方法。

目前，在西方经济发达国家，该理论仍处于发展初期，无论从基本内容还是基本方法上，都尚未趋于成熟化、规范化。但无论何种观点，对战略管理会计需要解决的主要问题的看法是基本一致的，即如何适应变化中的内外部条件，企业资源在内部如何分配与利用，如何使企业内部之间协调行动以取得整体上更优的战略效果。

总之，战略管理会计是在当今企业经营环境瞬息万变、全球化市场竞争空前激烈的情况下，为满足现代企业实施战略管理的特定信息需要而建立的新的管理会计信息系统，将对现代会计体系产生深远的影响。

二、战略管理会计的定义、特点与目标

（一）战略管理会计的定义

战略管理会计是与企业战略管理密切联系的。它运用灵活多样的方法收集、加工、整理与战略管理相关的各种信息，并据此来协助企业管理层确立战略目标、进行战略规

划、评价管理业绩。

（二）战略管理会计的特点

1.战略管理会计重视企业与外部环境的关系，具有外向性的特征

战略管理会计将视角更多地投向影响企业的外部环境，围绕本企业、顾客和竞争对手形成的“战略三角”，收集、整理、比较、分析竞争对手有关战略相关性的信息，战略管理会计信息需求具有外向性和开放性，如战略决策分析要考虑到顾客需求和竞争者信息，成本控制要扩展到产品的整个生命周期，而且在标准制定、业绩评价中也要考虑到同行业的平均或先进水平等。

2.战略管理会计具有结果控制与过程控制相结合的动态系统的特征

战略管理会计从确定战略目标、制订和实施战略计划，一直到战略管理业绩的监控与考评等所有环节（步骤），始终都以形成企业的整体竞争优势为目标，并从企业管理的各个环节和各个方面来保证其最终实现。这就要求管理会计的控制不能仅仅停留于对结果的分析上，而且要通过对过程的控制将企业生产经营的各个环节与企业整体目标相联系，以过程的控制实现对结果的影响和保证目标的实现。

3.战略管理会计信息的多样化及其处理过程体现了科学性与艺术性的统一

战略管理会计收集、处理和应用的信息是与战略具有相关性的信息，是以外向性信息为主体的多样化信息。这种类型的信息，可从企业外部多种渠道获得，如公开的财务报告、竞争对手的广告、行业分析报告、贸易金融报道等。企业的管理会计师在战略决策方案的制订及实施过程中，必须破除原来简单、陈旧的决策模式，体现信息处理过程的科学性与艺术性的统一。

4.战略管理会计对企业效益进行全方位、综合性的评价

对企业效益的评价，应以企业长期的竞争力的保持为基本出发点，而不应拘泥于一时的得失。它是微观效益和宏观效益、短期效益和长远效益、经济效益和社会效益的有机统一体。

（三）战略管理会计的目标

战略管理会计的目标可以分为最终目标和具体目标两个层次。

战略管理会计的最终目标与企业的总目标一致。传统管理会计的最终目标是利润最大化。利润最大化虽然能够使企业讲求核算和加强管理，但是，它不仅没有考虑企业的远景规划，而且忽略了市场经济条件下重要的风险因素。为了克服利润最大化的短期性和不顾风险的缺陷，战略管理会计立足于企业的长远发展，权衡风险与报酬之间的关系，把企业价值最大化作为自己的最终目标。

战略管理会计的具体目标主要包括以下4个方面：

（1）协助管理层确定战略目标；

（2）协助管理层编制战略规划；

（3）协助管理层实施战略规划；

（4）协助管理层评价战略管理业绩。

三、战略管理会计与传统管理会计的联系与区别

（一）战略管理会计与传统管理会计的联系

战略管理会计的产生与发展，既是当代科学技术突飞猛进和社会经济迅速发展而导致企业管理理论和实践不断发展的产物，也是原有管理会计自身基本思想、基本理论和基本方法不断丰富和发展的产物。

1. 战略管理会计是对传统管理会计的发展

战略管理会计是为了弥补传统管理会计的缺陷而产生的，但这并非意味着传统管理会计没有存在的必要，战略管理会计只是传统管理会计的发展和观念的更新。传统管理会计注重内部管理，并从战术角度深入到企业内部的作业水平，致力于“知己”。而战略管理会计则站在全球高度，从战略角度扩展到宏观层面，寻求企业整体竞争优势，致力于“知彼”。两者相辅相成。管理会计作为决策支持系统的性质并未发生改变，信息支持和控制仍是其两大基本职能。战略管理会计突破了传统管理会计的局限，拓展了管理会计的范围，是管理会计在新的历史条件下取得的新发展。

2. 战略管理会计是对传统管理会计的一次重大变革

企业生存环境的改变和竞争压力的增强，使战略管理登上历史舞台。传统管理会计难以提供与战略管理相关的信息，战略管理会计则从更高的起点重新界定了管理会计的内涵，为企业的战略决策寻找方向、把握契机。战略管理会计不是管理会计的一个分支，而是对传统管理会计的一次重大变革。

3. 战略管理会计对传统管理会计提出挑战

战略管理会计对传统管理会计提出了挑战，迫切要求传统管理会计更新观念，尤其是对战略决策信息的提供，要求其提供超越企业本身的更为广泛、更有用的与战略管理相关的信息，不仅要包括内部信息和财务信息，更重要的是要包括诸如市场需求量、市场占有率等外部信息和非财务信息。

（二）战略管理会计与传统管理会计的区别

战略管理会计与传统管理会计相比，不同之处表现在：

1. 战略管理会计提供了超越企业本身的更广泛、更有用的信息

营造企业竞争优势是战略管理的重要目标之一，而企业的竞争优势取决于它所拥有的相对成本优势。在相同条件下，谁拥有了成本优势谁就拥有了竞争优势。因此，战略管理会计特别关注企业外部环境的变化，重点收集有关竞争对手的信息，了解其相对成本，使企业管理者知己知彼，采取相应的进攻或防御措施，通过占优势的相对成本和庞大的市场占有率，使企业保持长久的相对竞争优势。

2. 战略管理会计提供了更多的与战略管理有关的非财务信息

传统管理会计所提供的信息更多的是财务信息，而战略管理会计则大量提供了诸如产品或服务质量、市场需求量、市场占有率等极为重要的非财务信息。例如，市场占有率是反映企业战略地位的主要指标之一，它的变化反映了企业竞争地位的变化，在一定程度上代表了未来的现金流入量。

3. 战略管理会计改进了评价企业业绩的尺度

传统管理会计一般以投资报酬率来评价企业的业绩，而忽略了相对竞争地位在业绩评价中的作用。实际上，企业利润是否稳定增长在很大程度上取决于企业相对的市场竞争地位。因此，战略管理会计将战略管理思想贯穿于企业的业绩评价之中，以竞争地位变化带来的报酬取代传统的投资报酬指标。战略管理会计正是通过对竞争对手的分析，运用财务性和非财务性指标，利用战略业绩评价，来增加企业的长期竞争优势的。

4. 战略管理会计提供了更及时、更有效的业绩报告

当今信息时代，大多数企业都建立了信息系统，信息系统为数据的综合性和及时性提供了极大的可能，编制管理会计业绩报告的时间也大为减少，使得管理会计在问题发生的当时或当天就能提供相关的信息。信息技术的发展为改进信息的质量和时效提供了可能，为战略管理会计分析提供了可靠的基础，更易于取得时效性和相关性更强的信息。

任务二　企业战略管理与传统管理会计的局限性

战略管理会计的形成与战略管理的产生有着密切的关系。由于企业管理从传统的注重内部的管理，发展到现代的既重视内部又重视外部的战略管理，企业管理需求的信息发生了变化，传统管理会计无法满足，其向战略管理会计方向发展便成为必然。

微课

战略管理会计与传统管理会计的局限性

一、战略管理的内涵及意义

（一）战略管理的内涵

“战略管理”是1976年由美国学者安瑟夫在《从战略计划走向战略管理》一书中首先提出的。安瑟夫认为，企业战略管理是指将企业日常业务决策同长期计划决策相结合而形成的一系列经营管理业务。之后美国学者斯坦纳在1982年出版的《管理政策与策略》一书中指出，企业战略管理是确立企业使命，根据企业外部环境和内部经营要素设定企业组织目标，保证目标的正确落实，并使企业使命最终得以实现的一个动态过程。其他许多学者与实业家也提出了不同的见解。

一般来讲，战略管理的含义可以归纳为两种类型，即广义的战略管理和狭义的战略管理。广义的战略管理是指运用战略对整个企业进行管理，其主要代表是安瑟夫；狭义的战略管理是指对企业战略制定、实施、控制和修正进行的管理，其主要代表是斯坦纳。目前，主张狭义的战略管理的学者占主流。

（二）战略管理的意义

战略管理是在市场全球化的激烈竞争和科学技术迅猛发展的背景下，企业管理的理论和实践与时俱进、不断创新的结果。战略管理对现代企业适应复杂多变的外部环境具有十分重要的意义。

1.战略管理可以为企业提出明确的发展方向和目标

企业管理者可以运用战略管理的理论和方法，确定企业经营的战略目标和发展方向，制订实施战略目标的战术计划，采取准确的战术行动以确保在取得短期业绩的同时实现企业原定的战略目标和发展方向。

2.战略管理为企业适应外部环境的变化创造良好的条件

现代企业面临的外部环境是不断变化的，这既给企业带来了压力，又会给企业带来意料之外的机遇和挑战。战略管理理论和方法可以帮助企业高层管理者集中精力应对这种机遇和挑战。通过分析和预测目前和将来的外部环境，采取积极的行动优化企业的处境，使企业有能力迅速抓住机遇，减少风险，更好地掌控企业的未来。

3.战略管理可以使决策更加科学化和规律化

由于环境条件的复杂化，任何企业都将采取一定的措施来适应。未实施战略管理的企业，只能采取被动防御决策，仅在环境发生变动之后才仓促应对，必然陷于被动，成效有限。实施战略管理的企业则未雨绸缪，可采取进攻或防御决策，通过预测未来的环境，避免可能发生的问题，使决策更加科学化和规律化。

二、传统管理会计的局限性

（一）不能适应企业制造环境的变化

20世纪80年代以来，企业面临的制造环境发生了很大的变化。在企业自动化方面，高级制造技术（AMT）、电脑辅助设计与制造（CAD/CAM）、弹性制造系统（FMS）、计算机集成制造系统（CZMS）的使用日趋普及；在管理方面，采取适时制采购与制造哲学，包括各种新的管理观念与技术，如零库存、慎选供应商并保持良好关系以及全面质量管理等。在这种环境下，直接人工成本下降，制造费用提高。与传统制造环境相比，新制造环境改变了变动成本与固定成本的比例，企业的大部分成本在短期内是固定的，直接人工成本在制造成本中只占很少一部分，制造费用在制造成本中所占的比重很大。

传统管理会计对新制造环境的不适应性主要有以下3个方面：

1.成本计算系统

现有的成本计算系统提供的产品成本信息被严重扭曲，不仅不能帮助管理者适应制造环境的变化，而且限制了对这种变化的适应。

2.成本控制系统

在现有的成本控制系统中，标准成本差异分析在新制造环境中无法应用。对于短期成本控制而言，直接人工成本在制造成本中所占的比重较小且基本上属于固定成本，对直接人工成本进行差异分析没有多大意义。大多数制造费用与短期的业务量变动不具有相关性，所以传统的标准成本差异分析并不能为短期成本控制提供特别有用的信息。

3.业绩报告系统

传统的业绩报告一般是一月、一旬或一周编报一次，时效性较差。在新的制造环境下，企业的制造周期一般是很短的，通常要求在问题发现之时或当天就能取得相关的信息。此外，传统的业绩报告中缺乏与企业战略直接相关的非货币性指标，如市场占有率、顾客满意度等。

（二）不能适应市场竞争的需要

传统管理会计重点考虑的是成本问题。在当今竞争激烈的环境中，衡量竞争优势的指标除成本指标之外还有大量的非财务性指标。与企业战略目标密切相关的非财务性指标，如产品质量、生产的弹性、顾客的满意程度、从接受订单到交付使用的时间等，传统管理会计系统无法提供，这就会使企业的管理者忽视市场、管理战略等方面的许多重要因素。

（三）缺乏重视外部环境的战略观念

成功的企业管理战略就是要创造和保持持久的相对竞争优势。管理会计应该指出企业在市场竞争中所处的相对地位，提供有利于企业针对竞争进行战略调整的财务和非财务信息。但传统的管理会计未能提供这种信息，例如，从市场占有率的变化中可以看出企业竞争地位的相对变化。如果管理会计报告中包括市场占有率等非财务信息，那么无疑会提高管理会计信息的相关性。此外，超出会计主体范围本身，联系竞争者来分析企业的竞争优势，通过与外部竞争者的比较来研究本企业销售额、利润和现金流量的相对变化，这对实现企业的战略目标来说更有意义。但是，传统的管理会计未能提供和解释这些有用的信息。

企业管理已发展到战略管理的阶段，由于传统管理会计不能适应战略管理的信息要求，因此必须对其进行相应的变革，使其过渡到战略管理会计阶段。

任务三　战略管理会计的内容

战略管理会计在战略管理理论的基础上产生，并为战略管理服务，二者密不可分。因此，战略管理会计研究的基本问题不可能脱离战略管理理论而单独存在。另外，战略管理会计是对传统管理会计的发展和完善，战略管理会计并未改变传统管理会计的职能，但进行预测、决策、分析、评价时更侧重于对外部信息的收集和再利用。因此，战略管理会计研究的主要内容包括：企业的经营环境分析、价值链分析、企业的竞争力分析、战略定位。

微课

战略管理会计的内容

一、企业的经营环境分析

任何企业都是在一定的外部环境中利用一定的内部条件来开展生产经营活动的。进行战略管理，必须从分析企业的内外部环境入手。

（一）企业外部环境分析

企业外部环境分析包括宏观环境分析和特定产业环境分析两个方面。

1. 宏观环境分析

宏观环境主要是指对所有企业产生较大影响的宏观因素，如政治、法律、经济、科技、自然环境因素。企业必须深入了解这些客观存在的因素，并适应宏观环境对企业的要求。

由于政治和法律因素从宏观上对企业生产经营起着规范和导向作用，这就要求企业管理人员要知法、懂法，依法经营，关注企业经营的社会效益；经济因素对企业生产经营的影响最直接而且具体，如居民收入水平、原材料及能源的供应状况、国民生产总值、产业结构、总体经济发展趋势等，这为企业的战略选择提供了依据；科技因素主要指产品开发、专利保护、新技术推广等，这些也会对企业的生产经营产生影响，为企业的新产品开发指明方向；自然环境主要指地理位置和资源状况，这为企业的生产经营提供了优良的先决条件。

2. 特定产业环境分析

特定产业环境是指企业所属产业中的目标市场。一家企业不可能拥有整个产业市场，这就要求对它所属产业的市场进行“细分”，将整个产业市场划分为若干具有一定特点的细分市场，企业应依据自身生产经营的特点，选择目标市场，并了解目标市场的容量和饱和度以及相关竞争者的数量、手段、影响力等。

相比较而言，特定产业环境直接关系到企业的市场占有率和盈利水平，因此特定产业环境分析应当是企业外部环境分析的核心。

（二）企业内部环境分析

企业内部环境是指企业的内部条件，包括人力、物力资源，管理水平，经营者的领导才能等。分析的目的在于知己知彼，正确地选择并确定企业的竞争战略。

二、价值链分析

价值链分析是一种战略工具，它是提高企业竞争优势的基本途径。价值链分析不仅与企业所处的产业有关，而且与企业自身的生产经营密切相连，因此价值链分析包括企业的价值链分析和产业的价值链分析。

（一）企业的价值链分析

企业的价值链分析是指对产品的整个价值链（包括从产品所需材料的供应、设计与生产直至产品的销售与售后服务）所进行的分析。这种分析的对象比较宽泛，包括供应商、企业本身以及顾客。分析的内容主要包括：产品生产合理配合分析、作业链分析以及成本动因分析。

1. 产品生产合理配合分析

产品生产合理配合分析研究企业如何改善与供应商以及与顾客之间的相互协作关系，这种分析将视野扩大到企业与供应商之间以及企业与顾客之间的战略策略定位上，其目的在于改善彼此的作业链，从价值上收到双方互利的效果。

对于企业与供应商之间的协作关系，应首先站在各自利益的角度来分析是否有必要建立这种协作关系。从供应商的角度看，获得利润是理所当然的。而从企业的角度看，首先，考察接受供应商所提供的产品是否符合以下前提条件，即供应商的产品必须具有吸引力，如供应商提供的产品价格低廉、产品质量过关等；其次，要关注供求双方彼此能否实现合理配合，降低不必要的费用，如力求减少不增加价值的存货储备而要求供应商适时供货；最后，要考虑能否简化供应商的产品生产过程，消除不必要的作业而使双方受益，实现双赢。

【做中学13-1】甲企业长期以来从诸多供应商处购入所需的某型号A部件，其中从乙供应商处采购的数量最多而且相对稳定。甲企业为了保证生产的连续性，日常总要保留一定数量的A部件库存储备。

甲企业通过分析认为，这种采购方式不合理，因为A部件在采购到厂后，不能马上投入生产线，增加了储备成本，所以决定改变现状。

经过与乙供应商协商后，决定在不改变价格的前提下，采取以下措施：第一，将甲乙双方的供货关系以长期合同的形式确定下来，扩大从乙方的采购量，减少从其他供应商的采购量。第二，改变A部件的运输方式。要求乙方在规定的时点按规定数量将所需要的A部件适时地直接运达甲企业。

这样既减少了甲企业A部件的储存费用，又扩大了乙供应商A部件的销售量，实现了甲乙双方的共赢。

对于企业与顾客之间的协作分析，类似于企业与供应商之间的分析。因为企业既是生产者，又是消费者。此外，还应从产品寿命周期成本角度进行分析。因为当今世界的发展趋势是，顾客对从产品开始使用直至产品最终废弃这一整个过程所追加的成本（即购后成本）更为关注，哪家企业的产品购后成本低，顾客就接受该种产品。因此降低购后成本，也是提高企业产品在市场上竞争地位的有效途径之一，企业对此不能忽视。

【做中学13-2】沿用【做中学13-1】的资料。假定甲企业尚未提出任何协调甲乙双方关系的建议。如果你是乙供应商，为了扩大A部件的销售量，提高市场占有率，可以考虑在不改变价格的前提下，主动向甲企业提出以下建议：第一，将甲乙双方的供货关系以长期合同的形式确定下来，扩大乙向甲的供应量。第二，改变A部件的发货方式。承诺在规定的时点按规定数量将A部件适时地直接运达甲企业。

这样不仅可以扩大乙供应商A部件的销售量，而且可以使甲企业实现原材料达到“零存货”。

通过比较【做中学13-1】和【做中学13-2】可以发现，无论是企业与顾客相互协作的关系分析，还是企业与供应商相互协作的关系分析，只要双方能主动换位思考，两者研究的内容是完全相同的。所不同的是，调整彼此协作关系的动议首先是由谁提出来的。

2. 作业链分析

企业的生产经营由一个一个的作业构成，每个作业的进行都要占用并消耗一定的资源，每个作业的产出都包含该作业所创造的一定价值，这些价值凝聚在产成品上，构成产品价值，最后销售出去，体现为顾客价值，从而形成企业的收入。可见，作业链最终通过价值链予以反映。进行作业链分析的目的在于，一方面尽可能地消除不增加顾客价值的作业，另一方面尽可能地提高可增加价值作业的运行效率，以便提高顾客价值，优化价值链。至于如何优化价值链，前面已有介绍，此处不再赘述。

3. 成本动因分析

成本动因是导致成本发生的因素。传统管理会计认为企业成本的高低只与业务量有关。但如果站在战略的角度分析，企业成本的高低受多方面因素的影响和作用，单一的业务量已无法解释全部成本形成的原因。从战略的角度看，成本动因可以分为结构性成本动因和操作性成本动因两类。

（1）结构性成本动因分析。结构性成本动因是指与企业基础经济结构有关的成本驱动因素。一般形成结构性成本动因的因素主要有规模、范围、经验、技术、厂址和复杂性等内容。

① 规模，即企业规模，它可以通过企业在生产和研究开发等方面投入资金量的多少来反映。如果企业规模适度，则有利于降低成本，形成规模经济；如果企业规模过大，扩张过度，则会导致成本上升，虽然具有相当的规模，但不经济。

② 范围，即业务范围，它是企业进行纵向合并的程度。也就是说，企业跨越产业价值链的长度。企业纵向整合程度的强弱会对成本产生正负双面影响，如果业务范围扩张适度，可降低成本，带来整合效益；相反，如果业务范围扩张过度，则会使成本提高，效益下滑。因此从战略的高度分析成本动因并进行评价，就显得尤为重要。而企业的横向合并则更多地与企业的规模及复杂性相关。

③ 经验，即经验积累，它是指单位产品所需时间随着工人熟练程度的不断加强而逐渐减少的现象。通常工人经验积累程度越高，操作也就越熟练，单位产品成本就会呈下降趋势。这就是所说的学习曲线或称经验曲线效应。一般学习效应在企业初建时尤为明显，成熟企业的学习效应相对来说不够明显；价格敏感性强的企业，学习效应显著，可带动需求，加大产量，进而降低成本。

④ 技术，是指企业价值链的每一环节中运用的处理技术。它反映企业生产工艺技术的水平和能力。通常，先进的技术和技术水平会使成本降低，但开发与应用技术是以付出较高的成本为代价且存在被淘汰的风险的，因此实际应用中，应在技术革新成本与所获利益之间进行权衡并做出正确的决策。

⑤ 厂址，是指厂址的选择与确定。企业所处地理位置的好坏对企业的影响是多方面的，既有直接影响也有间接影响。如果企业所处地理位置优越，则需为此付出较高的成本代价，但这可能有利于企业扩大销售量，这种影响有可能导致企业成本的降低；否则，就会得出相反的结论。因此，企业在选择厂址时应在成本和利益之间做出权衡。

⑥ 复杂性，即生产的复杂性，它是指企业能够向顾客提供多大范围的系列产品和服务。这涉及企业的横向整合程度。

综上所述，结构性成本动因具有以下基本特征：第一，结构性成本动因一旦确定常常难以变动，对企业的影响持久而深远；第二，结构性成本动因常常发生在生产开始之前，其支出属于资本性支出，构成了以后生产产品的长期变动成本；第三，结构性成本动因并不是程度越高越好，这类成本动因存在一个适度的问题，把握不好，就会使成本上升。

（2）操作性成本动因分析。操作性成本动因又称执行性成本动因，它是指企业在具体操作过程中所引发的成本。这类成本与企业的生产经营过程密切相关，通常包括员工的参与感、全面质量管理、生产能力的利用、工厂的布局、产品设计、关系等。

① 员工的参与感，即员工的责任感，是指员工参与企业持续改善的程度。在企业生产经营过程中，员工的责任感与企业成本的高低密切相关，企业要降低成本必须调动

全体员工的积极性，否则员工的消极反应将是成本上升的重要因素。

② 全面质量，是指与产品相关的质量。在实务中，质量与成本密不可分，二者既对立又统一，企业应在质量与成本之间权衡，进行全面质量管理，从而实现质量成本最优、企业效益最大的目的。

③ 生产能力的利用，是指在企业建设规模既定的前提下，生产能力的利用程度，包括员工能力、机器能力和管理能力的利用，以及各种能力的组合是否最优。在企业生产经营过程中，各种能力的利用程度越高越好，这样有助于成本的降低。

④ 工厂的布局，是指工厂布局的效率，即按照目前的标准，企业布局的效率如何，从成本的角度考虑，是否存在不合理之处。

⑤ 产品设计，是指所设计的产品工艺的复杂性和可接受性。复杂性是指产品工艺的设计是否合理；可接受性是指所设计的产品是否容易操作并掌握。这些都与成本直接相关。

⑥ 关系，是指企业与供应商和客户之间的关系。企业作业分析应拓展到供应商和客户，可以将供应商和客户视为企业作业的一个组成部分，尽量优化作业链，从而提高价值链。

综上所述，操作性成本动因具有以下基本特征：第一，操作性成本动因是在结构性成本动因决定之后才成立的成本动因；第二，通常操作性成本动因的程度越高越好，对各种情况掌握得越准、分析得越透，越有助于加强企业的成本管理。

显然，结构性成本动因与企业的战略定位密切相关，通过结构性成本动因分析，有助于企业做出横向规模和纵向规模的战略决策；而分析操作性成本动因则有助于企业加强内部成本管理，以确保战略目标的实现。

（二）产业的价值链分析

产业的价值链分析是指对整个产业的纵向整体分析，即从产业的最初原料开发开始，经过若干不同的产品生产环节，直至最终产品被用户消费结束的完整过程。例如，造纸业的产业价值链为“木材种植→砍伐→纸浆生产→造纸→纸张制品生产→纸张制品销售→最终用户”7个环节，每个环节都有着自身的价值链特点，而每个环节又都是产业价值链中的一部分。可见，任何企业的价值链都是产业价值链中的一部分，甚至全部，产业价值链分析是从更广阔的视野，对整个产业所属企业的竞争地位和相应的分化、组合等问题进行的战略分析，主要内容包括投资收益率分析、成本动因分析等。

1. 投资收益率分析

投资收益率分析是企业进行生产战略定位分析的基础。首先应确定产业中实际存在的各生产环节，如造纸业有7个环节，即将产业的价值形成过程分为若干阶段，然后分析各个阶段所产生的价值，以及所引发的成本和所占用的资产，在此基础上，确定各阶段的价值与成本占最终产品的价值和成本的比例关系，最终确定各阶段的投资收益率。投资收益率的高低是决定企业采取相应竞争战略以及战略定位的重要因素之一。

2.成本动因分析

成本动因分析也是产业价值链分析中不可缺少的一项内容。如前所述，成本动因包括结构性成本动因和操作性成本动因两类，产业价值链分析侧重于对结构性成本动因的分析。分析中如果发现横向规模造成成本过高，则应采取措施进行横向发展，可以通过横向合并或资产重组的方式，以期达到规模经济；如果发现纵向规模造成成本过高，则应进行纵向发展，与供应商或顾客合并或资产重组或进行合理协调等；如果发现除横向规模和纵向规模以外的其他成本动因造成企业的成本控制不如竞争对手，则应采取相应的措施进行成本控制，以获得成本领先的战略地位。当然，企业在向横向或纵向发展时，也不排除通过企业自身的积累进行，但这种发展不如并购的速度快、规模大，纵观当今社会的发展趋势，企业常常采用后者对外扩张。

三、企业的竞争能力分析

企业的竞争能力分析，又称SWOT分析，是指对企业的优势（strengths）与劣势（weaknesses）、机会（opportunities）与威胁（threats）所进行的分析。其中，优势是指企业拥有的比其他企业更多的技术和资源，它是企业建立总的竞争战略的基础，也是企业克敌制胜的法宝。与此相反，劣势说明企业与竞争对手相比，缺乏的重要技术和专长。机会是指企业环境中存在的对企业有利的情况。与此相反，威胁是指企业环境中存在的对企业不利的情况。在分析企业内外环境的基础上，关键是要确定企业的优势和劣势，同时发现机会，辨别可能存在的威胁，以此判断企业所处行业的竞争强度。通常可以从以下几方面进行判断：

（一）同行业中不同企业内部资源的对比

要明确企业的优势与劣势、机会与威胁，最有效的途径是将相同行业中的不同企业的内部资源进行如下对比：

（1）产品。企业的产品有创新吗？产品的范围过宽还是过窄？有没有重要的、领先的或独特的技术？

（2）管理。企业管理的经验和能力怎么样？方法如何？

（3）研究与开发。这方面企业领先还是落后？重要产品或服务的前景怎么样？投入的资金有多少？

（4）生产。当前生产过程有竞争力吗？有弹性吗？生产效率怎么样？技术先进吗？对生产设施和生产过程的改善有什么计划？

（5）市场。市场营销，包括促销、销售和广告，其效果如何？

（6）战略。企业战略清晰吗？贯彻得如何？得到有效实施了吗？

（二）潜在或新进入者的障碍分析

潜在或新进入者一旦进入产业，自然会与原有企业争夺市场份额，从而对原有企业构成威胁。面对潜在或新进入者，原有企业不会无动于衷，必将采取措施，设置障碍，阻止其进入，如果原有企业没有反应或反应不强烈，说明潜在或新进入者对其威胁不大。从另一方面来讲，潜在或新进入者拟进入时并非盲目，必将进行市场调查，了解市场的行情和状况，分析进入的障碍，主要考虑的因素有：

（1）经济规模。原有企业是否在产供销方面达到一定的规模？如果进入，企业本身能承担多大的风险？企业进入的目标市场定位在哪方面？

（2）产品。市场上存在独特的产品吗？企业本身的产品是否新颖且别具一格？

（3）商标的知名度。原有企业中是否存在普遍认同的知名商标？同业中的知名商标有多少？推广自己的产品成本有多高？

（4）资本需求。进入时，所需创业资金有多少？可以承受吗？

（5）成本水平。目前原有企业的成本水平怎么样？企业自身在这方面有优势吗？

（6）法律规定。国际对该种产业的规定有哪些？对企业有利还是不利？

通过上述种种分析，潜在或新进入者会对产业的竞争强度有所估计，如果认为阻力重重，那它就会三思而后行。

（三）企业退出的抉择

如果企业经营状况不佳或认为所处产业前景暗淡，想要知难而退时，也会分析退出产业的障碍，因为退出产业会涉及许多问题，解决这些问题有可能削弱其竞争强度。需要考虑的问题主要有：

（1）所处产业属于朝阳产业，还是夕阳产业？应否退出？

（2）如果退出，相关资产如何处理？人员如何安排？需支付的人员费用有多少？

（3）转产的代价有多大？能否适应新产业的管理要求？

（四）替代产品的威胁分析

替代产品的出现常常会加剧所属产业中不同企业之间的竞争，因为替代产品的价格一般会低于现有产品的价格，再加之产品新颖，因此替代产品的吸引力较大，其市场份额会明显增大。现有企业要想增强企业自身的竞争实力，一方面应集中一定的技术力量研究和开发替代产品，另一方面要密切注意市场竞争对手的动态，竞争对手是否已生产出替代产品，如果已出现，应采取怎样的应对措施。

（五）供应商的讨价还价能力分析

供应商的讨价还价能力一方面表现为供应产品价格的提高，另一方面表现为供应产品质量的相对降低。如果供应商的讨价还价能力强，说明企业处于劣势。企业可以通过以下几方面的比较来明确所处地位是优势还是劣势：

（1）供应商供应的产品是否被少数企业垄断？

（2）供应商供应的产品是否供小于求？

（3）供应商供应的产品是否畅销？

（4）供应商供应的产品是否无法替代？

（5）供应商有无向后扩展、参与本行业竞争的意图？

如果上述种种问题全部是肯定的回答，则供应商的讨价还价能力强，企业处于劣势；反之，企业则处于优势。

（六）顾客的讨价还价能力分析

顾客的讨价还价能力直接体现为企业所售产品价格的降低以及产品质量的提高和售后服务的加强，如果顾客的讨价还价能力强，则会降低企业的利润，从而企业处于劣势。企业可以通过以下几方面的判断来明确所处地位是优势还是劣势：

（1）顾客购买量占企业销售量的比例有多大？

（2）企业销售产品的定价水平是低还是高？

（3）顾客是否有很多可供选择的供应者？

（4）产品对顾客是否具有独特的吸引力？

（5）顾客是否有变外购为自产的意图？

如果上述种种问题全部是肯定的回答，则顾客的讨价还价能力强，企业处于劣势；反之，企业则处于优势。

四、战略定位

通过上述分析可以明显地发现企业的竞争优势与劣势，所存在的机会和面临的威胁也趋于明朗化，在此基础上，管理会计人员就可协助企业高层领导建立竞争战略，进行战略定位，所制定的战略应该能够利用优势，抓住机会，弱化劣势，避免或缓和威胁。

（一）公司层的战略定位

公司层战略是对企业整体所从事事业范围的确定，包括经营类型及经营范围的定位、公司的宗旨和目标的确定等。

1.经营类型及经营范围的定位

每家企业都是产业价值链的一部分或几部分或全部，决定企业应处于价值链的哪个环节的战略决策建立在企业自身相对优势确定的基础之上，即企业在哪个环节上能够发挥其优势并能为顾客提供更多、更好的服务而获得更多的利润，企业的产品就应定位在哪里。

例如，在计算机行业中，计算机硬件的生产需要芯片、处理器、硬盘、显示器等，德州仪器只生产芯片，英特尔只生产处理器，希捷只生产硬盘，索尼只生产显示器，而IBM和COMPAQ（康柏）则将自制的零件和外购的零件组装生产完整的计算机，这些企业均获得了成功。

再如，在制鞋行业中，很多企业将自己的产品销售给零售商，而耐克则把力量集中在设计、销售和推广上，把生产都外包给其他企业。可见，企业的优势一旦确定，产品生产就应定位在这里，企业的产品生产有可能覆盖供产销三个阶段，也有可能是其中的某个阶段，但所做出的选择定位必须是企业的优势所在。

至于产业的选择，企业应侧重于对不同产业的投资收益率的分析，如果选择的新产业的投资收益率大于该企业目前的整体投资收益率，则应进入新产业，否则不能进入。也就是说，通常企业应进入朝阳产业，而不应进入夕阳产业；同样道理，企业应选择朝阳产品经营，而不应选择夕阳产品经营。在决策中，一旦被确定为夕阳行业或产品，则应放弃。

2.企业的宗旨和目标的确定

企业的宗旨和目标是企业竞争战略思想的充分体现，是企业的长期规划和未来长期的努力方向。管理会计人员以及企业的高层领导必须对此予以高度重视。一般企业所确定的宗旨和目标应高度概括，通俗易懂，并简单明了。表13-1列示了几家成功企业的宗旨和目标，可供其他企业参考并借鉴。

表13-1　　企业的宗旨与目标

企业名称	宗旨与目标
福特汽车公司	让每一个家庭拥有一部汽车；公司要成为低成本、高品质的产品和服务的提供者，为顾客提供最佳价值
通用电气公司	公司参与的所有行业中，市场占有率成为第一或第二位，从而成为最具有竞争力的公司
Quaker麦片公司	净资产报酬率达到20%以上，销售收入年增长达到50%或以上，成为市场品牌建立的领导者；改善低回报率的事业或剥离
柯达公司	在化学和电子影像方面成为世界上最佳的
联邦快递	通过兼并不同的网络，继续扩张联系主要市场的全球网络；为更多的国家提供服务；增加航空站的数量；扩大飞机数量，建立新的航空中心；扩大运输包裹和货物的能力，增加美国机场通道的数量
IBM	成为世界上最成功的IT企业
通用汽车	成为运输产品和相关服务的世界领导者；通过公司员工的团结、团队工作和创新达到持续改进，从而赢得顾客的热情
多米诺比萨饼公司	在30分钟内向成百万的家庭递送比萨饼

3.企业经营层的战略定位

经营层战略的抉择应与企业和产业的具体状况相适应。迈克尔·波特教授以及安瑟夫提出的竞争战略框架是两种值得借鉴的竞争战略，特别是前者的影响极为广泛。

（1）迈克尔·波特提出的竞争战略。

迈克尔·波特在对企业进行价值链、成本动因以及SWOT分析之后，提出以下三种竞争战略：低成本战略、差异化战略和集聚战略。

①低成本战略。低成本战略也称成本领先战略，是指企业通过提供比竞争对手成本更低的产品或服务来超过竞争对手的一种竞争战略。成本领先者通过降低产品成本，能够在较低的价格上维持适当的利润，进而通过价格战，挤垮竞争对手。这种战略常常可以在广泛的产业内谋求竞争优势，成本领先者通常拥有相对大的市场份额，可以尽量避免局部市场，使用低价格占领较广阔的市场。当大多数企业试图为降低成本而努力时，成本领先者可完全把精力放在降低价格上，从而在市场上取得有利的成本和价格优势。成本领先者所获得的成本优势通常是运用规模经济、专有技术、劳动力低廉和原材料优惠等方式实现的。采用此种战略通常是规模比较庞大的制造商或商业企业，如经销分店遍布全球的大型商业企业沃尔玛就是以此种战略获胜的。

实行低成本战略必须避免的一种倾向是，降低产品成本的同时可能会降低产品的需求，原因是减少了产品的功能。只有在消费者认为企业的产品或服务与竞争对手的产品或服务相同（至少差不多），且竞争对手的价格更高时，成本领先战略才是有效的。这要求企业在降低产品成本的同时必须确保产品的原有功能或必要功能的实现。

②差异化战略。差异化战略也称别具一格战略，是指企业通过使消费者认识到企业的产品或服务在某一方面是独特的，如质量一流、外观新颖等，这种认识使公司可以为产品或服务要求更高的价格，维持较高的利润，从而战胜竞争对手的一种竞争战略。这种战略着眼在广泛的产业内谋求竞争优势，而非某个特定的细分市场，它的运用非常广泛，具有普遍适用性，如家用电器、工业设备、化妆品、珠宝、汽车等行业。

实行差异化战略必须避免的一种倾向是，可能试图降低产品成本而忽视产品的宣传。通常，实行差异化战略的企业为使消费者认识企业产品所具有的独特性，必须进行持续的、大规模的产品宣传，否则，忽视产品宣传，差异化战略的作用就会降低，如果企业产品在消费者心目中的独特性不再重要时，则低成本竞争对手的产品对消费者就更具有吸引力。这要求企业采用此种战略时，必须在促销方面投入大量的资金以扩大其产品的影响。

③集聚战略。集聚战略也称集中一点战略，是指企业选择市场中的某个特定部分，如特定的顾客群、特定的地理区域等，使其战略适合于这一特定的细分目标市场，而不顾及其他市场，在特定细分市场取胜的一种竞争战略。采用这种战略，企业通常通过避免直接竞争来取得成功，将自身的竞争优势集中在市场中的特定对象或竞争最不激烈的某一细分市场或具有其他特征的细分市场。在这一特定市场中，要么企业的成本较低，要么其产品有独特之处，或者两者兼而有之。例如，很小的会计公司通常将力量放在小客户的代理纳税和个人理财服务上，而不与大型公司争夺大型客户。

【提示】实行集聚战略需注意的问题是：企业所处的特定市场可能由于行业技术改变或消费者消费倾向的变化，其优势会突然消失。如一家对高级咖啡有专长的公司，当消费者的口味转向别的饮料时，该公司的日子会很不好过。因此采用这种战略时，企业必须密切关注市场消费者的消费动态，适时调整产品的生产以满足消费者的消费需求，从而达到不断获利的目的。

以上三种竞争战略的比较见表13-2。企业可以通过比较、借鉴来选择和建立适合自身发展的竞争战略。

表13-2　　三种竞争战略的比较

战略 项目	低成本战略	差异化战略	集聚战略
战略目标	广阔的市场	广阔的市场	狭窄的市场
竞争优势	整个产品市场中的低成本	独特的产品或服务	特定细分市场中产品或服务的独特性或低成本或二者兼而有之
产品品种	产品品种有限	产品品种多	产品品种可能多，也可能有限
生产	在保证产品质量及其基本性能的基础上尽可能做到低成本	力求生产创新，生产出差异化的产品	生产适应特定市场需要的产品
营销	低价格	价格较高	根据特定市场的具体状况灵活定价

（2）安瑟夫提出的竞争战略。

安瑟夫以矩阵形式提出不同的竞争战略，如图13-1所示。

	原产品	新产品
原市场	市场渗透	产品开发
新市场	市场开发	多样化

图13-1　安瑟夫的竞争战略示意图

按照安瑟夫的观点，企业竞争战略主要针对原产品和新产品，目的是提高企业产品的市场占有率。对于原产品，一方面可以通过市场渗透来扩大原产品的市场份额；另一方面可以通过开发新市场来增加原产品的销售渠道，从而提高原产品的市场占有率。对于新产品，一方面可以在原市场上销售新产品；另一方面可以采用产品多样化策略来开辟新市场，从而达到吸引新顾客、占领新市场的目的。

在实务中，无论是选择迈克尔·波特提出的三种竞争战略，还是利用安瑟夫提出的四种竞争战略，都需要注意以下几个问题：①一家企业很可能同时使用两种或两种以上的战略，在这种情况下，实行两种战略的前提条件是，以一种战略作为主要战略已获得显著的成效并取得成功，否则，连一种战略都未获得成效的企业实施多种战略是不会成功的。这种情形迈克尔·波特将其称为“徘徊其间”，徘徊其间的企业很难维持其竞争优势。②当企业采用多种竞争战略时要格外小心谨慎，否则就会失败。因为企业此时可能向其专长以外的其他领域发展但不一定适应；也可能对新的市场了解不够；也可能对企业本身是否处于成长阶段判断失误而盲目扩大规模。因此，拟采用多种战略时，企业要斟酌、斟酌，再斟酌。③波士顿咨询集团所提出的公司层竞争战略与迈克尔·波特及安瑟夫提出的经营层竞争战略并没有严格的界限，实务中可以混合使用。

任务四　管理会计报告

一、管理会计报告的概念

微课

企业管理会计报告

安东尼·阿特金森、罗伯特·S.卡普兰等美国著名管理学家在其著作《管理会计》中指出，管理会计是一个为企业管理者创造价值的信息管理系统，通过这一系统产生的信息不仅对管理者的决策和问题的解决有用，而且会经过行为评估和信息传递影响参与者。

《管理会计应用指引第801号——企业管理会计报告》规定：企业管理会计报告是指企业运用管理会计方法，根据财务和业务的基础信息加工整理形成的，满足企业价值管理和决策支持需要的内部报告。其目的是为企业各层级进行规划、决策、控制和评价等管理活动提供有用信息。

与财务会计报告相比，除报告使用者和目的不同以外，管理会计报告还在编制主体、形式要件、格式与内容、报告时间，以及编审流程等方面存在一定的差异。财务会计报告与管理会计报告的主要区别见表13-3。

表13-3 财务会计报告与管理会计报告的主要区别

项目	管理会计报告	财务会计报告
报告主体	企业各部门	企业
形式要件	名称、时间、对象、主体、内容	名称、日期、主体、编号、内容
格式	不统一	统一
内容	根据需要，既有财务信息又有非财务信息	根据法律，仅有财务信息
时间	无约束，根据企业战略需要决定报告时间与周期	受企业会计准则和政府约束
流程	与企业组织结构相一致	与法律要求一致
范围	分解的数据，关于部门决策和行为的报告	整体数据，关于整个企业的财务报告

二、管理会计报告的特征

管理会计报告是运用管理会计方法，根据财务和业务的基础信息加工整理形成的，满足企业价值管理需要或非营利组织目标管理需要的对内报告。管理会计报告与一般对外财务报告相比，有四个特征：

第一，管理会计报告没有统一的格式和规范，根据企业（或组织）内部的管理需要进行报告，相对于报告形式，更注重报告实质内容。

第二，管理会计报告遵循问题导向，根据企业（或组织）内部需要解决的具体管理问题组织、编制、审批、报送和使用。

第三，管理会计报告提供的信息不仅仅包括财务信息，也包括非财务信息；不仅仅包括内部信息，也可能包括外部信息；不仅仅包括结果信息，也可以包括过程信息，更应包括剖析原因、提出改进意见和建议的信息。

第四，管理会计报告如果是涉及会计业绩的报告，比如责任中心报告，其主要的报告格式应该是边际贡献格式，而不是财务会计准则中规范的对外财务报告格式。管理会计报告对象是一个组织内部对管理会计信息有需求的各个层级、各环节的管理者。

三、管理会计报告的编制要求

（一）岗位设置要求

企业应建立管理会计报告组织体系，根据需要设置管理会计报告相关岗位，明确岗位职责。企业各部门都应履行提供管理会计报告所需信息的责任。

（二）报告形式要求

企业管理会计报告的形式要件包括报告的名称、报告期间或时间、报告对象、报告内容及报告人等。

（三）报告对象要求

企业管理会计报告的对象是对管理会计信息有需求的各个层级、各个环节的管理者。

（四）报告期间要求

企业可根据管理的需要和管理会计活动的性质设定报告期间。一般应以日历期间（月度、季度、年度）作为企业管理会计报告期间，也可根据特定需要设定企业管理会计报告期间。

（五）报告内容要求

企业管理会计报告的内容应根据管理需要和报告目标而定，应易于理解并具有一定的灵活性。

（六）报告程序要求

企业管理会计报告的编制、审批、报送、使用等应与企业组织结构相适应。

（七）报告过程要求

企业管理会计报告体系应根据管理活动全过程进行设计，在管理活动各环节形成基于因果关系链的结果报告和原因报告。

四．管理会计报告的分类

企业管理会计报告体系可按照多种标准进行分类，包括但不限于：

（一）按照企业管理会计报告使用者所处的管理层级分类

企业管理会计报告按照其使用者所处的管理层级可分为战略层管理会计报告、经营层管理会计报告和业务层管理会计报告。有关内容见表13-4。

表13-4　　按照企业管理会计报告使用者所处的管理层级分类

分类	基本概念	服务对象
战略层管理会计报告	是为战略层开展战略规划、决策、控制和评价，以及其他方面的管理活动提供相关信息的对内报告	企业的战略层，包括股东大会、董事会和监事会等
经营层管理会计报告	是为经营管理层开展与经营管理目标相关的管理活动提供相关信息的对内报告	经营管理层
业务层管理会计报告	是为企业开展日常业务或作业活动提供相关信息的对内报告	企业的业务部门、职能部门，以及车间、班组等

（二）企业管理会计报告体系的其他分类

（1）企业管理会计报告按照其内容可分为综合企业管理会计报告和专项企业管理会计报告。

（2）企业管理会计报告按照管理会计功能可分为管理规划报告、管理决策报告、管理控制报告、管理评价报告。

（3）企业管理会计报告按照责任中心可分为投资中心报告、利润中心报告、成本中心报告。

（4）企业管理会计报告按照报告主体整体性程度可分为整体报告和分部报告。

五、企业管理会计报告的流程

企业管理会计报告流程包括报告的编制、审批、报送、使用、评价等环节。

（一）编制

企业管理会计报告由管理会计报告信息的归集、处理并报送的责任部门负责编制。

（二）审批

企业应根据报告的内容、重要性和报告对象等，确定不同的审批流程，经审批后的报告方可报出。

（三）报送

企业应合理设计报告报送路径，确保企业管理会计报告及时、有效地送达报送对象。企业管理会计报告可以根据报告性质、管理需要进行逐级报送或直接报送。

（四）使用

企业应建立管理会计报告使用的授权制度，报告使用人应在权限范围内使用企业管理会计报告。

（五）评价

企业应对管理会计报告的质量、传递的及时性、保密情况等进行评价，并将评价结果与绩效考核挂钩。

企业应当充分利用信息技术，强化管理会计报告及相关信息集成和共享，将管理会计报告的编制、审批、报送和使用等纳入企业统一的信息平台。企业应定期根据管理会计报告使用效果以及内外部环境变化对管理会计报告体系、内容以及编制、审批、报送、使用等进行优化。

六、管理会计报告体系的类型及内容

（一）战略层管理会计报告

战略层管理会计报告是为战略层开展战略规划、决策、控制和评价以及其他方面的管理活动提供相关信息的对内报告，包括但不限于战略管理报告、综合业绩报告、价值创造报告、经营分析报告、风险分析报告、重大事项报告、例外事项报告等。这些报告可独立提交，也可根据不同需要整合后提交。战略层管理会计报告应精练、简洁、易于理解，报告主要结果、主要原因，并提出具体的建议。战略层管理会计报告分类及基本内容见表13-5。

表13-5 战略层管理会计报告的类型及内容

分类	基本内容
战略管理报告	包括内外部环境分析、战略选择与目标设定、战略执行及其结果，以及战略评价等
综合业绩报告	包括关键绩效指标预算及其执行结果、差异分析及其他重大绩效事项等
价值创造报告	包括价值创造目标、价值驱动的财务因素与非财务因素、内部各业务单元的资源占用与价值贡献，以及提升公司价值的措施等
经营分析报告	包括过去经营决策执行情况回顾、本期经营目标执行的差异及其原因，影响未来经营状况的内外部环境与主要风险分析、下一期的经营目标及管理措施等
风险分析报告	包括企业全面风险管理工作回顾、内外部风险因素分析、主要风险识别与评估、风险管理工作计划等
重大事项报告	针对企业的重大投资项目、重大资本运作、重大融资、重大担保事项、关联方交易等事项进行的报告
例外事项报告	针对企业发生的管理层变更、股权变更，安全事故、自然灾害等偶发性事项进行的报告

（二）经营层管理会计报告

经营层管理会计报告是为经营管理开展与经营管理目标相关的管理活动提供相关信息的对内报告，主要包括全面预算管理报告、投资分析报告、项目可行性报告、融资分析报告、盈利分析报告、资金管理报告、成本管理报告、业绩评价报告等。经营层管理会计报告应做到内容完整、分析深入。经营层管理会计报告分类及基本内容见表13-6。

表13-6 经营层管理会计报告的类型及内容

分类	基本内容
全面预算管理报告	包括预算目标制定与分解、预算执行差异分析以及预算考评等
投资分析报告	包括投资对象、投资额度、投资结构、投资进度、投资收益、投资风险和投资管理建议等
项目可行性报告	包括项目概况、市场预测、产品方案与生产规模、厂址选择、工艺与组织方案设计、财务评价、项目风险分析，以及项目可行性研究结论与建议等
融资分析报告	一般包括融资需求测算、融资渠道与融资方式分析及选择、融资程序、融资风险及其应对措施和融资管理建议等
盈利分析报告	一般包括盈利目标及其实现程度、利润的构成及其变动趋势、影响利润的主要因素及其变化情况，以及提高盈利能力的具体措施等。 盈利分析报告可基于企业集团、单个企业，也可基于责任中心、产品、区域、客户等
资金管理报告	包括资金管理目标、主要流动资金项目（如库存现金、应收票据、应收账款、存货）的管理状况、资金管理存在的问题以及解决措施等。 企业集团资金管理报告的内容一般还包括资金管理模式（集中管理还是分散管理）、资金集中方式、资金集中程度、内部资金往来等
成本管理报告	包括成本预算、实际成本及其差异分析、成本差异形成的原因以及改进措施等
业绩评价报告	包括绩效目标、关键绩效指标、实际操作结果、差异分析、考评结果，以及相关建议等

（三）业务层管理会计报告

业务层管理会计报告是为企业开展日常业务或作业活动提供相关信息的对内报告。其报告的对象是企业的业务部门、职能部门以及车间、班组等。业务层管理会计报告应根据企业内部各部门、车间或班组的核心职能或经营目标进行设计，主要包括研究开发报告、采购业务报告、生产业务报告、配送业务报告、销售业务报告、售后服务业务报告、人力资源报告等。业务层管理会计报告应做到内容具体、数据充分。业务层管理会计报告分类及基本内容见表13-7。

表13-7　　业务层管理会计报告的类型及内容

分类	基本内容
研究开发报告	包括研发背景、主要研发内容、技术方案、研发进度、项目预算等
采购业务报告	包括采购业务预算、采购业务执行结果、差异分析及改善建议等。采购业务报告要重点反映采购质量、数量以及时间、价格等方面的内容
生产业务报告	一般包括生产业务预算、生产业务执行结果、差异分析及改善建议等。生产业务报告要重点反映生产成本、生产数量以及产品数量、生产时间等方面的内容
配送业务报告	一般包括配送业务预算、配送业务执行结果、差异分析及改善建议等。配送业务报告要重点反映配送的及时性、准确性以及配送损耗等方面的内容
销售业务报告	一般包括销售业务预算、销售业务执行结果、差异分析及改善建议等。销售业务报告要重点反映销售的数量结构和质量结构等方面的内容
售后服务业务报告	一般包括售后服务业务预算、售后服务业务执行结果、差异分析及改善建议等。售后服务业务报告要重点反映售后服务的客户满意度等方面的内容
人力资源报告	一般包括人力资源预算、人力资源执行结果、差异分析及改善建议等。人力资源报告要重点反映人力资源使用及考核等方面的内容

七、管理会计报告的应用

管理会计报告根据要解决的问题，形式可以灵活多样，本身并没有形成统一的格式规范。在此，我们仅对企业有一定共识基础的企业内部责任中心业绩报告和质量成本报告进行具体介绍。

（一）内部责任中心业绩报告

企业内部责任中心，如前章所述可以划分为成本中心、利润中心和投资中心。责任中心的业绩评价和考核应该通过编制业绩报告来完成。业绩报告也称责任报告、绩效报告，是反映责任预算实际执行情况，揭示责任预算与实际结果之间差异的内部管理会计报告。它着重于对责任中心管理者的业绩评价，其本质是要得到一个结论：与预期的目标相比较，责任中心管理者干得怎样。

业绩报告的主要目的在于将责任中心的实际业绩与其在特定环境下本应取得的业绩进行比较，因此实际业绩与预期业绩之间差异的原因应得到分析，并且应尽可能予以量化。这样，业绩报告中应当传递出三种信息：

（1）关于实际业绩的信息。

（2）关于预期业绩的信息。

（3）关于实际业绩与预期业绩之间差异的信息。

这也意味着合格业绩报告的三个主要特征：报告应当与个人责任相联系，实际业绩应该与最佳标准相比较，重要信息应当予以突出显示。

1. 成本中心业绩报告

成本中心的业绩考核指标通常为该成本中心的所有可控成本，即责任成本。成本中心业绩报告，通常是按成本中心可控成本的各明细项目列示其预算数、实际数和成本差异数的三栏式表格。由于各成本中心是逐级设置的，所以其业绩报告也应自下而上，从最基层的成本中心逐级向上汇编，直至最高层级的成本中心。每一级的业绩报告，除最基层只有本身的可控成本外，都应包括本身的可控成本和下属部门转来的责任成本。

【做中学13-3】某企业制造部是一个成本中心，下属两个分厂，每个分厂设有三个车间。其成本中心业绩报告的编制及相互关系见表13-8。

表13-8　成本中心业绩报告

制造部一分厂甲车间业绩报告			
项目	预算成本	实际可控成本	成本差异
工人薪酬	58 100	58 000	100（F）
原材料	32 500	34 225	1 725（U）
行政人员薪酬	6 400	6 400	
水电费	5 750	5 690	60（F）
折旧费用	4 000	4 000	
设备维修费	2 000	1 990	10（F）
保险费	975	975	
合计	109 725	111 280	1 555（U）
制造部一分厂业绩报告			
项目	预算成本	实际可控成本	成本差异
管理费用	17 500	17 350	150（F）
甲车间	109 725	111 280	1 555（U）
乙车间	190 500	192 600	2 100（U）
丙车间	149 750	149 100	650（F）
合计	467 475	470 330	2 855（U）
制造部业绩报告			
项目	预算成本	实际可控成本	成本差异
管理费用	19 500	19 700	200（U）
一分厂	467 475	470 330	2 855（U）
二分厂	395 225	394 300	925（F）
合计	882 200	884 330	2 130（U）

注：U表示不利差异，F表示有利差异，下同。

从表13-8可以看出，总体上在制造部，一分厂产生了不利差异，还比较大，从分厂内部看，其不利差异主要是乙车间和甲车间引起的；从甲车间看，引起不利差异的主要原因是原材料成本超支了。成本中心的各级经理人，就其权责范围编制业绩报告并对其负责部门的成本差异负责。级别越低的成本中心，从事的经营活动越具体，其业绩报告涉及的成本项目类别也越详细。根据成本中心业绩报告，责任中心的各级经理人可以针对成本差异，寻找原因对症下药，以便对成本费用实施有效的管理控制，从而提高业绩水平。

2.利润中心业绩报告

利润中心的考核指标通常为该利润中心的边际贡献、分部经理的边际贡献和该利润中心的部门边际贡献。利润中心业绩报告，分别列出其可控的销售收入、变动成本、边际贡献、经理人员可控的可追溯固定成本、分部经理边际贡献、分部经理不可控但高层管理部门可控的可追溯固定成本、部门边际贡献的预算数和实际数；并通过实际与预算的对比，分别计算差异，据此进行差异的调查、分析差异的原因。利润中心业绩报告自下而上逐级汇编，直至整个企业的息税前利润。利润中心业绩报告的基本形式见表13-9。

表13-9　　利润中心业绩报告

项　目	预　算	实　际	差　异
销售收入	245 000	248 000	3 000（F）
减：变动成本	111 000	112 000	1 000（U）
边际贡献	134 000	136 000	2 000（F）
经理人员可控的可追溯固定成本	24 000	24 500	500（U）
分部经理边际贡献	110 000	111 500	1 500（F）
分部经理不可控但高层管理部门可控的可追溯固定成本	18 000	18 900	900（F）
部门边际贡献	92 000	92 600	600（F）

从表13-9可以看出，无论从边际贡献，还是从分部经理边际贡献，或是部门边际贡献来看，都是有利差异，都超额完成了预算目标。

3.投资中心业绩报告

投资中心的主要考核指标是投资报酬率和剩余收益，补充的指标是现金回收率和剩余现金流量。投资中心不仅需要对成本、收入和利润负责，而且要对所占用的全部资产（包括固定资产和营运资金）的经营效益承担责任。因此，对于投资中心而言，它的业绩报告通常包含上述评价指标。现举例说明如下：

【做中学13-4】假定某公司A分公司为一个投资中心，该公司规定的最低报酬率为12%。现根据A分公司的有关原始凭证等资料，编制该投资中心业绩报告，见表13-10。

表13-10 投资中心业绩报告

项目	预算	实际	差异
销售收入	573 000	591 000	18 000（F）
变动成本	246 000	251 200	5 200（U）
边际贡献	327 000	339 800	12 800（U）
可控固定成本	140 000	141 400	1 400（U）
部门可控利润	187 000	198 400	11 400（F）
分配的共同成本	12 000	15 000	3 000（U）
经营净利润	175 000	183 400	8 400（F）
经营资产			
库存现金	15 500	17 000	1 500
应收账款	110 000	131 000	21 000
存货	90 000	92 500	2 500
固定资产（净值）	450 000	450 000	0
总　计	665 500	690 500	25 000
投资报酬率（%）	26.3	26.6	0.3（F）
要求的最低报酬率	12%	12%	
要求的最低投资收益	79 860	82 680	2 820（F）
剩余收益	95 140	100 720	5 580（F）

从表13-10可知，该投资中心的实际投资报酬与剩余收益均超过了预算数，说明该投资中心在本年度的经营业绩较好。

（二）质量成本报告

质量与成本、时间（工期或交货期）是密切联系的三个要素。质量是企业生存和发展之本。质量包括两层含义：一是设计质量，即顾客对产品或劳务的满意程度；二是符合性质量，即产品或劳务的实际性能与其设计性能的符合程度。简单地说，前者是设计得怎样，是否满足顾客要求？后者是做得怎样，是否达到了设计的要求？

1. 质量成本的概念及分类

产品和服务的质量提升需要付出相应的成本，从市场的调研，产品服务标准的制定、执行，到产品的测试、检验，以及不合格产品的淘汰都需要企业付出相应的经济资源来保障执行。企业要想在市场竞争中占据有利地位，必须拥有比竞争对手更高的效率，质量管理的过程同样要强调经济效益。质量成本是指企业为了保证产品达到一定的质量标准而发生的成本，这一概念联系了企业管理中的生产技术与经济效益两个层面。

质量管理专家对质量成本的定义和划分都提出了不同的意见，但普遍认为质量成本可以划分为以下四类：

（1）预防成本。

预防成本是为了防止产品质量达不到预定标准而发生的成本，是为防止质量事故的发生，最大限度降低质量事故所造成的损失而发生的费用。预防成本发生在产品生产之前的各阶段。这类成本包括：

① 质量工作费用。质量管理体系中为预防、保证和控制产品质量而制定的质量政策、目标、标准，开展质量管理所发生的办公费、宣传费、搜集情报费，以及编制手册、制订全面质量管理计划、开展质量控制（Quality Control，QC）小组活动、组织质量管理工作和工序能力研究等所发生的费用都属于质量工作费用。

② 标准制定费用。质量管理需要制定相应的质量标准，而对作业的评估标准的测试、审查等环节都会产生一定的费用，这些费用就属于标准制定费用。

③ 教育培训费用。质量管理的实施，最后都要落实到管理者和员工身上。对企业员工进行质量管理方面知识的教育，对员工作业水平的提升以及相关的后续培训形成的系列费用都可视为预防成本中的教育培训费用。

④ 质量奖励费用。在生产或服务过程中，为了激励员工达到质量标准而实行的奖励措施所带来的费用属于质量奖励费用。

（2）鉴定成本。

鉴定成本是为了保证产品质量达到预定标准而对产品进行检测所发生的成本，如材料或半成品的检测、作业的鉴定、流程验收、检测设备以及外部批准等方面发生的检验费用，具体可细分为：

① 检测工作的费用。某些检验需要送到外部单位进行，此时需要支付一定的检测费用。

② 检测设备的折旧。这类费用不仅包括检测所需仪器的折旧或维护费用，还包括检测场所建筑的折旧或维护费用。

③ 检测人员的费用。这类费用具体为对原材料、产品或流程进行检验的员工的工资及福利费用。

（3）内部失败成本。

内部失败成本是指产品进入市场之前由于产品不符合质量标准而发生的成本，这部分成本包括：废料、返工、修复、重新检测、停工整修或变更设计等。

鉴定成本以及内部失败成本都发生在产品未到达顾客之前的所有阶段中。

（4）外部失败成本。

外部失败成本是指存在缺陷的产品流入市场以后发生的成本，如产品因存在缺陷而错失的销售机会，问题产品的退还、返修，处理顾客的不满和投诉发生的成本。外部失败成本一般发生在产品被消费者接受以后的阶段中。

一般来说，企业能够控制预防成本和鉴定成本的支出，因此这两种成本属于可控质量成本；而无论是内部还是外部失败成本，企业往往都无法预料其发生，并且一旦产生失败成本，其费用的多少往往不能在事前得到确定，因此失败成本属于不可控质量成本。

质量成本报告和质量绩效报告承担了如何将质量成本信息传递给企业经营管理者的重任。

2.质量成本报告的编制

质量成本报告是企业组织完善质量成本控制的必要措施。通过质量成本报告，企业组织的经理人可以全面地评价企业组织当前的质量成本情况。质量成本报告按质量成本的分类详细列示实际质量成本，并向企业组织的经理人提供以下两个方面的重要信息：

（1）显示各类质量成本的支出情况以及财务影响；

（2）显示各类质量成本的分布情况，以便企业组织的经理人判断各类质量成本的重要性。

通过了解这些信息，企业组织的经营管理人员就可以更有针对性地控制质量成本，改善成本结构。质量成本报告可以按各类质量成本项目分别列示。某公司的质量成本报告范例见表13-11。

表13-11　质量成本报告

项目	实际成本支出（元）	占质量成本总额的比例	占销售额的比例
预防成本：			
变动成本	20 000	28.45%	5.69%
边际贡献	12 000	17.07%	3.41%
预防成本合计	32 000	45.52%	9.10%
鉴定成本：			
产品验收	12 000	17.07%	3.41%
包装物检查	8 000	11.38%	2.28%
鉴定成本合计	20 000	28.45%	5.69%
内部失败成本：			
返工	11 000	15.65%	3.13%
内部失败成本合计	11 000	15.65%	3.13%
外部失败成本：			
顾客投诉处理	7 300	10.38%	2.08%
外部失败成本合计	7 300	10.38%	2.08%
质量成本合计	70 300	100%	20%

根据表13-11可知各质量成本项目占质量成本总额的比例，有助于该公司的经理人了解各质量成本项目的分布情况及重要性；而各成本项目占销售额的比例，则可以帮助该公司的经理人了解质量成本的财务重要性。

当然，企业组织也可以采用绘制统计图（如饼形图、柱形图）或文字陈述的方式编制质量成本报告。

从表13-11可以看出，该企业的预防成本无论是占质量成本总额的比例，还是占销售额的比例都是最大的，其次是鉴定成本，再次是内部失败成本，最后是外部失败成本，质量成本的结构还算合理。

3.质量绩效报告

为了反映企业在质量管理方面所取得的进展及其绩效，企业还需要编制质量绩效报告。企业质量绩效报告包括中期报告、长期报告、多期质量趋势报告三种类型。

（1）中期报告。

中期报告根据当期的质量目标列示质量管理成效。企业要实现产品“零缺陷”目标是一项长期任务，不可能一蹴而就。这就需要制定一些短期（通常为1年）应该达到的质量成本控制目标，一方面可供企业的经理人报告当期质量管理取得的成效；另一方面可以增强员工的信心，为最终达到“零缺陷”目标而努力。企业期末编制质量绩效报告时，将实际质量成本与预算质量成本目标进行比较，确定其差异，分析差异产生的原因，明确应采取的改进措施。某公司的中期质量绩效报告范例见表13-12。

表13-12 中期质量绩效报告 金额单位：元

项目	实际成本	预算成本	差异
预防成本：			
质量培训	40 000	40 000	0
质量审核	80 000	80 000	0
产品设计方案评审	35 000	30 000	5 000（U）
预防成本合计	155 000	150 000	5 000（U）
鉴定成本：			
原料检验	38 000	42 000	4 000（F）
产品验收	20 000	20 000	0
流程验收	40 000	35 000	5 000（U）
鉴定成本合计	98 000	97 000	1 000（U）
内部失败成本：			
返工	28 000	22 000	6 000（U）
废料	66 000	55 000	11 000（U）
内部失败成本合计	94 000	77 000	17 000（U）
外部失败成本：			
顾客投诉处理	33 000	33 000	0
保修	47 500	37 000	10 500（U）
外部失败成本合计	80 500	70 000	10 500（U）
质量成本合计	427 500	394 000	33 500（U）
质量成本占实际销售额比例合计	15.32%	14.12%	1.20%（U）

注：实际销售额为2 790 000元。U表示不利差异，F表示有利差异。

根据表13-12可知，该公司当期的质量管理成效并不理想，除原料检验这个项目属于有利差异之外，其他项目的差异都属于不利差异。整体绩效与预期目标相差33 500元，该公司质量成本管理的改善空间还很大。

（2）长期报告。

长期报告根据质量目标列示企业质量管理成效。某公司的长期质量绩效报告范例见表13-13。

表13-13　　长期质量绩效报告　　金额单位：元

项　目	2022年实际成本	2021年实际成本	差　异
预防成本：			
质量培训	40 000	43 000	3 000（F）
质量审核	80 000	80 000	0
产品设计方案评审	35 000	36 000	1 000（F）
预防成本合计	155 000	159 000	4 000（F）
鉴定成本：			
原料检验	38 000	42 000	4 000（F）
产品验收	20 000	20 000	0
流程验收	40 000	45 000	5 000（F）
鉴定成本合计	98 000	107 000	9 000（F）
内部失败成本：			
返工	28 000	30 000	2 000（F）
废料	66 000	66 000	0
内部失败成本合计	94 000	96 000	2 000（F）
外部失败成本：			
顾客投诉处理	33 000	36 000	3 000（F）
保修	47 500	49 000	1 500（F）
外部失败成本合计	80 500	85 000	4 500（F）
质量成本合计	427 500	447 000	19 500（U）
质量成本占实际销售额比例合计	15.32%	16.02%	0.70%（U）

注：实际销售额为2 790 000元。U表示不利差异，F表示有利差异。

根据表13-13可知，该公司2022年度的质量管理成效与2021年度相比，成本总额下降了，各项差异都表现为有利差异，说明该公司在质量管理方面取得了明显的成效。

（3）多期质量趋势报告。

多期质量趋势报告（Multiple-Period Trend Report）列示了企业实施质量管理以来所取得的成效。多期质量趋势报告的编制必须以多个期间企业组织的质量成本相关数据为基础，并绘制出质量趋势图。趋势图可以采用坐标分析图、柱形比较图等多种方式，旨在向企业的经理人员评估其发展趋势是否合理，质量成本控制是否有效，以便做出相应的决策。

某企业的多期质量趋势折线图如图13-2所示。图13-2显示该企业质量成本占销售额的百分比在逐年下降。2022年与2018年相比较，下降了一半，说明该企业质量成本管理水平在不断提升。

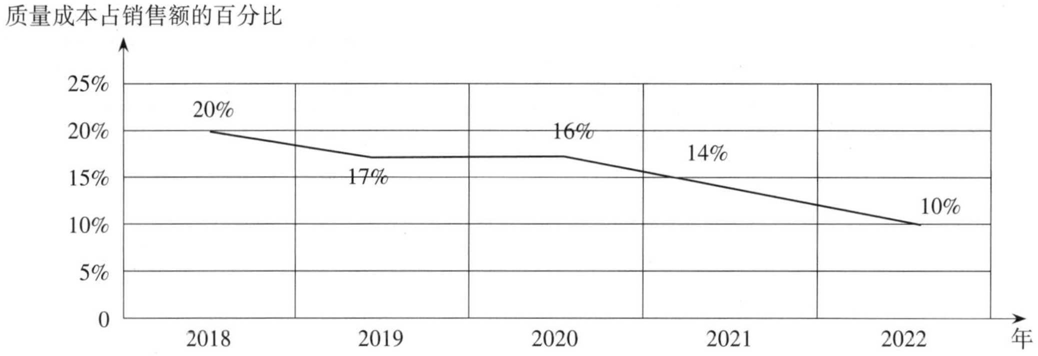

图13-2　某企业多期质量趋势折线图

在企业管理实践中，质量、成本、交货期（工期）是紧密相关的三个要素。提高质量，在短期会增加成本，尤其是预防成本和鉴定成本，但在长期会降低成本，给企业带来良好的市场声誉和长期经济效益。

严格控制质量，也会影响交货期（工期）。很多企业为了赶交货期（工期），损害了产品或劳务（工程）的质量，影响了企业的声誉和市场份额。成本与交货期（工期）也存在需要权衡的矛盾，交货期紧会增加成本，比如加班工资等。

总之，管理会计报告需要根据企业（或组织）所面临的管理问题，运用管理会计的工具和方法，融合业务与财务现实，整合财务信息和非财务信息，形成对企业（或组织）内部管理决策有用的报告信息。

【请思考】企业如何运用管理会计报告与财务会计报告？

【学思践悟】

物联网的战略意义

国际电信联盟在2005年的互联网报告中，明确提出物联网（Internet of Things）概念，并描绘出未来无所不在的通信蓝图。物联网：通过射频识别（RFID）、红外感应器、全球定位系统、激光扫描器等信息传感设备，按约定的协议，把任何物品与互联网连接起来，进行信息交换和通信，以实现智能化识别、定位、跟踪、监控和管理的一种网络。物联网产业需要软硬件支撑，自物联网概念提出以来，掀起了信息产业的第三次革命浪潮。以车联网、智能电网、智能家居、安防监控、移动支付、智能穿戴、远程医疗等应用领域为代表，为人们的生活提供了更大便利，提高了公共服务资源调配效率，甚至改变了人们的日常生活方式。物联网还与工业4.0息息相关，将促进传统生产方式向绿色、智能、低碳的方向转变，从刚性生产方式向柔性生产方式转变，显著提高生产效率。物联网是继计算机、互联网之后的又一新的信息科学技术，发展物联网产业，是实现技术自主可控，保障国家安全的迫切需要；是促进产业结构调整，推进两化融合的迫切需要；是发展战略性新兴产业，带动经济增长的迫切需要；是提升整体创新能力，建设创新型国家的迫切需要。目前，世界主要国家已将物联网作为抢占新一轮经济科技发展制高点的重大战略，我国也将物联网作为战略性新兴产业上升为国家发展重点。

（1）物联网产业生态快速成长

芯片巨头、设备制造商、IT厂商、电信运营商、互联网企业等从各自优势出发，积极进行物联网生态布局，芯片、云平台和操作系统成为布局的关键点。英特尔、IBM、谷歌、微软、华为、百度等公司在这些关键点上的技术研发和创新方面非常活跃。除了以技术手段争夺生态主导权外，巨头们还通过构建产业联盟以稳固物联网产业生态，构建竞争优势，其中工业、车联网、智能家居等领域成为布局热点。

（2）物联网为智能识别芯片带来巨大市场空间

在物联网的带动下，芯片产业将获得蓬勃发展。未来20年，物联网芯片数量将增长到1万亿个，并且它们都需要网络连接。物联网芯片正成为超过PC、手机芯片领域的未来最大芯片市场，数以百亿级的蓝海，吸引着产业巨头们鱼贯而入。2010—2020年我国物联网市场规模巨大。物联网被业内公认为是继计算机、互联网之后世界产业技术革命的第三次高潮，孕育着史无前例的大市场。2017—2022年间，全球物联网芯片市场复合成长率达11.5%，2022年，物联网芯片市场规模超100亿美元。芯片在物联网的所有应用中处于核心地位，产品需求前景十分广阔，包括华为、联发科、英特尔、高通在内的巨头纷纷发力物联网芯片，各企业间的研发、收购、兼并、联盟、专利等角逐依次展开。

（3）物联网芯片商业模式创新发展

物联网的快速发展可望成为重振芯片业成长的“一件大事”。然而，在芯片开发成本持续攀升以及利润越来越少的现有模式下，物联网无法发挥它所有的潜力。企业需认真地探索如何改变其商业模式。具体来说，企业必须为商用IP拥抱开放来源硬件、采用可重编程的芯片，才能有助于避免成本不断上升，以及扩增芯片销售额与利润丰厚的下游收益。

资料来源：根据网络资料整理。

项目小结

本项目主要知识点归纳总结见表13-14。

表13-14 本项目主要知识点归纳总结

任　务	主要知识点
战略管理会计认知	1.战略管理会计与企业战略管理密切联系，它运用灵活多样的方法收集、加工、整理与战略管理相关的各种信息，并据此来协助企业管理层确立战略目标、进行战略规划、评价管理业绩 2.战略管理会计的特点：（1）重视企业与外部环境的关系，具有外向性的特征；（2）具有结果控制与过程控制相结合的动态系统的特征；（3）信息的多样化及其处理过程表现为科学性与艺术性的统一；（4）对企业效益进行全方位、综合性的评价
企业战略管理与传统管理会计的局限性	1.企业战略管理是确立企业使命，根据企业外部环境和内部经营要素设定企业组织目标，保证目标的正确落实，并使企业使命最终得以实现的一个动态过程 2.传统管理会计的局限性：（1）不能适应企业制造环境的变化；（2）不能适应市场竞争的需要；（3）缺乏重视外部环境的战略观念
战略管理会计的内容	1.战略管理会计的内容：（1）企业的经营环境分析；（2）价值链分析；（3）企业的竞争能力分析；（4）战略定位 2.迈克尔·波特竞争战略：低成本战略、差异化战略、集聚战略
管理会计报告	1.管理会计报告的概念 2.管理会计报告的特征 3.管理会计报告的编制要求 4.管理会计报告体系的类型及内容 5.管理会计报告的应用

主要参考文献

[1] 吴大军. 管理会计［M］. 5版. 大连：东北财经大学出版社，2018.

[2] 潘飞，吕长江. 管理会计概论［M］. 上海：上海财经大学出版社，2017.

[3] 孙茂竹，文光伟，杨万贵. 管理会计学［M］. 7版. 北京：中国人民大学出版社，2016.

[4] 于树彬，刘萍，王忠民. 管理会计［M］. 5版. 大连：东北财经大学出版社，2015.

[5] 周阅，等. 管理会计实务［M］. 北京：高等教育出版社，2018.

[6] 加里森，等. 管理会计［M］. 罗飞，陈辉，温倩，译. 14版. 北京：机械工业出版社，2017.

[7] 阿特金森，卡普兰，玛苏姆拉，等. 管理会计［M］. 刘曙光，陈静，等译. 6版. 北京：清华大学出版社，2011.

附 录

附表一 一元复利终值系数表

期数	1%	2%	3%	4%	5%	6%	7%	8%	9%	10%	11%	12%	13%	14%	15%
1	1.0100	1.0200	1.0300	1.0400	1.0500	1.0600	1.0700	1.0800	1.0900	1.1000	1.1100	1.1200	1.1300	1.1400	1.1500
2	1.0201	1.0404	1.0609	1.0816	1.1025	1.1236	1.1449	1.1664	1.1881	1.2100	1.2321	1.2544	1.2769	1.2996	1.3225
3	1.0303	1.0612	1.0927	1.1249	1.1576	1.1910	1.2250	1.2597	1.2950	1.3310	1.3676	1.4049	1.4429	1.4815	1.5209
4	1.0406	1.0824	1.1255	1.1699	1.2155	1.2625	1.3108	1.3605	1.4116	1.4641	1.5181	1.5735	1.6305	1.6890	1.7490
5	1.0510	1.1041	1.1593	1.2167	1.2763	1.3382	1.4026	1.4693	1.5386	1.6105	1.6851	1.7623	1.8424	1.9254	2.0114
6	1.0615	1.1262	1.1941	1.2653	1.3401	1.4185	1.5007	1.5869	1.6771	1.7716	1.8704	1.9738	2.0820	2.1950	2.3131
7	1.0721	1.1487	1.2299	1.3159	1.4071	1.5036	1.6058	1.7138	1.8280	1.9487	2.0762	2.2107	2.3526	2.5023	2.6600
8	1.0829	1.1717	1.2668	1.3686	1.4775	1.5938	1.7182	1.8509	1.9926	2.1436	2.3045	2.4760	2.6584	2.8526	3.0590
9	1.0937	1.1951	1.3048	1.4233	1.5513	1.6895	1.8385	1.9990	2.1719	2.3579	2.5580	2.7731	3.0040	3.2519	3.5179
10	1.1046	1.2190	1.3439	1.4802	1.6289	1.7908	1.9672	2.1589	2.3674	2.5937	2.8394	3.1058	3.3946	3.7072	4.0456
11	1.1157	1.2434	1.3842	1.5395	1.7103	1.8983	2.1049	2.3316	2.5804	2.8531	3.1518	3.4786	3.8359	4.2262	4.6524
12	1.1268	1.2682	1.4258	1.6010	1.7959	2.0122	2.2522	2.5182	2.8127	3.1384	3.4985	3.8960	4.3345	4.8179	5.3503
13	1.1381	1.2936	1.4685	1.6651	1.8856	2.1329	2.4098	2.7196	3.0658	3.4523	3.8833	4.3635	4.8980	5.4924	6.1528
14	1.1495	1.3195	1.5126	1.7317	1.9799	2.2609	2.5785	2.9372	3.3417	3.7975	4.3104	4.8871	5.5348	6.2613	7.0757
15	1.1610	1.3459	1.5580	1.8009	2.0789	2.3966	2.7590	3.1722	3.6425	4.1772	4.7846	5.4736	6.2543	7.1379	8.1371
16	1.1726	1.3728	1.6047	1.8730	2.1829	2.5404	2.9522	3.4259	3.9703	4.5950	5.3109	6.1304	7.0673	8.1372	9.3576
17	1.1843	1.4002	1.6528	1.9479	2.2920	2.6928	3.1588	3.7000	4.3276	5.0545	5.8951	6.8660	7.9861	9.2765	10.7613
18	1.1961	1.4282	1.7024	2.0258	2.4066	2.8543	3.3799	3.9960	4.7171	5.5599	6.5436	7.6900	9.0243	10.5752	12.3755
19	1.2081	1.4568	1.7535	2.1068	2.5270	3.0256	3.6165	4.3157	5.1417	6.1159	7.2633	8.6128	10.1974	12.0557	14.2318
20	1.2202	1.4859	1.8061	2.1911	2.6533	3.2071	3.8697	4.6610	5.6044	6.7275	8.0623	9.6463	11.5231	13.7435	16.3665
21	1.2324	1.5157	1.8603	2.2788	2.7860	3.3996	4.1406	5.0338	6.1088	7.4002	8.9492	10.8038	13.0211	15.6676	18.8215
22	1.2447	1.5460	1.9161	2.3699	2.9253	3.6035	4.4304	5.4365	6.6586	8.1403	9.9336	12.1003	14.7138	17.8610	21.6447
23	1.2572	1.5769	1.9736	2.4647	3.0715	3.8197	4.7405	5.8715	7.2579	8.9543	11.0263	13.5523	16.6266	20.3616	24.8915
24	1.2697	1.6084	2.0328	2.5633	3.2251	4.0489	5.0724	6.3412	7.9111	9.8497	12.2392	15.1786	18.7881	23.2122	28.6252
25	1.2824	1.6406	2.0938	2.6658	3.3864	4.2919	5.4274	6.8485	8.6231	10.8347	13.5855	17.0001	21.2305	26.4619	32.9190
26	1.2953	1.6734	2.1566	2.7725	3.5557	4.5494	5.8074	7.3964	9.3992	11.9182	15.0799	19.0401	23.9905	30.1666	37.8568
27	1.3082	1.7069	2.2213	2.8834	3.7335	4.8223	6.2139	7.9881	10.2451	13.1100	16.7387	21.3249	27.1093	34.3899	43.5353
28	1.3213	1.7410	2.2879	2.9987	3.9201	5.1117	6.6488	8.6271	11.1671	14.4210	18.5799	23.8839	30.6335	39.2045	50.0656
29	1.3345	1.7758	2.3566	3.1187	4.1161	5.4184	7.1143	9.3173	12.1722	15.8631	20.6237	26.7499	34.6158	44.6931	57.5755
30	1.3478	1.8114	2.4273	3.2434	4.3219	5.7435	7.6123	10.0627	13.2677	17.4494	22.8923	29.9599	39.1159	50.9502	66.2118

续表

期数	16%	17%	18%	19%	20%	21%	22%	23%	24%	25%	26%	27%	28%	29%	30%
1	1.1600	1.1700	1.1800	1.1900	1.2000	1.2100	1.2200	1.2300	1.2400	1.2500	1.2600	1.2700	1.2800	1.2900	1.3000
2	1.3456	1.3689	1.3924	1.4161	1.4400	1.4641	1.4884	1.5129	1.5376	1.5625	1.5876	1.6129	1.6384	1.6641	1.6900
3	1.5609	1.6016	1.6430	1.6852	1.7280	1.7716	1.8158	1.8609	1.9066	1.9531	2.0004	2.0484	2.0972	2.1467	2.1970
4	1.8106	1.8739	1.9388	2.0053	2.0736	2.1436	2.2153	2.2889	2.3642	2.4414	2.5205	2.6014	2.6844	2.7692	2.8561
5	2.1003	2.1924	2.2878	2.3864	2.4883	2.5937	2.7027	2.8153	2.9316	3.0518	3.1758	3.3038	3.4360	3.5723	3.7129
6	2.4364	2.5652	2.6996	2.8398	2.9860	3.1384	3.2973	3.4628	3.6352	3.8147	4.0015	4.1959	4.3980	4.6083	4.8268
7	2.8262	3.0012	3.1855	3.3793	3.5832	3.7975	4.0227	4.2593	4.5077	4.7684	5.0419	5.3288	5.6295	5.9447	6.2749
8	3.2784	3.5115	3.7589	4.0214	4.2998	4.5950	4.9077	5.2389	5.5895	5.9605	6.3528	6.7675	7.2058	7.6686	8.1573
9	3.8030	4.1084	4.4355	4.7854	5.1598	5.5599	5.9874	6.4439	6.9310	7.4506	8.0045	8.5948	9.2234	9.8925	10.6045
10	4.4114	4.8068	5.2338	5.6947	6.1917	6.7275	7.3046	7.9259	8.5944	9.3132	10.0857	10.9153	11.8059	12.7614	13.7858
11	5.1173	5.6240	6.1759	6.7767	7.4301	8.1403	8.9117	9.7489	10.6571	11.6415	12.7080	13.8625	15.1116	16.4622	17.9216
12	5.9360	6.5801	7.2876	8.0642	8.9161	9.8497	10.8722	11.9912	13.2148	14.5519	16.0120	17.6053	19.3428	21.2362	23.2981
13	6.8858	7.6987	8.5994	9.5964	10.6993	11.9182	13.2641	14.7491	16.3863	18.1899	20.1752	22.3588	24.7588	27.3947	30.2875
14	7.9875	9.0075	10.1472	11.4198	12.8392	14.4210	16.1822	18.1414	20.3191	22.7374	25.4207	28.3957	31.6913	35.3391	39.3738
15	9.2655	10.5387	11.9737	13.5895	15.4070	17.4494	19.7423	22.3140	25.1956	28.4217	32.0301	36.0625	40.5648	45.5875	51.1859
16	10.7480	12.3303	14.1290	16.1715	18.4884	21.1138	24.0856	27.4462	31.2426	35.5271	40.3579	45.7994	51.9230	58.8079	66.5417
17	12.4677	14.4265	16.6722	19.2441	22.1861	25.5477	29.3844	33.7588	38.7408	44.4089	50.8510	58.1652	66.4614	75.8621	86.5042
18	14.4625	16.8790	19.6733	22.9005	26.6233	30.9127	35.8490	41.5233	48.0386	55.5112	64.0722	73.8698	85.0706	97.8622	112.4554
19	16.7765	19.7484	23.2144	27.2516	31.9480	37.4043	43.7358	51.0737	59.5679	69.3889	80.7310	93.8147	108.8904	126.2422	146.1920
20	19.4608	23.1056	27.3930	32.4294	38.3376	45.2593	53.3576	62.8206	73.8641	86.7362	101.7211	119.1446	139.3797	162.8524	190.0496
21	22.5745	27.0336	32.3238	38.5910	46.0051	54.7637	65.0963	77.2694	91.5915	108.4202	128.1685	151.3137	178.4060	210.0796	247.0645
22	26.1864	31.6293	38.1421	45.9233	55.2061	66.2641	79.4175	95.0413	113.5735	135.5253	161.4924	192.1683	228.3596	271.0027	321.1839
23	30.3762	37.0062	45.0076	54.6487	66.2474	80.1795	96.8894	116.9008	140.8312	169.4066	203.4804	244.0538	292.3003	349.5935	417.5391
24	35.2364	43.2973	53.1090	65.0320	79.4968	97.0172	118.2050	143.7880	174.6306	211.7582	256.3853	309.9483	374.1444	450.9756	542.8008
25	40.8742	50.6578	62.6686	77.3881	95.3962	117.3909	144.2101	176.8593	216.5420	264.6978	323.0454	393.6344	478.9049	581.7585	705.6410
26	47.4141	59.2697	73.9490	92.0918	114.4755	142.0429	175.9364	217.5369	268.5121	330.8722	407.0373	499.9157	612.9982	750.4685	917.3333
27	55.0004	69.3455	87.2598	109.5893	137.3706	171.8719	214.6424	267.5704	332.9550	413.5903	512.8670	634.8929	784.6377	968.1044	1 192.5333
28	63.8004	81.1342	102.9666	130.4112	164.8447	207.9651	261.8637	329.1115	412.8642	516.9879	646.2124	806.3140	1 004.3363	1 248.8546	1 550.2933
29	74.0085	94.9271	121.5005	155.1893	197.8136	251.6377	319.4737	404.8072	511.9516	646.2349	814.2276	1 024.0187	1 285.5504	1 611.0225	2 015.3813
30	85.8499	111.0647	143.3706	184.6753	237.3763	304.4816	389.7579	497.9129	634.8199	807.7936	1 025.9267	1 300.5038	1 645.5046	2 078.2190	2 619.9956

附表二 一元复利现值系数表

期数	1%	2%	3%	4%	5%	6%	7%	8%	9%	10%	11%	12%	13%	14%	15%
1	0.9901	0.9804	0.9709	0.9615	0.9524	0.9434	0.9346	0.9259	0.9174	0.9091	0.9009	0.8929	0.8850	0.8772	0.8696
2	0.9803	0.9612	0.9426	0.9246	0.9070	0.8900	0.8734	0.8573	0.8417	0.8264	0.8116	0.7972	0.7831	0.7695	0.7561
3	0.9706	0.9423	0.9151	0.8890	0.8638	0.8396	0.8163	0.7938	0.7722	0.7513	0.7312	0.7118	0.6931	0.6750	0.6575
4	0.9610	0.9238	0.8885	0.8548	0.8227	0.7921	0.7629	0.7350	0.7084	0.6830	0.6587	0.6355	0.6133	0.5921	0.5718
5	0.9515	0.9057	0.8626	0.8219	0.7835	0.7473	0.7130	0.6806	0.6499	0.6209	0.5935	0.5674	0.5428	0.5194	0.4972
6	0.9420	0.8880	0.8375	0.7903	0.7462	0.7050	0.6663	0.6302	0.5963	0.5645	0.5346	0.5066	0.4803	0.4556	0.4323
7	0.9327	0.8706	0.8131	0.7599	0.7107	0.6651	0.6227	0.5835	0.5470	0.5132	0.4817	0.4523	0.4251	0.3996	0.3759
8	0.9235	0.8535	0.7894	0.7307	0.6768	0.6274	0.5820	0.5403	0.5019	0.4665	0.4339	0.4039	0.3762	0.3506	0.3269
9	0.9143	0.8368	0.7664	0.7026	0.6446	0.5919	0.5439	0.5002	0.4604	0.4241	0.3909	0.3606	0.3329	0.3075	0.2843
10	0.9053	0.8203	0.7441	0.6756	0.6139	0.5584	0.5083	0.4632	0.4224	0.3855	0.3522	0.3220	0.2946	0.2697	0.2472
11	0.8963	0.8043	0.7224	0.6496	0.5847	0.5268	0.4751	0.4289	0.3875	0.3505	0.3173	0.2875	0.2607	0.2366	0.2149
12	0.8874	0.7885	0.7014	0.6246	0.5568	0.4970	0.4440	0.3971	0.3555	0.3186	0.2858	0.2567	0.2307	0.2076	0.1869
13	0.8787	0.7730	0.6810	0.6006	0.5303	0.4688	0.4150	0.3677	0.3262	0.2897	0.2575	0.2292	0.2042	0.1821	0.1625
14	0.8700	0.7579	0.6611	0.5775	0.5051	0.4423	0.3878	0.3405	0.2992	0.2633	0.2320	0.2046	0.1807	0.1597	0.1413
15	0.8613	0.7430	0.6419	0.5553	0.4810	0.4173	0.3624	0.3152	0.2745	0.2394	0.2090	0.1827	0.1599	0.1401	0.1229
16	0.8528	0.7284	0.6232	0.5339	0.4581	0.3936	0.3387	0.2919	0.2519	0.2176	0.1883	0.1631	0.1415	0.1229	0.1069
17	0.8444	0.7142	0.6050	0.5134	0.4363	0.3714	0.3166	0.2703	0.2311	0.1978	0.1696	0.1456	0.1252	0.1078	0.0929
18	0.8360	0.7002	0.5874	0.4936	0.4155	0.3503	0.2959	0.2502	0.2120	0.1799	0.1528	0.1300	0.1108	0.0946	0.0808
19	0.8277	0.6864	0.5703	0.4746	0.3957	0.3305	0.2765	0.2317	0.1945	0.1635	0.1377	0.1161	0.0981	0.0829	0.0703
20	0.8195	0.6730	0.5537	0.4564	0.3769	0.3118	0.2584	0.2145	0.1784	0.1486	0.1240	0.1037	0.0868	0.0728	0.0611
21	0.8114	0.6598	0.5375	0.4388	0.3589	0.2942	0.2415	0.1987	0.1637	0.1351	0.1117	0.0926	0.0768	0.0638	0.0531
22	0.8034	0.6468	0.5219	0.4220	0.3418	0.2775	0.2257	0.1839	0.1502	0.1228	0.1007	0.0826	0.0680	0.0560	0.0462
23	0.7954	0.6342	0.5067	0.4057	0.3256	0.2618	0.2109	0.1703	0.1378	0.1117	0.0907	0.0738	0.0601	0.0491	0.0402
24	0.7876	0.6217	0.4919	0.3901	0.3101	0.2470	0.1971	0.1577	0.1264	0.1015	0.0817	0.0659	0.0532	0.0431	0.0349
25	0.7798	0.6095	0.4776	0.3751	0.2953	0.2330	0.1842	0.1460	0.1160	0.0923	0.0736	0.0588	0.0471	0.0378	0.0304
26	0.7720	0.5976	0.4637	0.3607	0.2812	0.2198	0.1722	0.1352	0.1064	0.0839	0.0663	0.0525	0.0417	0.0331	0.0264
27	0.7644	0.5859	0.4502	0.3468	0.2678	0.2074	0.1609	0.1252	0.0976	0.0763	0.0597	0.0469	0.0369	0.0291	0.0230
28	0.7568	0.5744	0.4371	0.3335	0.2551	0.1956	0.1504	0.1159	0.0895	0.0693	0.0538	0.0419	0.0326	0.0255	0.0200
29	0.7493	0.5631	0.4243	0.3207	0.2429	0.1846	0.1406	0.1073	0.0822	0.0630	0.0485	0.0374	0.0289	0.0224	0.0174
30	0.7419	0.5521	0.4120	0.3083	0.2314	0.1741	0.1314	0.0994	0.0754	0.0573	0.0437	0.0334	0.0256	0.0196	0.0151

续表

期数	16%	17%	18%	19%	20%	21%	22%	23%	24%	25%	26%	27%	28%	29%	30%
1	0.8621	0.8547	0.8475	0.8403	0.8333	0.8264	0.8197	0.8130	0.8065	0.8000	0.7937	0.7874	0.7813	0.7752	0.7692
2	0.7432	0.7305	0.7182	0.7062	0.6944	0.6830	0.6719	0.6610	0.6504	0.6400	0.6299	0.6200	0.6104	0.6009	0.5917
3	0.6407	0.6244	0.6086	0.5934	0.5787	0.5645	0.5507	0.5374	0.5245	0.5120	0.4999	0.4882	0.4768	0.4658	0.4552
4	0.5523	0.5337	0.5158	0.4987	0.4823	0.4665	0.4514	0.4369	0.4230	0.4096	0.3968	0.3844	0.3725	0.3611	0.3501
5	0.4761	0.4561	0.4371	0.4190	0.4019	0.3855	0.3700	0.3552	0.3411	0.3277	0.3149	0.3027	0.2910	0.2799	0.2693
6	0.4104	0.3898	0.3704	0.3521	0.3349	0.3186	0.3033	0.2888	0.2751	0.2621	0.2499	0.2383	0.2274	0.2170	0.2072
7	0.3538	0.3332	0.3139	0.2959	0.2791	0.2633	0.2486	0.2348	0.2218	0.2097	0.1983	0.1877	0.1776	0.1682	0.1594
8	0.3050	0.2848	0.2660	0.2487	0.2326	0.2176	0.2038	0.1909	0.1789	0.1678	0.1574	0.1478	0.1388	0.1304	0.1226
9	0.2630	0.2434	0.2255	0.2090	0.1938	0.1799	0.1670	0.1552	0.1443	0.1342	0.1249	0.1164	0.1084	0.1011	0.0943
10	0.2267	0.2080	0.1911	0.1756	0.1615	0.1486	0.1369	0.1262	0.1164	0.1074	0.0992	0.0916	0.0847	0.0784	0.0725
11	0.1954	0.1778	0.1619	0.1476	0.1346	0.1228	0.1122	0.1026	0.0938	0.0859	0.0787	0.0721	0.0662	0.0607	0.0558
12	0.1685	0.1520	0.1372	0.1240	0.1122	0.1015	0.0920	0.0834	0.0757	0.0687	0.0625	0.0568	0.0517	0.0471	0.0429
13	0.1452	0.1299	0.1163	0.1042	0.0935	0.0839	0.0754	0.0678	0.0610	0.0550	0.0496	0.0447	0.0404	0.0365	0.0330
14	0.1252	0.1110	0.0985	0.0876	0.0779	0.0693	0.0618	0.0551	0.0492	0.0440	0.0393	0.0352	0.0316	0.0283	0.0254
15	0.1079	0.0949	0.0835	0.0736	0.0649	0.0573	0.0507	0.0448	0.0397	0.0352	0.0312	0.0277	0.0247	0.0219	0.0195
16	0.0930	0.0811	0.0708	0.0618	0.0541	0.0474	0.0415	0.0364	0.032	0.0281	0.0248	0.0218	0.0193	0.017	0.015
17	0.0802	0.0693	0.0600	0.0520	0.0451	0.0391	0.0340	0.0296	0.0258	0.0225	0.0197	0.0172	0.0150	0.0132	0.0116
18	0.0691	0.0592	0.0508	0.0437	0.0376	0.0323	0.0279	0.0241	0.0208	0.0180	0.0156	0.0135	0.0118	0.0102	0.0089
19	0.0596	0.0506	0.0431	0.0367	0.0313	0.0267	0.0229	0.0196	0.0168	0.0144	0.0124	0.0107	0.0092	0.0079	0.0068
20	0.0514	0.0433	0.0365	0.0308	0.0261	0.0221	0.0187	0.0159	0.0135	0.0115	0.0098	0.0084	0.0072	0.0061	0.0053
21	0.0443	0.0370	0.0309	0.0259	0.0217	0.0183	0.0154	0.0129	0.0109	0.0092	0.0078	0.0066	0.0056	0.0048	0.0040
22	0.0382	0.0316	0.0262	0.0218	0.0181	0.0151	0.0126	0.0105	0.0088	0.0074	0.0062	0.0052	0.0044	0.0037	0.0031
23	0.0329	0.027	0.0222	0.0183	0.0151	0.0125	0.0103	0.0086	0.0071	0.0059	0.0049	0.0041	0.0034	0.0029	0.0024
24	0.0284	0.0231	0.0188	0.0154	0.0126	0.0103	0.0085	0.0070	0.0057	0.0047	0.0039	0.0032	0.0027	0.0022	0.0018
25	0.0245	0.0197	0.0160	0.0129	0.0105	0.0085	0.0069	0.0057	0.0046	0.0038	0.0031	0.0025	0.0021	0.0017	0.0014
26	0.0211	0.0169	0.0135	0.0109	0.0087	0.0070	0.0057	0.0046	0.0037	0.0030	0.0025	0.0020	0.0016	0.0013	0.0011
27	0.0182	0.0144	0.0115	0.0091	0.0073	0.0058	0.0047	0.0037	0.0030	0.0024	0.0019	0.0016	0.0013	0.0010	0.0008
28	0.0157	0.0123	0.0097	0.0077	0.0061	0.0048	0.0038	0.0030	0.0024	0.0019	0.0015	0.0012	0.0010	0.0008	0.0006
29	0.0135	0.0105	0.0082	0.0064	0.0051	0.0040	0.0031	0.0025	0.0020	0.0015	0.0012	0.0010	0.0008	0.0006	0.0005
30	0.0116	0.0090	0.0070	0.0054	0.0042	0.0033	0.0026	0.0020	0.0016	0.0012	0.0010	0.0008	0.0006	0.0005	0.0004

附表三　　一元年金终值系数表

期数	1%	2%	3%	4%	5%	6%	7%	8%	9%	10%	11%	12%	13%	14%	15%
1	1.0000	1.0000	1.0000	1.0000	1.0000	1.0000	1.0000	1.0000	1.0000	1.0000	1.0000	1.0000	1.0000	1.0000	1.0000
2	2.0100	2.0200	2.0300	2.0400	2.0500	2.0600	2.0700	2.0800	2.0900	2.100	2.1100	2.1200	2.1300	2.1400	2.1500
3	3.0301	3.0604	3.0909	3.1216	3.1525	3.1836	3.2149	3.2464	3.2781	3.3100	3.3421	3.3744	3.4069	3.4396	3.4725
4	4.0604	4.1216	4.1836	4.2465	4.3101	4.3746	4.4399	4.5061	4.5731	4.6410	4.7097	4.7793	4.8498	4.9211	4.9934
5	5.1010	5.2040	5.3091	5.4163	5.5256	5.6371	5.7507	5.8666	5.9847	6.1051	6.2278	6.3528	6.4803	6.6101	6.7424
6	6.1520	6.3081	6.4684	6.6330	6.8019	6.9753	7.1533	7.3359	7.5233	7.7156	7.9129	8.1152	8.3227	8.5355	8.7537
7	7.2135	7.4343	7.6625	7.8983	8.1420	8.3938	8.6540	8.9228	9.2004	9.4872	9.7833	10.0890	10.4047	10.7305	11.0668
8	8.2857	8.5830	8.8923	9.2142	9.5491	9.8975	10.2598	10.6366	11.0285	11.4359	11.8594	12.2997	12.7573	13.2328	13.7268
9	9.3685	9.7546	10.1591	10.5828	11.0266	11.4913	11.9780	12.4876	13.0210	13.5795	14.1640	14.7757	15.4157	16.0853	16.7858
10	10.4622	10.9497	11.4639	12.0061	12.5779	13.1808	13.8164	14.4866	15.1929	15.9374	16.7220	17.5487	18.4197	19.3373	20.3037
11	11.5668	12.1687	12.8078	13.4864	14.2068	14.9716	15.7836	16.6455	17.5603	18.5312	19.5614	20.6546	21.8143	23.0445	24.3493
12	12.6825	13.4121	14.1920	15.0258	15.9171	16.8699	17.8885	18.9771	20.1407	21.3843	22.7132	24.1331	25.6502	27.2707	29.0017
13	13.8093	14.6803	15.6178	16.6268	17.7130	18.8821	20.1406	21.4953	22.9534	24.5227	26.2116	28.0291	29.9847	32.0887	34.3519
14	14.9474	15.9739	17.0863	18.2919	19.5986	21.0151	22.5505	24.2149	26.0192	27.9750	30.0949	32.3926	34.8827	37.5811	40.5047
15	16.0969	17.2934	18.5989	20.0236	21.5786	23.2760	25.1290	27.1521	29.3609	31.7725	34.4054	37.2797	40.4175	43.8424	47.5804
16	17.2579	18.6393	20.1569	21.8245	23.6575	25.6725	27.8881	30.3243	33.0034	35.9497	39.1899	42.7533	46.6717	50.9804	55.7175
17	18.4304	20.0121	21.7616	23.6975	25.8404	28.2129	30.8402	33.7502	36.9737	40.5447	44.5008	48.8837	53.7391	59.1176	65.0751
18	19.6147	21.4123	23.4144	25.6454	28.1324	30.9057	33.9990	37.4502	41.3013	45.5992	50.3959	55.7497	61.7251	68.3941	75.8364
19	20.8109	22.8406	25.1169	27.6712	30.5390	33.7600	37.3790	41.4463	46.0185	51.1591	56.9395	63.4397	70.7494	78.9692	88.2118
20	22.0190	24.2974	26.8704	29.7781	33.0660	36.7856	40.9955	45.7620	51.1601	57.2750	64.2028	72.0524	80.9468	91.0249	102.4436
21	23.2392	25.7833	28.6765	31.9692	35.7193	39.9927	44.8652	50.4229	56.7645	64.0025	72.2651	81.6987	92.4699	104.7684	118.8101
22	24.4716	27.2990	30.5368	34.2480	38.5052	43.3923	49.0057	55.4568	62.8733	71.4027	81.2143	92.5026	105.4910	120.4360	137.6316
23	25.7163	28.845	32.4529	36.6179	41.4305	46.9958	53.4361	60.8933	69.5319	79.5430	91.1479	104.6029	120.2048	138.2970	159.2764
24	26.9735	30.4219	34.4265	39.0826	44.502	50.8156	58.1767	66.7648	76.7898	88.4973	102.1742	118.1552	136.8315	158.6586	184.1678
25	28.2432	32.0303	36.4593	41.6459	47.7271	54.8645	63.2490	73.1059	84.7009	98.3471	114.4133	133.3339	155.6196	181.8708	212.7930
26	29.5256	33.6709	38.5530	44.3117	51.1135	59.1564	68.6765	79.9544	93.3240	109.1818	127.9988	150.3339	176.8501	208.3327	245.7120
27	30.8209	35.3443	40.7096	47.0842	54.6691	63.7058	74.4838	87.3508	102.7231	121.0999	143.0786	169.374	200.8406	238.4993	283.5688
28	32.1291	37.0512	42.9309	49.9676	58.4026	68.5281	80.6977	95.3388	112.9682	134.2099	159.8173	190.6989	227.9499	272.8892	327.1041
29	33.4504	38.7922	45.2189	52.9663	62.3227	73.6398	87.3465	103.9659	124.1354	148.6309	178.3972	214.5828	258.5834	312.0937	377.1697
30	34.7849	40.5681	47.5754	56.0849	66.4388	79.0582	94.4608	113.2832	136.3075	164.4940	199.0209	241.3327	293.1992	356.7868	434.7451

续表

期数	16%	17%	18%	19%	20%	21%	22%	23%	24%	25%	26%	27%	28%	29%	30%
1	1.0000	1.0000	1.0000	1.0000	1.0000	1.0000	1.0000	1.0000	1.0000	1.0000	1.0000	1.0000	1.0000	1.0000	1.0000
2	2.1600	2.1700	2.1800	2.1900	2.2000	2.2100	2.2200	2.2300	2.2400	2.2500	2.2600	2.2700	2.2800	2.2900	2.3000
3	3.5056	3.5389	3.5724	3.6061	3.6400	3.6741	3.7084	3.7429	3.7776	3.8125	3.8476	3.8829	3.9184	3.9541	3.9900
4	5.0665	5.1405	5.2154	5.2913	5.3680	5.4457	5.5242	5.6038	5.6842	5.7656	5.8480	5.9313	6.0156	6.1008	6.1870
5	6.8771	7.0144	7.15420	7.2966	7.4416	7.5892	7.7396	7.8926	8.0484	8.2070	8.3684	8.5327	8.6999	8.8700	9.0431
6	8.9775	9.2068	9.442	9.683	9.9299	10.1830	10.4423	10.7079	10.9801	11.2588	11.5442	11.8366	12.1359	12.4423	12.7560
7	11.4139	11.7720	12.1415	12.5227	12.9159	13.3214	13.7396	14.1708	14.6153	15.0735	15.5458	16.0324	16.5339	17.0506	17.5828
8	14.2401	14.7733	15.3270	15.902	16.4991	17.1189	17.7623	18.4300	19.1229	19.8419	20.5876	21.3612	22.1634	22.9953	23.8577
9	17.5185	18.2847	19.0859	19.9234	20.7989	21.7139	22.6700	23.6690	24.7125	25.8023	26.9404	28.1287	29.3692	30.6639	32.0150
10	21.3215	22.3931	23.5213	24.7089	25.9587	27.2738	28.6574	30.1128	31.6434	33.2529	34.9449	36.7235	38.5926	40.5564	42.6195
11	25.7329	27.1999	28.7551	30.4035	32.1504	34.0013	35.9620	38.0388	40.2379	42.5661	45.0306	47.6388	50.3985	53.3178	56.4053
12	30.8502	32.8239	34.9311	37.1802	39.5805	42.1416	44.8737	47.7877	50.8950	54.2077	57.7386	61.5013	65.5100	69.7800	74.3270
13	36.7862	39.4040	42.2187	45.2445	48.4966	51.9913	55.7459	59.7788	64.1097	68.7596	73.7506	79.1066	84.8529	91.0161	97.6250
14	43.6720	47.1027	50.8180	54.8409	59.1959	63.9095	69.0100	74.5280	80.4961	86.9495	93.9258	101.4654	109.6117	118.4108	127.9125
15	51.6595	56.1101	60.9653	66.2607	72.0351	78.3305	85.1922	92.6694	100.8151	109.6868	119.3465	129.8611	141.3029	153.7500	167.2863
16	60.9250	66.6488	72.9390	79.8502	87.4421	95.7799	104.9345	114.9834	126.0108	138.1085	151.3766	165.9236	181.8677	199.3374	218.4722
17	71.6730	78.9792	87.0680	96.0218	105.9306	116.8937	129.0201	142.4295	157.2534	173.6357	191.7345	211.723	233.7907	258.1453	285.0139
18	84.1407	93.4056	103.7403	115.2659	128.1167	142.4413	158.4045	176.1883	195.9942	218.0446	242.5855	269.8882	300.2521	334.0074	371.5180
19	98.6032	110.2846	123.4135	138.1664	154.7400	173.3540	194.2535	217.7116	244.0328	273.5558	306.6577	343.758	385.3227	431.8696	483.9734
20	115.3797	130.0329	146.628	165.418	186.688	210.7584	237.9893	268.7853	303.6006	342.9447	387.3887	437.5726	494.2131	558.1118	630.1655
21	134.8405	153.1385	174.021	197.8474	225.0256	256.0176	291.3469	331.6059	377.4648	429.6809	489.1098	556.7173	633.5927	720.9642	820.2151
22	157.4150	180.1721	206.3448	236.4385	271.0307	310.7813	356.4432	408.8753	469.0563	538.1011	617.2783	708.0309	811.9987	931.0438	1 067.2796
23	183.6014	211.8013	244.4868	282.3618	326.2369	377.0454	435.8607	503.9166	582.6298	673.6264	778.7707	900.1993	1 040.3583	1 202.0465	1 388.4635
24	213.9776	248.8076	289.4945	337.0105	392.4842	457.2249	532.7501	620.8174	723.461	843.0329	982.2511	1 144.2531	1 332.6586	1 551.6400	1 806.0026
25	249.2140	292.1049	342.6035	402.0425	471.9811	554.2422	650.9551	764.6054	898.0916	1 054.7912	1 238.6363	1 454.2014	1 706.8031	2 002.6156	2 348.8033
26	290.0883	342.7627	405.2721	479.4306	567.3773	671.6330	795.1653	941.4647	1 114.6336	1 319.489	1 561.6818	1 847.8358	2 185.7079	2 584.3741	3 054.4443
27	337.5024	402.0323	479.2211	571.5224	681.8528	813.6759	971.1016	1 159.0016	1 383.1457	1 650.3612	1 968.7191	2 347.7515	2 798.7061	3 334.8426	3 971.7776
28	392.5028	471.3778	566.4809	681.1116	819.2233	985.5479	1 185.744	1 426.5719	1 716.1007	2 063.9515	2 481.586	2 982.6444	3 583.3438	4 302.947	5 164.3109
29	456.3032	552.5121	669.4475	811.5228	984.068	1 193.5129	1 447.6077	1 755.6835	2 128.9648	2 580.9394	3 127.7984	3 788.9583	4 587.6801	5 551.8016	6 714.6042
30	530.3117	647.4391	790.948	966.7122	1 181.8816	1 445.1507	1 767.0813	2 160.4907	2 640.9164	3 227.1743	3 942.026	4 812.9771	5 873.2306	7 162.8241	8 729.9855

附表四　　一元年金现值系数表

期数	1%	2%	3%	4%	5%	6%	7%	8%	9%	10%	11%	12%	13%	14%	15%
1	0.9901	0.9804	0.9709	0.9615	0.9524	0.9434	0.9346	0.9259	0.9174	0.9091	0.9009	0.8929	0.8850	0.8772	0.8696
2	1.9704	1.9416	1.9135	1.8861	1.8594	1.8334	1.8080	1.7833	1.7591	1.7355	1.7125	1.6901	1.6681	1.6467	1.6257
3	2.9410	2.8839	2.8286	2.7751	2.7232	2.6730	2.6243	2.5771	2.5313	2.4869	2.4437	2.4018	2.3612	2.3216	2.2832
4	3.9020	3.8077	3.7171	3.6299	3.5460	3.4651	3.3872	3.3121	3.2397	3.1699	3.1024	3.0373	2.9745	2.9137	2.8550
5	4.8534	4.7135	4.5797	4.4518	4.3295	4.2124	4.1002	3.9927	3.8897	3.7908	3.6959	3.6048	3.5172	3.4331	3.3522
6	5.7955	5.6014	5.4172	5.2421	5.0757	4.9173	4.7665	4.6229	4.4859	4.3553	4.2305	4.1114	3.9975	3.8887	3.7845
7	6.7282	6.4720	6.2303	6.0021	5.7864	5.5824	5.3893	5.2064	5.0330	4.8684	4.7122	4.5638	4.4226	4.2883	4.1604
8	7.6517	7.3255	7.0197	6.7327	6.4632	6.2098	5.9713	5.7466	5.5348	5.3349	5.1461	4.9676	4.7988	4.6389	4.4873
9	8.5660	8.1622	7.7861	7.4353	7.1078	6.8017	6.5152	6.2469	5.9952	5.7590	5.5370	5.3282	5.1317	4.9464	4.7716
10	9.4713	8.9826	8.5302	8.1109	7.7217	7.3601	7.0236	6.7101	6.4177	6.1446	5.8892	5.6502	5.4262	5.2161	5.0188
11	10.3676	9.7868	9.2526	8.7605	8.3064	7.8869	7.4987	7.1390	6.8052	6.4951	6.2065	5.9377	5.6869	5.4527	5.2337
12	11.2551	10.5753	9.9540	9.3851	8.8633	8.3838	7.9427	7.5361	7.1607	6.8137	6.4924	6.1944	5.9176	5.6603	5.4206
13	12.1337	11.3484	10.6350	9.9856	9.3936	8.8527	8.3577	7.9038	7.4869	7.1034	6.7499	6.4235	6.1218	5.8424	5.5831
14	13.0037	12.1062	11.2961	10.5631	9.8986	9.2950	8.7455	8.2442	7.7862	7.3667	6.9819	6.6282	6.3025	6.0021	5.7245
15	13.8651	12.8493	11.9379	11.1184	10.3797	9.7122	9.1079	8.5595	8.0607	7.6061	7.1909	6.8109	6.4624	6.1422	5.8474
16	14.7179	13.5777	12.5611	11.6523	10.8378	10.1059	9.4466	8.8514	8.3126	7.8237	7.3792	6.9740	6.6039	6.2651	5.9542
17	15.5623	14.2919	13.1661	12.1657	11.2741	10.4773	9.7632	9.1216	8.5436	8.0216	7.5488	7.1196	6.7291	6.3729	6.0472
18	16.3983	14.992	13.7535	12.6593	11.6896	10.8276	10.0591	9.3719	8.7556	8.2014	7.7016	7.2497	6.8399	6.4674	6.1280
19	17.226	15.6785	14.3238	13.1339	12.0853	11.1581	10.3356	9.6036	8.9501	8.3649	7.8393	7.3658	6.9380	6.5504	6.1982
20	18.0456	16.3514	14.8775	13.5903	12.4622	11.4699	10.5940	9.8181	9.1285	8.5136	7.9633	7.4694	7.0248	6.6231	6.2593
21	18.8570	17.0112	15.4150	14.0292	12.8212	11.7641	10.8355	10.0168	9.2922	8.6487	8.0751	7.5620	7.1016	6.6870	6.3125
22	19.6604	17.6580	15.9369	14.4511	13.1630	12.0416	11.0612	10.2007	9.4424	8.7715	8.1757	7.6446	7.1695	6.7429	6.3587
23	20.4558	18.2922	16.4436	14.8568	13.4886	12.3034	11.2722	10.3711	9.5802	8.8832	8.2664	7.7184	7.2297	6.7921	6.3988
24	21.2434	18.9139	16.9355	15.2470	13.7986	12.5504	11.4693	10.5288	9.7066	8.9847	8.3481	7.7843	7.2829	6.8351	6.4338
25	22.0232	19.5235	17.4131	15.6221	14.0939	12.7834	11.6536	10.6748	9.8226	9.0770	8.4217	7.8431	7.3300	6.8729	6.4641
26	22.7952	20.1210	17.8768	15.9828	14.3752	13.0032	11.8258	10.8100	9.9290	9.1609	8.4881	7.8957	7.3717	6.9061	6.4906
27	23.5596	20.7069	18.3270	16.3296	14.6430	13.2105	11.9867	10.9352	10.0266	9.2372	8.5478	7.9426	7.4086	6.9352	6.5135
28	24.3164	21.2813	18.7641	16.6631	14.8981	13.4062	12.1371	11.0511	10.1161	9.3066	8.6016	7.9844	7.4412	6.9607	6.5335
29	25.0658	21.8444	19.1885	16.9837	15.1411	13.5907	12.2777	11.1584	10.1983	9.3696	8.6501	8.0218	7.4701	6.9830	6.5509
30	25.8077	22.3965	19.6004	17.2920	15.3725	13.7648	12.4090	11.2578	10.2737	9.4269	8.6938	8.0552	7.4957	7.0027	6.5660

续表

期数	16%	17%	18%	19%	20%	21%	22%	23%	24%	25%	26%	27%	28%	29%	30%
1	0.8621	0.8547	0.8475	0.8403	0.8333	0.8264	0.8197	0.8130	0.8065	0.8000	0.7937	0.7874	0.7813	0.7752	0.7692
2	1.6052	1.5852	1.5656	1.5465	1.5278	1.5095	1.4915	1.4740	1.4568	1.4400	1.4235	1.4074	1.3916	1.3761	1.3609
3	2.2459	2.2096	2.1743	2.1399	2.1065	2.0739	2.0422	2.0114	1.9813	1.9520	1.9234	1.8956	1.8684	1.8420	1.8161
4	2.7982	2.7432	2.6901	2.6386	2.5887	2.5404	2.4936	2.4483	2.4043	2.3616	2.3202	2.2800	2.2410	2.2031	2.1662
5	3.2743	3.1993	3.1272	3.0576	2.9906	2.926	2.8636	2.8035	2.7454	2.6893	2.6351	2.5827	2.5320	2.4830	2.4356
6	3.6847	3.5892	3.4976	3.4098	3.3255	3.2446	3.1669	3.0923	3.0205	2.9514	2.8850	2.8210	2.7594	2.7000	2.6427
7	4.0386	3.9224	3.8115	3.7057	3.6046	3.5079	3.4155	3.3270	3.2423	3.1611	3.0833	3.0087	2.9370	2.8682	2.8021
8	4.3436	4.2072	4.0776	3.9544	3.8372	3.7256	3.6193	3.5179	3.4212	3.3289	3.2407	3.1564	3.0758	2.9986	2.9247
9	4.6065	4.4506	4.3030	4.1633	4.0310	3.9054	3.7863	3.6731	3.5655	3.4631	3.3657	3.2728	3.1842	3.0997	3.0190
10	4.8332	4.6586	4.4941	4.3389	4.1925	4.0541	3.9232	3.7993	3.6819	3.5705	3.4648	3.3644	3.2689	3.1781	3.0915
11	5.0286	4.8364	4.6560	4.4865	4.3271	4.1769	4.0354	3.9018	3.7757	3.6564	3.5435	3.4365	3.3351	3.2388	3.1473
12	5.1971	4.9884	4.7932	4.6105	4.4392	4.2784	4.1274	3.9852	3.8514	3.7251	3.6059	3.4933	3.3868	3.2859	3.1903
13	5.3423	5.1183	4.9095	4.7147	4.5327	4.3624	4.2028	4.0530	3.9124	3.7801	3.6555	3.5381	3.4272	3.3224	3.2233
14	5.4675	5.2293	5.0081	4.8023	4.6106	4.4317	4.2646	4.1082	3.9616	3.8241	3.6949	3.5733	3.4587	3.3507	3.2487
15	5.5755	5.3242	5.0916	4.8759	4.6755	4.4890	4.3152	4.1530	4.0013	3.8593	3.7261	3.6010	3.4834	3.3726	3.2682
16	5.6685	5.4053	5.1624	4.9377	4.7296	4.5364	4.3567	4.1894	4.0333	3.8874	3.7509	3.6228	3.5026	3.3896	3.2832
17	5.7487	5.4746	5.2223	4.9897	4.7746	4.5755	4.3908	4.2190	4.0591	3.9099	3.7705	3.6400	3.5177	3.4028	3.2948
18	5.8178	5.5339	5.2732	5.0333	4.8122	4.6079	4.4187	4.2431	4.0799	3.9279	3.7861	3.6536	3.5294	3.4130	3.3037
19	5.8775	5.5845	5.3162	5.0700	4.8435	4.6346	4.4415	4.2627	4.0967	3.9424	3.7985	3.6642	3.5386	3.4210	3.3105
20	5.9288	5.6278	5.3527	5.1009	4.8696	4.6567	4.4603	4.2786	4.1103	3.9539	3.8083	3.6726	3.5458	3.4271	3.3158
21	5.9731	5.6648	5.3837	5.1268	4.8913	4.6750	4.4756	4.2916	4.1212	3.9631	3.8161	3.6792	3.5514	3.4319	3.3198
22	6.0113	5.6964	5.4099	5.1486	4.9094	4.6900	4.4882	4.3021	4.1300	3.9705	3.8223	3.6844	3.5558	3.4356	3.3230
23	6.0442	5.7234	5.4321	5.1668	4.9245	4.7025	4.4985	4.3106	4.1371	3.9764	3.8273	3.6885	3.5592	3.4384	3.3254
24	6.0726	5.7465	5.4509	5.1822	4.9371	4.7128	4.5070	4.3176	4.1428	3.9811	3.8312	3.6918	3.5619	3.4406	3.3272
25	6.0971	5.7662	5.4669	5.1951	4.9476	4.7213	4.5139	4.3232	4.1474	3.9849	3.8342	3.6943	3.5640	3.4423	3.3286
26	6.1182	5.7831	5.4804	5.2060	4.9563	4.7284	4.5196	4.3278	4.1511	3.9879	3.8367	3.6963	3.5656	3.4437	3.3297
27	6.1364	5.7975	5.4919	5.2151	4.9636	4.7342	4.5243	4.3316	4.1542	3.9903	3.8387	3.6979	3.5669	3.4447	3.3305
28	6.1520	5.8099	5.5016	5.2228	4.9697	4.7390	4.5281	4.3346	4.1566	3.9923	3.8402	3.6991	3.5679	3.4455	3.3312
29	6.1656	5.8204	5.5098	5.2292	4.9747	4.7430	4.5312	4.3371	4.1585	3.9938	3.8414	3.7001	3.5687	3.4461	3.3317
30	6.1772	5.8294	5.5168	5.2347	4.9789	4.7463	4.5338	4.3391	4.1601	3.9950	3.8424	3.7009	3.5693	3.4466	3.3321

微课索引

为了满足学生自主学习的需要，我们针对本书的重点和难点内容制作了下列微课，用手机扫描对应的二维码即可直接观看，括号内标注的是微课的具体页码。